DE

L'EMPLOI DU CHLOROFORME

DANS LES

ACCOUCHEMENTS NATURELS

(Physiologie)

PAR

EMILE DUTERTRE

Docteur en médecine de la Faculté de Paris,
Ex-Lauréat de l'Ecole de médecine de Lille,
Ancien interne provisoire des hôpitaux de Paris,
(Médaille de bronze de l'Assistance publique).

PARIS
LIBRAIRIE J.-B. BAILLIÈRE ET FILS
19, rue Hautefeuille, près du boulevard Saint-Germain

1882

DE
L'EMPLOI DU CHLOROFORME
DANS LES
ACCOUCHEMENTS NATURELS
(PHYSIOLOGIE)

DE

L'EMPLOI DU CHLOROFORME

DANS LES

ACCOUCHEMENTS NATURELS

(Physiologie)

PAR

EMILE DUTERTRE

Docteur en médecine de la Faculté de Paris,
Ex-Lauréat de l'Ecole de médecine de Lille,
Ancien interne provisoire des hôpitaux de Paris,
(Médaille de bronze de l'Assistance publique).

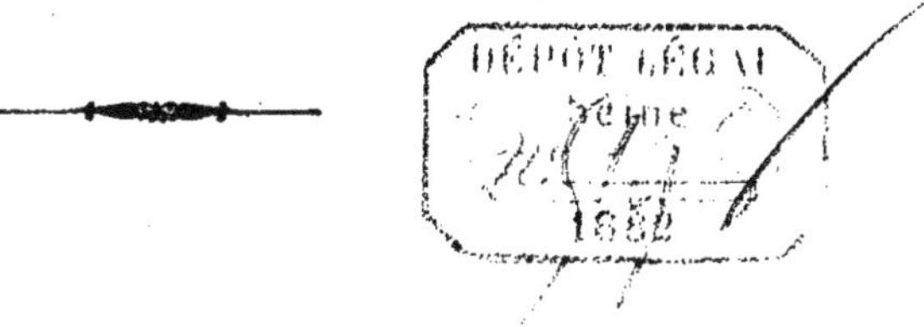

PARIS
LIBRAIRIE J.-B. BAILLIÈRE ET FILS
19, rue Hautefeuille, près du boulevard Saint-Germain

1882

DE

L'EMPLOI DU CHLOROFORME

DANS LES

ACCOUCHEMENTS NATURELS

(PHYSIOLOGIE)

> I approach the subject with diffidence and fear, with diffidence lest I may appear opposed to men whose opinions I have been at all times accustomed préeminently to respect, with fear from a consciousness of my inability to do justice to the subject and being deeply impressed with the responsability that attache to him who would take up the discussion of so important a question.
>
> (JOHN Denham, 4 janvier 1849).

INTRODUCTION.

Ayant eu plusieurs fois l'occasion de pratiquer l'anesthésie chez des femmes en couches, non seulement pour des opérations ou des manœuvres obstétricales, mais encore pour des accouchements naturels, ayant vu de plus des accoucheurs étrangers mettre en usage avec succès la chloroformisation dans ce dernier cas, j'ai entrepris l'étude de cette question encore si discutée en France. J'ai recherché pourquoi le chloroforme donné si libéralement dans les accouchements naturels en Amérique, en Angleterre, en Allemagne et dans presque tout le reste de l'Europe, était pour ainsi dire proscrit en France par l'enseignement officiel. Je me suis efforcé de réunir tous les mémoires, tous les ouvrages qui depuis 1847, époque de la découverte du chloroforme, ont été publiés sur cette question, surtout à l'étranger. Malgré le grand nombre de ces publications dont peu ont été traduites en français, j'ai essayé de rassembler ces matériaux épars, ces *disjecta membra* et de les faire connaître à ceux qui ne sont pas familiers avec les langues de nos voisins. J'ai compulsé dans ce but les collections de journaux français, anglais, américains, allemands, italiens, suédois, hollandais, etc., que possède la bibliothèque de l'École de médecine, et j'en ai extrait tout ce qui avait rapport à notre question. Malheureusement mes efforts ont été couronnés de tant de succès, que je me vois aujourd'hui, devant l'abondance de matériaux, obligé de scinder ce travail et de n'en publier qu'une partie. Dans une première partie, en effet, j'avais réuni par ordre chronologique toutes les opinions, tous les détails des discussions scientifiques, des polémiques dont le chloroforme a été l'objet en obstétrique. (Cette partie qui est terminée sera bientôt publiée.) Je me contenterai aujourd'hui de résumer le côté physiologique de la question, c'est-à-dire de rappeler et de discuter les inconvénients et les avantages de l'anesthésie obstétricale. Quoique partisan de cette méthode, je n'ai passé sous silence aucune des objections qui lui ont été faites, le *audi alteram partem* a été ma règle constante.

Quant à la partie clinique et expérimentale de la question, mes observations sont trop peu nombreuses (une vingtaine) et mes expériences trop incomplètes pour pouvoir en tirer quelques conclusions certaines et les joindre à ce mémoire, d'ailleurs déjà trop étendu.

Dans ce mémoire, j'ai : 1° rappelé quelques anecdotes historiques, 2° étudié la physiologie générale de l'anesthésie obstétricale : douleur en obstétrique, ses variétés, son utilité, sa nécessité ; réalité de l'anesthésie, de son degré dit obstétrical basé sur la loi de progression des effets anesthésiques ; 3° résumé la physiologie spéciale, action du chloroforme sur la mère et le fœtus : *sur la mère*, action sur l'utérus, le périnée, les muscles abdominaux, les systèmes circulatoire et respiratoire : *sur le fœtus*, pendant la vie intra-utérine et après la naissance ; 4° refuté les objections faites à l'anesthésie obstétricale : objections religieuses, morales, rêves érotiques, manie, éclampsie, accidents divers, mort subite, idiosyncrasie, etc. ; 5° réuni tout ce qui a trait à la technique, pureté du chloroforme, son mélange avec d'autres substances ; durée de l'anesthésie, doses nécessaires, indications, contre-indications, modus faciendi, conduite à tenir en présence d'un accident. J'ai terminé enfin cette étude en donnant la bibliographie aussi complète que possible de la question.

J'espère donc que ce travail pourra avoir quelque utilité en faisant connaître les opinions des principaux accoucheurs étrangers. Aux adversaires de cette méthode et dirai comme Campbell : « *Livré à mes propres forces, la lutte serait trop inégale, mais je m'appuie sur de puissants alliés, occupant en obstétrique les plus hautes positions dans les diverses parties du monde.* A ceux qui disent de cette méthode : « We will think (and condemn), but we will not try », nous ne répondrons que par ces mots de Hunter : Try it : » Essayez-la.

I. HISTORIQUE

En janvier 1847, dans le Monthly journal of the medical science d'Edimbourg, nous trouvons (page 560) le paragraphe suivant, point de départ des recherches de Simpson. « Au moment de mettre sous presse, nous apprenons que plusieurs opérations telles que : amputations de cuisse, extractions de racines dentaires et autres opérations douloureuses ont été faites à *North Hospital* sans aucune conscience de la part des malades ; l'insensibilité était produite par le moyen de l'éther sulfurique. » Quelques jours plus tard (19 janvier), James Young Simpson faisait la première application de l'anesthésie aux accouchements au Royal Maternity Hospital d'Edimbourg.

A la suite de cette découverte, l'anesthésie devint en Angleterre la question du jour. Tous les journaux médicaux ou non la discutèrent. Les gens du monde, à la fin du repas, apportaient de l'éther et plus tard du chloroforme, afin de permettre aux invités de terminer la soirée par quelques expériences sur eux-mêmes. Nous voyons dans les journaux de l'époque, que ces expériences n'étaient pas toujours sans inconvénients pour la digestion du repas et que parfois des scènes contraires à tout savoir-vivre en étaient le résultat. Simpson parcourut lui-même plusieurs

(1) Il nous est impossible de publier aujourd'hui l'historique de l'anesthésie obstétricale, cette partie de notre travail ayant à lui seul environ 150 pages. Nous en ferons l'objet d'une autre publication, et nous nous contenterons aujourd'hui de résumer les traits généraux de cette partie.

villes de l'Angleterre pour démontrer les effets de l'anesthésie. Cette propagande lui fut reprochée vivement, on alla jusqu'à le traiter de *charlatan* et presque de *saltimbanque*. Barnes reprocha à Simpson cette publication de l'anesthésie, ces « zélées missionnaires » qu'il recrutait dans les femmes. En même temps apparaissaient en Angleterre une foule d'articles et de brochures pour ou contre l'anesthésie. Ce qui faisait dire à Montgomery en 1849 : « une parfaite avalanche de brochures, de publications de toutes sortes, les unes prêchant pour, les autres protestant contre l'adoption de cette nouvelle pratique, s'est abattue sur la terre. » Soutenu par les médecins écossais, Simpson ne rencontra d'abord à Dublin et à Londres que des adversaires. La polémique fut vive, les questions religieuses se mêlèrent aux questions physiologiques, et l'autorité de la Bible fut invoquée tantôt contre, tantôt pour l'anesthésie. De nombreuses observations plus ou moins intéressantes furent publiées dans les journaux. Nous voyons par exemple un monsieur qui éthérise son cheval pour le rendre moins fringant. M. Bond, tanneur à Twerton (Medic.: times, tome XVIII, p. 15) pousse même la sensibilité jusqu'à éthériser son cochon avant de le tuer.

Les principaux adversaires de Simpson furent Montgomery à Dublin, Barnes, Gream, Reid, Ramsbotham à Londres, Meigs à Philadelphie. Simpson ne s'arrêta pas devant cette opposition ; il rappela qu'aucun médecin ayant plus de 40 ans n'avait voulu croire à la découverte de Harvey. A Londres, les inventeurs avaient toujours été mal reçus. Charles II, roi d'Angleterre, fut même obligé de prendre sous sa protection Talbot, le propagateur du quinquina, attaqué par Harvey et Sydenham. Groenvelt qui avait préconisé l'emploi des cantharides, étant venu à

Londres en 1698, y fut jeté en prison. A Paris, il en avait été de même. Hildanus, patriarche de la chirurgie allemande, faisait les amputations de membres avec un couteau chauffé au rouge, afin d'arrêter les hémorrhagies. Ambroise Paré proposa un jour de remplacer la cautérisation par la ligature des artères, mais le collège des médecins de Paris sous la présidence de Gourmelin força Ambroise Paré à supprimer ses publications. Pendant un siècle l'on continua avec tous les auteurs anciens à cautériser les artères saignantes plutôt que de faire la ligature suivant la méthode de quelques « *modernes ignorants et présomptueux.* » Pendant un siècle on vit encore à l'Hôtel-Dieu de Paris la bouteille au vitriole qui servait à arrêter les hémorrhagies. Le respect pour les autorités était si grand, que Théodore Boronius, professeur à Crémone, disait qu'il préférait se tromper avec Galien qu'avoir raison avec n'importe qui. C'est ce qui faisait dire à Roger Bacon : « *L'obstacle capital au progrès de la science dans le monde est l'influence de l'autorité,* » car le *tempora mutantur et nos mutamur in illis,* ne doit pas s'appliquer aux doctrines médicales. Ces doctrines ne se modifient que lorsque les générations disparaissent. Aussi ne faut-il pas s'étonner si le chloroforme, qui en obstétrique renversait toutes les idées de douleurs, de souffrances physiologiques inévitables (*ineluctabile fatum*), devait être condamné par les professeurs de Londres, Dublin, Philadelphie, Paris, Berlin, Vienne, Wurzbourg, etc.

Malgré ces condamnations, en Angleterre les séances des Sociétés obstétricales de Londres, Edimbourg et Dublin, de la Société médicale de Westminter, de la Société médicale et de la Société harveienne de Londres ; de la Société médico-chirurgicale d'Ecosse, de celle d'Irlande, de la Société médicale de Liverpool, etc., roulèrent sur la question de l'anesthésie obstétricale. Les conclusions de ces discusions furent généralement favorables au chloroforme, mais en 1851 les législateurs anglais s'émurent de deux faits qui avaient été publiés dans plusieurs journaux : celui d'un jeune homme qui avait voulu endormir sa fiancée dans le but de... et celui d'un voleur qui avait essayé d'employer ce moyen pour dévaliser quelqu'un. Aussitôt lord Campbell, 24 février 1851, prouvant une fois de plus que les législateurs ne sont pas physiologistes, présentait à la Chambre des lords la clause suivante dans le « *bill for the better prévention of offense.* » Les personnes qui employeraient ou essayeraient d'employer le chloroforme, le laudanum et autres drogues stupéfiantes dans le but d'accomplir une *félonie* seraient déclarées coupables de *félonie* et pourraient être transportées pour la vie ou emprisonnées pendant trois ans avec ou sans *hard labour*. Malgré les lettres de Snow, ce bill fut voté. C'était une défaite pour l'anesthésie. Les discussions n'en continuèrent pas moins. En 1853, Gream, suivant l'exemple de Crisp, se convertit à l'anesthésie obstétricale. L'accouchement de la reine Victoria, en 1853, devait porter aux adversaires du chloroforme un coup bien plus terrible encore. Déjà en 1850 la reine Victoria avait pensé à l'anesthésie obstétricale, mais ce ne fut que le 7 avril 1853 qu'elle se décida à recourir au chloroforme pour la naissance de ce prince Léopold dont nous avons vu récemment le mariage. Ce fut Snow, fils d'un fermier du Yorckshire, qui, ayant à Londres la spécialité de chloroformer, fut appelé, en présence de Locock, à anesthésier la reine Victoria. Lorsqu'on apprit en Angleterre que *Her most gracious majesty queen Victoria* avait été anesthésiée, ce fut un vrai cri de stupeur.

Les journaux de médecine publièrent ce fait sous le titre : *A very extraordinary report, perfectly natural labour with a seventh child.* Snow, interrogé sur les détails de l'accouchement, se contenta de répondre : *Her majesty is a patient model.* The Lancet disait : il est *tremendum* de laisser entrer de pareils exemples dans la demeure des rois (1853. p. 453). L'Association medical journal (1853, p. 318 et 451) avoua que ce fait avait causé un *intense astonishment.* En un mot, tous reconnaissaient l'importance capitale du fait. *The first lady of the land* se faisant accoucher au chloroforme, c'était dans l'aristocratique Angleterre le triomphe de l'anesthésie obstétricale. Le 24 avril 1857, la reine Victoria devait se faire anesthésier de nouveau pour la naissance de la princesse Béatrice, mais déjà l'anesthésie obstétricale était entrée dans les mœurs anglaises, et au *meeting* de la *british scientific association* à Glasgow, le duc d'Argyll qui présidait la réunion félicita Simpson de sa découverte ; la ville d'Edimbourg devait plus tard donner à Simpson le droit de cité, et la reine Victoria le créer baronnet. A partir de ce moment, nous ne trouvons plus en Angleterre que des discussions à propos de quelque objection à l'anesthésie, ou à propos de quelques questions de détail, appareils, mélanges, etc. Signalons pourtant la mort par le chloroforme de Glover et Skey (1860) c'est-à-dire de deux hommes qui avaient beaucoup contribué à la propagation de l'anesthésie. Skey le premier avait employé l'éther pour une opération césarienne.

En Amérique, où la découverte de l'anesthésie avait été faite, deux hommes se trouvèrent en présence, Channing à Boston, Meigs à Philadelphie ; le premier partisan, le deuxième adversaire de l'anesthésie obstétricale. Simpson, à travers l'Atlantique, vint en aide à Channing et réfuta les arguments de Meigs; une des brochures de Simpson fut même publiée à Philadelphie. La majorité des accoucheurs se rangea bientôt du côté de Channing.

En Allemagne, Siebold et Sachs à Berlin, Scanzoni à Wurzbourg, et les deux professeurs de Vienne se montrèrent hostiles à l'anesthésie obstétricale, mais Halla à Pragues, Kiwisch à Wurzbourg, Krieger à Berlin, Harnier à Cassel, Winckel à Kostock, Spiegelberg à Gottingue, et surtout Martin à Iéna et plus tard Schrœder à Erlangen, étudièrent la question au point de vue physiologique et conclurent à l'adoption de l'anesthésie obstétricale.

En Russie, Pirogoff et Mianowsky se montrèrent partisans de l'anesthésie obstétricale, mais de l'anesthésie faite par le rectum. Aujourd'hui Kurowicz, Tarnowski, Hügenberger, Krassowsky, etc., pratiquent la chloroformisation dans les accouchements naturels.

Lévy à Copenhague, Howitz, Heyerdahl, Schidlart en Scandinavie, Romiti en Italie, Piachaud en Suisse, Hubert, Hyernaux et Charlier en Belgique, ont contribué à répandre cette méthode dans le reste de l'Europe.

Seule, la France n'a pas adopté cette pratique qui lui venait de l'étranger. L'enseignement officiel y condamne encore l'anesthésie dans les accouchements naturels. Ce fait est dû à ce que dans notre pays cet enseignement n'était pas comme dans les autres pays partagé en plusieurs professeurs, entre plusieurs facultés égales. En France, la responsabilité tout entière reposait sur la tête de P. Dubois, homme, comme nous le montre M. Pajot, sensé, sagace, prudent, mais temporisateur et un peu timide. Dubois expérimenta l'éthérisation obstétricale en 1847. Malheureusement la fièvre puerpérale qui régnait alors lui enleva deux des femmes sur les quinze qu'il avait anesthésiées. « Bien que Dubois fût convaincu, dit Campbell, et toute l'Académie avec lui qu'il ne s'agissait que d'une coïncidence et d'un malheur commun à d'autres femmes qui avaient succombé à la même époque et à la même influence épidémique sans avoir été éthérisées, le professeur par un excès de prudence dont il tenait sans doute à donner un exemple à ses élèves et qui d'ailleurs était bien dans sa nature, ne put pas et ne voulut pas se soustraire à cette impression peu encourageante ». Aussi Dubois termina-t-il sa conclusion à l'Académie de médecine en disant. « Si l'on me demande maintenant ce que je pense de cette application, je dirai que je ne crois pas que dans l'état actuel les inhalations soient applicables, au moins d'une manière générale, à la pratique des accouchements. » Malgaigne fit à cela l'observation suivante. « A mes yeux il y a une distance infranchissable, une sorte d'abîme entre les conclusions scientifiques et les conclusions pratiques de la communication de M. Dubois. » Cette condamnation singulière, car elle n'était basée que sur des succès en petit nombre à la vérité, a pesé en France sur l'avenir de l'anesthésie, de toute l'autorité qui l'a formulée ; les élèves de P. Dubois sont restés sous le coup de sa parole et ont accepté le jugement sans chercher à en appeler à l'expérience (Joulin.) — Eh bien faut-il le dire nous n'avons pas fait un pas depuis que Dubois a posé sa règle, et l'anesthésie est rigoureusement proscrite par l'enseignement officiel français de la pratique de l'accouchement naturel. (Courty)

Quelques accoucheurs ont essayé cependant d'empêcher cette pratique, qui accomplissait des merveilles chez nos voisins d'outre-mer, de tomber sous l'indifférence du monde médical français. Murphy et Simpson (1850) eurent beau venir en France anesthésier des femmes, leurs sucsès passèrent inaperçus. On n'en parla pas dans les discussions qui eurent lieu à l'Académie de médecine, et à la Société de chirurgie à propos de l'anesthésie chirurgicale. Cependant ces discussions furent longues et très vives, on se rappelle même qu'à propos du cas de mort observé par Goré, de Boulogne. (Marie Stock) Guérin et Malgaigne, à la suite d'une polémique entre l'Union médicale et la Gazette médicale faillirent se battre en duel, ce qui fit plaisanter les Anglais sur l'action *somnifère* du chloroforme (Lancet, 1849). Les efforts de Houzelot, Laborie et même de Danyau ne furent pas plus heureux en 1854. Le 16 mars 1856, Jobert de Lamballe anesthésia légèrement l'impératrice lors de son accouchement et cela en présence de Dubois : ce fait eut bien moins de retentissement que l'accouchement de la reine d'Angleterre. Malgré quelques travaux, quelques thèses plus ou moins favorables, l'anesthésie obstétricale devint absolument ignorée en France. L'anesthésie chirurgicale elle-même eut beaucoup de mal à se répandre, et Giraldès en 1868 à la Société de médecine de Paris constatait que beaucoup de villes de province n'employaient pas encore le chloroforme en chirurgie. A l'Hôtel-Dieu d'Amiens, ville où existe une école secondaire de médecine, en 1868, c'est-à-dire vingt ans après la découverte du chloroforme, cet agent n'était pas encore employé dans les opérations, tant était grande la force de notre routine.

La clientèle anglo-américaine de Paris par son exemple devait être cause que cette méthode ne tombât pas dans l'oubli. C'est ainsi que le Dr Oliffe employa à Paris l'anesthésie obstétricale : son successeur Campbell en publiant les résultats de sa pratique devait commencer la lutte contre l'enseignement officiel. En 1874 parut sa première brochure. En 1875, M. Bailly préconise à son tour l'anesthésie dans les accouchements simples, nous verrons dans notre historique les détails de sa polémique avec le professeur Pajot. En 1876, la Société de chirurgie s'occupe de cette question, de même que le congrès médical de Genève en 1877. Campbell, Courty, Piachaud se firent les défenseurs de cette méthode, mais Campbell qui avait entre autres anesthésié une des filles de Nélaton, devait mourir avant d'achever la publication de son œuvre. En 1878 Dumontpallier, Hervieux et surtout M. Lucas-Championnière s'efforcent de faire prévaloir l'anesthésie obstétricale. M. Lucas Championnière applique à la maternité de l'hôpital Cochin cette méthode dans les accouchements naturels ; l'enseignement officiel répondit à ces attaques par la thèse de M. Pinard. Malgré les conclusions de cet agrégé Despiau et D'Argent se montrèrent dans leurs thèses favobles à l'anesthésie obstétricale. Aujourd'hui encore la réalité et l'innocuité de cette pratique est niée par MM. les professeurs Pajot et Depaul; l'on connaît même le dilemme de M. Pajot. « Ou bien l'anesthésie est réelle et vous l'obtenez sans aides et sans les précautions impérieusement commandées par l'expérience, vous êtes des imprudents et des coupables, ou bien avec votre prétendue demie ou plutôt pseudo-anesthésie, les femmes voient, entendent, raisonnent, se plaignent, crient, poussent quand on les sollicite, et alors vous pouvez vous passer d'aides, vous n'êtes pas dangereux, mais ce n'est plus de l'anesthésie, c'est de l'homœopathie : vous n'êtes pas sérieux. » Nous verrons si l'on peut sortir de ce dilemme, développement du dilemme de Gream (1848): *If the degree of narcotism be sligh, it will not prevent the sufferings of labour, and if great, it will be attended with imminent danger.*

Avant de terminer ces quelques considérations historiques, signalons une tendance qui se manifeste en certains pays à remplacer le chloroforme par l'éther. De tout temps trois villes, Boston, Lyon, Naples se sont refusé à employer le chloroforme et ont persisté dans leur préférence pour l'éther. Les chirurgiens de Boston, en souvenir du premier emploi de l'éther dans cette ville, n'ont pas voulu, sans doute pour cette raison historique et nationale, admettre la supériorité du chloroforme, sur leur « œther fortior ». Palaschino à Naples suivit l'exemple de Bigelow à Boston. L'école de Lyon affirma encore davantage cette préférence pour l'éther. Gensoul, du Buisson, Diday et surtout Pétrequin, que les journaux anglais reconnaissent comme le grand chef de la chloroformphobie lyonnaise (Lyonesse chloroformphobia), prétendirent que le chloroforme donnait une mortalité supérieure à celle de l'éther. (V. Pétrequin, l'éthérisation et la chirurgie lyonnaise, pour servir à l'histoire de l'anesthésie chirurgicale en France, 1865). Diday aurait même voulu voir la loi empêcher l'emploi du chloroforme, comme jadis les lois autrichienne et suisse qui déterminaient et précisaient les conditions à remplir dans l'anesthésie.

Ce triple exemple a été suivi par quelques auteurs. Schwegger, à la réunion de la Berliner medic. Gesellschaft, 1873, a préconisé l'emploi de l'éther. — Hayward (New-Yorck med. journal, 1870), Thomas Jones (British medic journal, 1872), Morgan. (B[in] général de thérapeutique 30 décembre 1872), Bigelow, Curtis, Keith d'Edimbourg, Green de Bristol, Mac Gill de Leeds, Smith de Birmingham, Jacobi de Dublin, Husband de Yorck, Nourse de Brighton, Rigden, Forster, Norton de Londres, Beach, Rawdon, Hutchinson, Brudenell-Carter, Taylor, etc., en présence de la mortalité par le chloroforme en Angleterre (plus d'un cas par semaine, Labbée, 1872), ont essayé de nouveau l'emploi de l'éther dont la mortalité serait moindre Medic press and circular. mai 1873, et comité du chloroforme de Dublin) ; quelques-uns même comme Garin (Archives générales de médecine 1875) et Kilikowitsch à Saint-Pétersbourg (1881) ont été jusqu'à conseiller le protoxyde d'azote, le vieux nitrous oxyd gaz. Mais cette question de la mortalité de l'éther demande de nouvelles recherches ; on est loin de publier le 1/10 même des cas d'anesthésie par le chloroforme, et d'ailleurs tandis que Hayward affirme ne connaître aucun cas de mort par l'éther, Lente de Coldspring en cite trois, la Société de médecine de Boston quarante et un cas, et Kidd quarante-quatre. L'on pourra sur cette question consulter Ogata Tokei Zasshi Osaca, novembre 1879 (l'éther comme anesthésique) et Ackmann (Lancet, 1880, p. 835). Cette question nous intéresse d'ailleurs médiocrement car, si Bernard Walker au british medical Association (3 et 4 août 1876) a cherché à réhabiliter l'éther, toutes ces tentatives n'ont eu lieu que dans le domaine de la chirurgie. En obstétrique la supériorité du chloroforme est évidente et Marion Sims a constaté que si en Amérique les chirurgiens se servaient de l'éther, les accoucheurs continuaient à employer le chloroforme (Gazette hebdomadaire de médecine et de chirurgie pratique 1873, p. 809, 1874, p. 17). Nous n'examinerons donc pas la question de savoir quel est le meilleur agent anesthésique à employer, et nous admettrons que cette question est tranchée en faveur du chloroforme.

II. PHYSIOLOGIE GÉNÉRALE

Avant d'aborder l'étude des modifications que le chloroforme peut imprimer à l'acte de la parturition, il me semble utile d'examiner et de résoudre plusieurs questions intéressantes qui ressortent du domaine de la physiologie générale.

Nous débuterons donc par l'examen de la douleur en obstétrique et par l'étude de ses diverses variétés: nous examinerons ensuite si l'on peut supprimer sans inconvénients cette douleur et si cette suppression peut être utile et même nécessaire; puis nous rechercherons si l'anesthésie chloroformique remplit cette indication, c'est-à-dire si elle supprime réellement la douleur. Enfin nous verrons si la loi de progression des effets anesthésiques est assez constante pour assurer la sécurité dans l'emploi de cette méthode et si, par la demi-anesthésie ou anesthésie obstétricale, on peut supprimer la douleur tout en conservant intactes la conscience et l'intelligence.

CHAPITRE PREMIER.

DOULEUR.

La douleur a été longtemps considérée comme l'inévitable accompagnement de la parturition. Ce n'est guère que lorsque l'anesthésie eut démontré que l'on pouvait supprimer la douleur sans arrêter l'accouchement que l'on comprit enfin que dans la contraction utérine il existait deux éléments distincts, indépendants : 1° contraction musculaire 2° douleur. Avant ce fait, l'on connaissait pourtant des cas d'accouchement sans douleur, mais ces observations n'avaient pas suffisamment attiré l'attention; la douleur était devenue synonyme de contraction utérine. Bilon dans sa thèse (an XI, Paris) disait: « la douleur est utile dans la matrice, puisque c'est elle qui en expulse l'enfant ». La plupart des accoucheurs pensaient même que la cessation de la douleur entraînait forcément la suppression de la contraction. Aujourd'hui encore nous voyons les mots *douleur*, *pain*, *schmerz*, etc., être employés par les accoucheurs au lieu et place des mots *contraction*. *wehen*, etc. Tant il est difficile de perdre les vieilles habitudes. C'est ce qui fit qu'au début de l'emploi des anesthésiques quelques accoucheurs se refusèrent d'admettre l'emploi de ces agents, prétextant que la douleur était indispensable à l'accouchement, par suite de la confusion qu'ils faisaient entre ces deux éléments. C'est cette confusion que Moffat reprocha à Barnes en 1848.

La douleur de l'accouchement est, il est vrai, un phénomène bien variable. Elle varie suivant les peuples; dans un même peuple suivant les femmes; chez la même femme suivant les grossesses, et dans la même grossesse elle varie suivant la période de l'accouchement.

Suivant les peuples. (Voy. Engelman : Labor in different nations. St Louis, Courrier médical 1882). — La douleur, nulle chez les animaux, est également nulle chez les peuples sauvages. Lorsque les Espagnols conquirent l'Amérique, ils furent étonnés de voir les femmes indiennes accoucher sans douleur. Ils signalèrent ce fait curieux, que lorsque la femme est accouchée elle se remet aussitôt au travail, tandis que le mari se couche en son lieu et place. Le Dr Crevaux qui vient d'être massacré par les indiens Tobas (juin 1882) dans ses explorations des affluents de l'Amazone a constaté récemment ce même fait chez les indiens Roucouyennes, Piaroas, etc. (Tour du monde, 1881 et mai 1882), Strabon, Marco-Polo, Guillemeau (Histoire de l'Amérique) ont rapporté des faits analogues. Varron disait jadis : « Les femmes enceintes et récemment accouchées des peuples pasteurs de la Lithuanie se livraient aux travaux les plus rudes et ne parlaient qu'avec mépris des dames romaines qui passaient la période puerpérale couchées dans des lits à rideaux». La douleur de la parturition semble en effet le triste privilège des races civilisées (Pain a disadvantage inseparable from civilization). «Au fur et à mesure, dit Burns, que la femme change un genre de vie simple contre une vie de luxe et de raffinement, nous remarquons que les forces de l'économie s'affaissent et que l'accouchement devient plus douloureux». Les mœurs douces et polies en effet, l'habitude du luxe, du bien-être que donnent les richesses, la culture de l'intelligence exaltent la sensibilité générale et surtout celle des organes de la reproduction, et peuvent rendre ceux-ci plus impressionnables (Bergès). Dans l'état de nature et dans tous les pays, les femmes accouchent et se remettent facilement. Le professeur Espagne, de Montpellier, a signalé qu'en France, dans les pays de montagne du centre, après l'accouchement l'on apporte à la femme une copieuse soupe aux choux et un verre de vin chaud. La douleur varie aussi suivant les climats, les peuples du nord sont moins sensibles que les peuples du midi, les climats chauds disposent à la mollesse et développent la susceptibilité à la douleur.

Suivant les femmes. — (The pains of childbirth vary in their character and intensity on different women. Radfort, 1847). Dans un même peuple, sous le même climat, la douleur varie souvent suivant le développement intellectuel. La douleur est plus vive chez les femmes dont le système nerveux est plus développé par la culture intellectuelle. Elle est plus vive aussi dans les hautes classes de la société que dans les classes ouvrières, et dans ce cas il semble que la sensibilité se développe en sens inverse de la contractilité et de la force (sanguis moderator nervorum). Espagne cite le cas d'une chanteuse ambulante qui le lendemain de son accouchement fit à pied 36 kilomètres. On peut donc établir, au point de vue de la douleur, des classes suivant l'intensité de ce phénomène que Sansom appelait une «supperaddition of motor correlation».

1° Dans une première classe nous rangerons les cas où la douleur excessive produit des phénomènes nerveux parfois inquiétants (fere intolerabiles dolores). C'est ce que nous voyons désigné sous le titre de «furiously delirous (Moore), maniacal excitement» etc. C'est dans ces cas que l'on s'est plu à attribuer à l'excès de la souffrance une importance étiologique dans le développement de la folie, de l'éclampsie puerpérale. C'est enfin à ces cas que s'adressent toutes les descriptions de la douleur que nous voyons dans les livres d'accouchement. «La femme tremble de tous ses membres, dit Nœgelé d'Heildeberg (Lehrbuch des Geburtshulfe, p. 104), sa face est brûlante et tout le corps se couvre de sueur, son regard est fixe et hagard, ses traits se décomposent de manière à la rendre méconnaissable. Enfin l'inquiétude est à son comble; des pleurs, des cris, des lamentations surviennent, même chez les femmes très fortes et très énergiques; fréquemment leurs expressions chez des femmes bien élevées semblent voisines de la folie. Toutes ces choses dénotent la manière violente dont le corps et l'esprit sont atteints». — Merriman (synopsis of parturition, p. 15) «le pouls augmente graduellement en rapidité et en force, la peau devient brûlante, la face devient d'un rouge intense, des gouttes de sueur perlent sur le front, la perspiration devient profuse et s'échappe de tout le corps; souvent des frissons violents accompagnent les dernières douleurs et, au moment où la tête franchit la vulve, la douleur est si forte qu'elle semble ne pouvoir plus être endurée» — Rigsby (System of midwifery, p. 103) «C'est le moment de la plus grande douleur et la patiente est parfaitement sauvage (wild and fantic) par suite de ces douleurs; cela ressemble à une espèce de folie». Velpeau (traité des accouchements, vol. 1, p. 449.) «Ces cris perçants, cette agitation si vive, ces efforts excessifs, ces angoisses inexprimables, ces douleurs qui paraissent intolérables» etc. - Hieronymus mercurialis (in Spacchius Gynœcia p. 233, cité Simpson) « mulier in partu maximos et fere intolerabiles sustinet dolores » — nous pourrions multiplier à l'infini ces descriptions, citer la thèse de Fuster, les descriptions de Denman, Tyler Smith, Hervieux, Cazeaux, etc ;ces citations démontrant toutes l'excessive douleur éprouvée souvent héroïquement par la femme.

2° Heureusement il n'en est pas toujours ainsi et bien des femmes, surtout les multipares des classes ouvrières, n'éprouvent point ces douleurs aussi aiguës, ou du moins ne les ressentent pas d'une manière aussi vive. C'est l'ordinary every-day case de Denham et des accoucheurs anglais. Dans cette seconde classe, les femmes éprouvent des douleurs assez vives, mais les périodes de repos entre les douleurs leur permettent de les supporter sans être aussi vivement atteintes.

3° Dans une dernière classe de faits, nous voyons des femmes qui accouchent avec peu ou point de douleur; le «paries in dolore» est resté pour elles un vain mot. Il faut avouer cependant que ces faits sont relativement rares. M. Pajot dans son cours du 10 avril 1877 disait: «la douleur a de nombreuses nuances. J'ai entendu chez un libraire la conversation de plusieurs femmes: l'une disait qu'elle aimerait mieux faire un enfant qu'avoir mal aux dents; une petite boulotte lui répondit : la première fois ça fait mal, mais la sixième fois cela ne m'a pas été désagréable.» Il y a des femmes qui par une sorte d'atavisme accouchent sans douleur même chez les peuples civilisés. Montgomery en a cité un exemple dans le Dublin quarterly journal of the medical science. Mathei de Corse en a rapporté deux cas dans la Gazette des hôpitaux de 1854. Michel dans sa thèse (juin 1855) deux autres, chez des femmes presque idiotes. Denis, dans sa thèse 1855, en signale un cas appartenant à la clinique de M. Le Bidois à Caen. Le Pr Dumas a vu à Oran une femme qui s'endormit et ne se réveilla qu'accouchée. Marcé, Lannurien, Chambeyron, Mitivié, Esquirol, Delayé, Burns ont signalé des cas de femmes aliénées accouchant sans douleur. G Smith (Painless parturition, Edinb. med. journal, nov. 1862). Wendell (Labour during sleep. Americ journ. of med. sc., 1868 p. 279.) Underhill (case of painless 2° stage of labour 1877) ont publié des cas pareils mais non plus chez des aliénées,

Piachaud, 1877, cite l'observation d'une femme chez qui dans quatre couches les contractions quoique normales et énergiques furent indolores, (il n'y eut aucun inconvénient si ce n'est absence de lait). Nous voyons enfin plusieurs cas de painless labour rapportés par Gillette (New-York obstetrical society, 1878), par Badger (med.Rec. N-Y. 1879 XVI p.600), par Colton (med. Bull. Philadelphia, 1879 p. 68) etc.

D'autres cas ont été observés comme conséquence de certains états pathologiques. On connaît l'opinion de Haller: «matre ignara, stupida, sopita, immobili, apoplectica, convulsionibus agitata et ad summum debili, usque agone demum mortis. (Elementa physiol corporis humani, tome VIII, p. 420). Harvey a dit aussi «tandemque inscia matre et in affectu comatoso adhuc permanente natus est infans sanus et vegetans». Cheynes, dans cases of apoplexy and lethargy p. 91, a rapporté un cas fatal d'hémorrhagie et d'hémiplégie : l'utérus expulsa sans douleur le fœtus et le placenta la veille de la mort. Chailly a signalé aussi (Union médicale, 1852) une femme accouchée dans le coma de l'éclampsie, Smellie et Lamotte ont constaté des faits de ce genre. Nasse (Untersuchungen zur physiologie) a rapporté un cas d'accouchement sans douleur chez une femme atteinte de paralysie complète par suite des fractures des troisième et quatrième vertèbres cervicales. Ollivier d'Angers dans son traité des maladies de la moelle épinière, p. 784, cite un cas de destruction par des acéphalocirstes de la moelle épinière comprise entre la première et la quatrième vertèbre dorsale; la paraplégie complète n'empêcha pas l'accouchement de s'opérer régulièrement et sans douleur. Goltz et Freurberg, (Archiv für physiolog, 1874) ont détruit la moelle épinière d'une chienne à la partie inférieure de la moelle dorsale, ce qui n'empêcha pas cette chienne d'être fécondée et d'accoucher. L'on connaît enfin le cas de Deneux (Recueil périodique de la Société de médecine, avril 1818), qui vit à l'Hôtel-Dieu d'Amiens une femme ivre-morte accoucher sans douleur et se promettre de recommencer à son prochain accouchement cette sorte d'anesthésie. Enfin Casper a signalé le cas d'une femme qui est accouchée en causant dans la rue. Montgomery et Douglas (Gazette des hopitaux, 4 mars 1854), en s'appuyant sur deux faits, ont résolu affirmativement la question «une femme peut-elle accoucher sans le savoir». (V. Depaul, accouchement pendant une syncope.)

Ces faits, outre qu'ils démontrent la possibilité de l'accouchement après la suppression de la douleur, ont leur importance au point de vue de l'anesthésie. Dans cette 3e classe, la douleur n'existant pas, ne demande pas de remède, l'anesthésie est inutile. Dans les autres cas où la douleur existe, faut-il intervenir? Un certain nombre d'accoucheurs se sont prononcés pour la négative en se basant sur plusieurs raisons que nous allons examiner.

1° *La douleur obstétricale diffère de la douleur chirurgicale.* — Les ennemis de l'anesthésie, bien que reconnaissant l'utilité du chloroforme en chirurgie, ont repoussé son intervention en obstétrique. Ils ont prétendu que la douleur dans les accouchements ne peut être comparée à la douleur produite par les opérations chirurgicales. Montgomery s'est refusé absolument à reconnaître le « what holds good in relation to pain in surgery, holds good in midwifery. » R. Barnes a dit : « La douleur de l'accouchement, résultat de la contraction utérine, est un des éléments qui constituent la série de phénomènes destinés à faire atteindre le vrai but de la parturition. Il est hasardeux de la supprimer ; au contraire la douleur des opérations chirurgicales ne fait pas partie d'une fonction naturelle. C'est *a formidable adjunct of artificial inquiry*, dont on a peut-être (*perhaps*) profit à se débarrasser. Waller (1849) reconnaît également cette différence entre les cas de chirurgie et les cas d'accouchement. Blot enfin (1859) fait remarquer de son côté que l'organisme est passif en chirurgie, et qu'il est actif dans les accouchements.

Cette différence de la douleur est vraie au point de vue étiologique, mais la douleur quelle que soit la cause est la même en elle-même. Sa nature est invariable et ses résultats sont les mêmes, quelle que soit sa cause de production. La douleur en elle-même est un mal (for pain per se is alway an evil.) — All pain is hurtfull, dit Sansom. But pain is perfect misery, and excessive overturns all patience (Nisroch blessé).

Denham a d'ailleurs montré que le but que l'on se propose en donnant le chloroforme dans les opérations chirurgicales est le même à certain point de vue que dans la pratique obstétricale. Dans les deux cas, on administre le chloroforme pour épargner aux patients une certaine quantité de douleur et diminuer ainsi le shock nerveux. Dans les deux cas on court le risque de certains hasards, de certains dangers pour éloigner de mauvais effets. Cette distinction de la douleur ne peut donc servir d'objection à l'emploi des anesthésiques.

2° *La douleur de l'accouchement est un phénomène physiologique.* — On doit par suite la respecter. C'est là l'opinion de Meigs, qui dit: I have been accustomed to look upon the sensation of pain in labour as a physiological relative of the power of force. I have alway regarded a labour pain as a most desirable, salutary and conservative manifestation of life force. Barnes ajoute : « La physiologie, l'expérience humaine, les réflexions philosophiques conduisent à cette conclusion inévitable : la nature a assuré la sécurité et le but de la parturition par des moyens si admirables, qu'on peut dire sans crainte qu'elle dédaigne l'assistance et refuse l'intervention. Aucun phénomène du travail naturel n'est inutile ni superflu, pas même la douleur. » La meilleure preuve du contraire se trouve produite par le grand nombre d'accouchements qui se sont faits sans douleurs, c'est-à-dire en l'absence de cet élément soi-disant indispensable. Peut-on appeler physiologique un élément dont l'absence ne produit aucun effet et dont la présence est parfois désastreuse comme nous le verrons bientôt? L'excessive douleur n'est-elle pas un produit de la civilisation ? N'est elle pas plutôt un élément morbide, puisqu'elle n'existe pas dans presque toute la série animale ? N'a-t on pas vu des patientes se plaindre de douleur dans l'absence des contractions utérines et d'autres qui bruyantes dans le 1er stade restaient silencieuses pendant les douleurs expulsives ? N'existe-t-il pas des cas où le travail est indolore dans les deux tiers de sa durée (travail secret des anciens) ? Et d'ailleurs la douleur serait-elle *physiologique* comme le croit Bouisson ? Ce simple mot serait-il une raison suffisante pour laisser souffrir les femmes ? Spiegelberg (1857) à ceux qui disaient : pourquoi intervenir dans les accouchements naturels, la douleur étant physiologique, a répondu : ce serait une toute autre question si la douleur était éprouvée par les accoucheurs eux-mêmes. — La douleur produite par l'avulsion d'une dent n'est-elle pas aussi constante, aussi nécessaire que la douleur de l'accouchement? Et pourtant il est des adversaires de l'anesthésie dans les accouchements naturels qui n'hésitent pas à se faire anesthésier pour éviter cette douleur pourtant bien moindre que celle de l'accouchement.

3° *La douleur de l'accouchement est utile.* — Barnes, Waller, Audland, Meigs, Ramsbotham ont prétendu que la douleur était utile, que c'était même un élément indispensable de la parturition. Montgomery a cité un cas où un accoucheur, avec un « *pointed nail* », allait traverser le col utérin en voulant percer la poche des eaux, lorsque la douleur éprouvée par la femme lui fit reconnaître son erreur. Meigs n'a-t-il pas prétendu que la douleur était utile pour guider l'accoucheur dans l'introduction des branches du forceps ? La plupart de ces accoucheurs ont insisté sur l'utilité de la nature des cris que la douleur arrache à la femme, pour reconnaître la période du travail. Sans doute le caractère des cris a parfois son importance, mais dans tous les cas le toucher vaginal renseigne bien mieux l'accoucheur que ce procédé un peu primitif. « Que penserait-on, disait Simpson, d'un chirurgien qui ne se baserait que sur la douleur et non sur des connaissances anatomiques pour savoir s'il ne comprend pas des nerfs dans une ligature d'artère ? » Son utilité disparaît d'ailleurs bien vite devant ses inconvénients, comme nous allons le voir. Aussi Galien disait-il déjà : dolor dolentibus inutilis est.

4° *Il est inutile de supprimer la douleur.* — Les adversaires du chloroforme ayant vu une partie de leurs arguments réfutés prétendirent que l'intervention était inutile, la douleur étant si infime. Magendie disait en 1847 : « La douleur a toujours son utilité, *c'est peu de chose de souffrir*, et la découverte qui cherche à prévenir la douleur n'a qu'un médiocre intérêt. » (Gazette médicale, 6 fév. 1847, p. 112.) — Copland (Dictionn. of practical medicine, vol III, p. 484), Gull, Bransby, Cooper (London medical Gazette, april 30, 1847, p. 777), Nunn (idem, mars 5, 1847, p. 415), Pickford (Edinb. med. and surg. journal, july 1847, p. 258), Syme (Monthly journal of med. science, april 1847, p. 784) et (Edinb. med. and surg : journal, vol. XXXVI, p. 248), Ashwell (1848), Merriman, etc., reconnurent l'inutilité des anesthésiques. Meigs, tout en ne niant pas qu'il est des cas rares où les souffrances des femmes doivent être calmées, ne se montra pas convaincu de la nécessité de l'anesthésie : la durée moyenne de l'accouchement est selon lui de quatre heures, le nombre moyen des contractions est de cinquante, chacune d'elles, durant environ trente secondes ; en réalité il n'y a donc que vingt-cinq minutes de souffrances dispersées sur deux cent-quarante minutes. Aussi, selon le même accoucheur, la douleur déchirante est un mythe, et même les chambres des maternités sont pendant la plupart du temps de l'accouchement le siège d'une douce gaieté (cheerfulness and gayety) et non de scènes d'angoisse et de désespoir. Cazeaux s'est servi des mêmes arguments que Meigs. « Et après tout, dit-il, la douleur de l'enfantement est-elle donc dans les cas simples si grave et si terrible? Ne voyons-nous pas des femmes accoucher presque sans douleur ? Pour ne parler que des faits les plus ordinaires, les femmes ne conservent-elles pas souvent jusqu'à la fin du travail un grand calme et toute leur gaieté, etc. ? » Notons d'abord que la durée moyenne des contractions et de l'accouchement, fixée par Meigs, est évidemment au-dessous du chiffre réel. Pour Campbell, les contractions auraient une durée variable de 30 à 60 secondes. Cette durée est encore plus longue si l'on examine les diverses observations, celles qui se trouvent rapportées par Pinard, Winckel, etc., par exemple. Quant à la durée totale de l'accouchement, Mawsell sur 442 observations trouve une durée moyenne de 10 heures 1/2 ; Merriman trouve un peu moins de 15 heures. Churchill sur 981 cas indique une moyenne de 7 heures, avec un minimum de 1 heure et un maximum de 150 heures ; la moyenne donnée par Cazeaux est de 10 à 12 heures ; pour Piachaud, la durée moyenne est de 20 heures pour les primipares, et de 10 heures pour les multipares. Mac Clintock et Hardy, de Dublin, ont donné à ce propos le tableau suivant.

3882	dont	716 primipares	: durée,	moins de 6 heures.
1398	—	640	— —	entre 6 et 12 heures.
426	—	283	— —	entre 12 et 18 —
140	—	113	— —	entre 18 et 24 —

Nous sommes donc bien loin de la moyenne de quatre heures signalée par Meigs. Quant au peu d'intensité de la douleur, nous voyons dans Meigs lui-même (Females and their diseases p, 49) cette description de la douleur : « Eh ! qu'appelez-vous douleurs de la parturition ? Je ne leur vois pas d'autre nom possible que celui d'agonie (agony). « Dans sa Philadelphia practice of midwifery (p. 153), il ajoute : « à la dernière période, les douleurs sont absolument indescriptibles, on ne peut les comparer à aucune autre douleur. » Cazeaux lui-même dans, un autre passage de son Traité d'accouchement, parle « du cri violent de l'excès de la douleur. » Il dit plus loin. « Les douleurs deviennent de plus en plus violentes ; chacune d'elles est annoncée par un frémissement général, la femme se cramponne aussitôt à tout ce qui est autour d'elle, arc-boute les pieds, etc. « Nous ne voyons pas là les scènes de gaieté citées précédemment et dans les accouchements auxquels nous avons assisté tant à l'hôpital qu'à la campagne, c'est-à-dire chez des femmes chez qui la douleur est généralement moins vivement ressentie, nous n'avons jamais non plus rencontré de pareilles scènes. Au contraire, nous avons déjà vu la description de cette douleur que Tyler Smith caractérise en disant : « Aucune souffrance humaine ne peut probablement surpasser en intensité cette agonie perçante de l'accouchement. » Denman (introduction to midwifery, 5e édition, p. 377) disait aussi : « La détresse, la douleur que la femme endure souvent est au delà de toute description. « Hervieux enfin ajoutait : « Quand on a assisté à ce spectacle, quand on a été témoin de ce désespoir, de ces cris déchirants, de ces souffrances, peut-on ne pas concevoir l'utilité d'un moyen qui a pour but et pour effet l'atténuation de telles angoisses ? » Et quand même la douleur ne serait pas aussi vive, quand même le chiffre de vingt-cinq minutes cité par Meigs serait réel, la somme totale de douleur éprouvée par la femme ne serait pas à dédaigner. Bien souvent on endort des malades pour des opérations qui n'ont pas la même durée et pendant lesquelles la douleur n'est pas non plus continue ou du moins n'est pas toujours aussi vive. Beau d'ailleurs n'a-t-il pas décrit la douleur de l'accouchement comme une névralgie des nerfs lombo-abdominaux avec des points douloureux aux régions lombaire, iliaque, hypogastrique, inguinale et vulvaire (Union médicale, 2 sept. 1851), voulant montrer par là la vivacité et l'inutilité de cette douleur !

Deux autres raisons militent en faveur de la suppression

de la douleur : 1° son caractère nuisible; 2° les avantages de sa suppression.

1° *La douleur est en effet nuisible en tant que douleur.* — « Ceux qui accusent l'éthérisation, disait Velpeau à l'Académie des sciences, ceux qui s'efforcent d'en éloigner les esprits, savent-ils qu'on peut mourir de douleur, que la douleur épuise, que dans les opérations une douleur excessive et prolongée est toujours une complication grave? » Marc-Antoine Petit disait également : « Avoir dépeint la douleur, c'est aussi parler de son danger. » Selon Guglielmi, Mauriceau, Davis, Denham et autres citent des faits qui montrent le danger des douleurs trop vives et trop longtemps prolongées. Déjà Ambroise Paré (p. 320) disait que la douleur « prosterne et abatte les vertus du malade.» Simpson a cité à ce sujet les opinions de quelques auteurs. Gooch (An inquiry concerning, that disturbed state of the vital fonction usually denominated constitutional irritation, 1826, p. 65) «Trop de douleur peut détruire l'existence ». Travers : « La douleur qui s'élève à un certain degré d'intensité et de durée est par elle-même une cause de destruction ». Johns Burns (Principales of surgery, vol. 1, p. 502) : « Une grande sensibilité ou une douleur excessive épuise à la fois et le système et la partie; elle agit comme une cause excitante pour l'inflammation, affection qui peut par elle-même naître de la lésion même ». P. Alison (Outlines of pathology and practice of medicine p. 13) : « Bien des faits prouvent que des sensations extrêmes, douleur intense, etc., agissant avec violence, frappent le système circulatoire exactement comme un ébranlement (concussion). Le résultat en est parfois fatal, surtout lorsqu'elles se trouvent en présence d'un état inusité de faiblesse et d'épuisement. » Rankin (Abstract of the medical science, vol. I. 1847, p. 382) a signalé les effets déprimants de l'extrême douleur. Jobert de Lamballe, dans son intéressant mémoire lu à l'Académie des sciences (1855) sur le retentissement de la douleur sur l'organisme, a dit: «Nous posons en fait que toute douleur continue et violente peut devenir la source d'accidents redoutables ». L'on sait d'ailleurs que la doulenr et l'émotion sont les deux éléments du shock nerveux qui accompagnent la parturition (Hamilton, Practical observations, p. 179, et Churchill, Diseases of pregnancy and childbed, p. 240). Or Tyler Smith, Channing, Protheræ Smith, ont constaté que l'anesthésie supprime la plus grande partie de ces éléments qui à eux seuls peuvent détruire la vie. — Simpson qui a si bien étudié cette question disait :« Toute douleur est par elle-même, surtout lorsqu'elle est en excès, une cause de destruction; son action, ses effets peuvent amener une terminaison fatale.» Pour Gower, la douleur est une force qui trouble (a disturbing force). Pour Druitt et Craig, elle est la cause de l'allongement du travail (of protracted labour); En présence de toutes ces opinions, nous ne savons pas pourquoi Merriman préférait laisser à la nature le soin de terminer seule le travail de l'accouchement et pourquoi Ashwell prétendait que l'emploi des anesthésiques constituait une intervention inutile « dans le processus si providentiel de l'accouchement naturel. » — Et à Guelmi, qui disait : « Nel parto un certo grado di dolore poi e necessario ne la natura lo pose casualmente », nous pouvons répéter les paroles de Romiti : « Io non so davvero comprender e questa necessita del dolore», — La douleur nous semble donc nuisible et nous ne comprenons pas plus l'*inutilité* de l'anesthésie que nous ne comprendrions l'inutilité des chemins de fer, inutilité qui fut pourtant proclamée et défendue à la tribune de la Chambre des députés par le ministre même des travaux public en 1835.

2° *Il est avantageux de supprimer la douleur.* — Aux adversaires du chloroforme, à ceux qui poussent si loin le « scire multa, agere pauca » de Baglivi, Simpson a répondu en montrant que la diminution de la douleur abaissait le chiffre de la mortalité. — Dans les amputations de cuisse, la mortalité de 44 pour 100 avant l'anesthésie est tombée à 24 pour 100 depuis l'emploi de cette méthode. — Collins (Practical treatise on midwifery) a prouvé que la mortalité augmentait avec la durée de l'accouchement : Ex. : durée du travail, 2 heures; mortalité, 1/320 : durée de 2 à 6 heures, mortalité 1/145 durée plus de 26 heures : mortalité 1/6, et l'on a attribué plus tard à la différence de douleur cette différence de mortalité. — On peut aussi citer à ce propos le tableau de Duncan (Edinb. med. journal, juillet 1857):

Durée.	Nombre de cas.	Morts,	Proportion.
1 heure,	8537	11	1/322
2 à 3 heures,	6000	26	1/231
4 à 6 —	3875	29	1/134
7 à 12 —	1672	21	1/80
13 à 24 —	502	19	1/26
25 à 36 —	134	8	1/17
au delà de 36 heures,	130	24	1/6

Il est vrai que Barnes fait observer avec raison que la douleur n'est pas toujours en rapport avec la durée et que la mort peut être produite par la cause même de l'allongement du travail. — Cependant von Sprengler (1852) et

Ferwick (1857) ont reconnu que l'introduction de l'anesthésie avait abaissé considérablement le chiffre de la mortalité. D'après les statistiques de la Newcastle infirmary, 144 amputations sans anesthésie ont donné une mortalité de 19 pour 100, tandis que 81 autres avec anesthésie ne donnaient que la proportion 13 pour 100. Scanzoni, Sansom, Kohler ont reconnu aussi que dans les opérations obstétricales, le chloroforme diminue la mortalité. Simpson, Martin Coates et Denis Edouard (1855) (Diminution des accidents avec la suppression de la douleur) ont constaté également cette diminution de la mortalité. Ces faits donnent raison à Tyler Smith, qui remarque que beaucoup de parturientes périssent directement ou indirectement par l'émotion seule; et à Guglielmi, qui prétend que les accès douloureux en se repétant incessamment agissent comme la goutte d'eau qui «cavat lapidem non vi sed sœpe cadendo. » L'on connaît enfin les expériences faites sur l'action de la douleur sur le système circulatoire et sur la vie.

3. *Ce n'est pas sans inconvénients que l'on supprime la douleur.* Je ne m'arrêterai pas à l'objection de Mojon (Discours sur l'utilité de la douleur) : «en soustrayant la femme aux souffrances, on la prive du bonheur de les voir cesser »; ni à celle de Gream : « les femmes ayant toujours souffert doivent toujours souffrir. » — Il est d'autres objections plus sérieuses. MM. Pajot et Depaul ont prétendu que si la douleur était supprimée par une véritable anesthésie, l'impossibilité de la direction des forces utérines et des efforts volontaires créerait à l'enfant, à la mère, à l'accoucheur une position dangereuse pour les uns et difficile pour les autres. Selon eux, on ne peut supprimer la douleur sans se priver de la participation active de la femme,

Nous verrons dans le chapitre suivant que l'anesthésie obstétricale remédie à cet inconvénient, si tant est qu'il existe. Quant aux divers accidents, à la mort même que produirait l'anesthésie, ils seront examinés séparément.

Enfin n'est-ce pas le devoir de tout médecin de calmer la souffrance? Bacon disait : « Je pense qu'il est du devoir du médecin non seulement de rétablir la santé, mais encore de calmer la souffrance et les douleurs. » Ce devoir fut affirmé par Zweifel (1874) et par Thomas Radfort. « It is our duty as well as our privilege to use all legitimate means to mitigate and remove the physical suffering of. the mother during parturition. » Aussi Simpson pouvait dire en 1847 : « Si l'innocuité de l'anesthésie employée avec les précautions voulues est démontrée expérimentalement, et si l'on considère la vivacité des douleurs de l'accouchement, on sera en droit de dire : «Est on justifiable en s'abstenant d'employer l'anesthésie, justifiable en n'usant pas d'un moyen par lequel on peut annihiler les douleurs de l'accouchement?» Cette indication rentre dans celles que Stolz a résumées en ces mots: Observer, conseiller, *soulager* et protéger. N'oublions pas enfin le *divinum est curare dolorem* d'Hippocrate.

Lorsque l'anesthésie était encore inconnue, la suppression de la douleur n'était-elle pas le rêve de quelques médecins? « Un remède à la douleur ! oh ! qu'il serait grand et sublime, qu'il serait digne d'admiration et de respect l'homme qui la maîtriserait toujours! qu'avec plaisir je voterai pour son autel!» (M. A. Petit, discours sur la douleur dans Essai sur la médecine du cœur. p. 298.) Wigand a montré aussi de loin ce but à atteindre lorsqu'il commençait son mémoire sous ce titre : Was kann die Kunst thun, um die Schmerzhaftigkeit der Wehen zu mindern (Hamburgischen

Magazin fur die Geburtshulfe erste Stocke, 1807, p. 38) et lorsqu'il ajoutait: « C'est une nécessité de la constitution du corps humain, de voir chez les nations les plus civilisées, la femme ne pouvoir enfanter sans douleur; mais ces douleurs sont si intenses, si violentes (et l'art de secourir n'ayant souvent contre elles d'autres ressources que de simples conseils), que l'on voit surgir cette question : Par quel moyen et comment peut-on calmer les douleurs de ces femmes? Question que les accoucheurs des nations les plus civilisées n'ont pas assez sous les yeux, mais que tous ensemble ils ne pourraient assez examiner, assez prendre au sérieux. » Ce rêve de Petit, ce désir de Wigand, Simpson les a sans doute réalisés en appliquant l'anesthésie à l'art des accouchements.

CHAPITRE II.

RÉALITÉ DE L'ANESTHÉSIE.

Nons venons de voir que la douleur loin d'être utile, indispensable à l'accouchement, pouvait être supprimée sans inconvénient, et même avec avantage. Nous venons de voir également que l'anesthésie était utile en ces circonstances, mais son utilité dépend évidemment de la possibilité qu'elle possède d'atteindre ce but. Cette possibilité ayant été niée par quelques auteurs, il nous reste à rechercher 1° si les individus soumis à l'éthérisation sont susceptibles de ressentir la douleur comme dans l'état ordinaire; 2° s'il est exact de dire qu'ils perdent simplement le souvenir de leur souffrance.

1° *Peuvent-ils ressentir la douleur?* Cette question a été soulevée et résolue par M. Moreau de Tours (Union médicale, 20 janvier 1847, p. 83) :« En accordant, dit-il, qu'ils ressentent de la douleur, nous nions que cette douleur soit la même que celles qu'ils endureraient dans l'état ordinaire de la souffrance. Cette douleur peut avoir subi de telles modifications, qu'on est est plus près de la vérité en disant qu'elle n'existe pas qu'en disant qu'elle existe. »

2° *Perdent-ils simplement le souvenir de leur souffrance?* Nous trouvons dans la thèse de M. Pinard ces paroles de M. Scanzoni : « J'ai à peine besoin de dire que les inhalations de chloroforme ne font point disparaître la perception de la douleur qui accompagne les contractions, pour peu que cette douleur soit intense, même quand le sommeil narcotique est complet. Car il est de règle que chaque contraction un peu forte, et par là même douloureuse, soit masquée par des cris, par un changement soudain de position, bref par des signes indubitables de sensibilité à la douleur. Si les femmes qui accouchent pendant le sommeil dû au chloroforme ne se souviennent pas d'avoir ressenti de douleurs une fois qu'elles sont revenues à elles, cela signifie seulement que la mémoire leur fait défaut, et non qu'elles ne ressentaient pas la douleur dans l'instant de sa production. »

Ce fait de l'existence de cris, de plaintes pendant l'anesthésie, a été signalé par beaucoup d'observateurs.

M. Brierre de Boismont (Revue médicale française et étrangère de Cayol, juin 1847, p. 218) a dit à ce sujet : « Vous avez tous constaté que, parmi les individus soumis à l'éthérisation, il en est qui restent complètement insensibles, d'autres qui s'agitent, crient, paraissent éprouver de véritables souffrances. Si vous interrogez ces derniers, la plupart vous répondent qu'ils ne savent ce qu'on veut leur dire, qu'ils n'ont point souffert, mais beaucoup assurent avoir rêvé. » Nevins (1848) a signalé un cas dans lequel les contractions abdominales s'accompagnaient de plaintes, et dans lequel la femme reconnut n'avoir pas souffert. Snow a constaté aussi « groans and cries » comme si la femme souffrait, mais en réalité lorsque la femme n'avait pas conscience des douleurs.

Burwell a rappelé que, dans un cas, l'entourage de la femme en la voyant se plaindre et gémir, sympathisait avec ses douleurs, et cependant la femme reconnaissait ne souffrir nullement. M. Lucas-Championnière nous a cité des faits de ce genre. Peironnet (1851), dans sa thèse, rapporte une observation de Dubois, dans laquelle la femme, malgré tous les signes de souffrance qu'elle donna pendant le travail, ne se rappela pas avoir éprouvé de vives douleurs à partir du moment où on l'avait chloroformée. Murphy, en 1856, ayant assisté à un fait de ce genre, l'attribua à une sorte de rêve (a kind of dream). Yvonneau (1863) constate que parfois il y a des mouvements, des plaintes plus ou moins articulées, durant la contraction utérine, bien que les femmes revenues à leur état habituel n'aient pas le moindre souvenir d'une douleur quelconque, ni même de ce qui s'est passé. J'ai pu, moi-même, observer ce fait, notamment dans un cas, le 17 décembre (salle Nélaton, n° 20, service de M. Dieulafoy, hôpital Saint-Antoine). N'y a-t-il pas là une sorte de rêve douloureux, déterminé par l'irritation des nerfs sensitifs de l'utérus, et analogue à ces rêves érotiques, déterminés par les manipulations des organes génitaux pendant l'anesthésie, rêves dont la patiente ne conserve pas le souvenir à son réveil ?

M. Brierre de Boismont semble partager cette opinion lorsqu'il dit : « La mimique de la douleur est courte, et la douleur, elle-même, si elle existe, n'est que la résultante d'une sensation modifiée dans son intensité. »

Pour M. Lacassagne, il n'y a pas eu douleur, élaboration intellectuelle, mais douleur résultant des tissus attaqués; le jugement et la mémoire n'ont pas eu à intervenir.

Richet, dans sa thèse, se demande en présence de ce fait : Est-ce ou non de la douleur? Il répond ainsi : « A vrai dire, cette douleur, si rapide qu'on n'en conserve pas le souvenir, n'est rien, et c'est un moment presque mathématique dont il n'y a guère à tenir compte. Ce qui fait la cruauté de la douleur, c'est moins la douleur elle-même, si intense qu'elle soit, que son souvenir et le retentissement pénible qu'elle laisse après elle. Une douleur aiguë qui dure une seconde, et qu'une seconde après on ne se rappelle plus avoir existé, n'est pas une vraie douleur, et les gens qui souffrent ainsi ne méritent pas qu'on les plaigne. »

Ainsi, d'après ces auteurs, à la question de Barnes (1850): Est-ce qu'ils ont perdu la mémoire ou est-ce qu'ils ne souffrent pas? il faut, contrairement à Scanzoni, répondre par cette dernière opinion : Ils ne souffrent réellement pas.

CHAPITRE III.

ANESTHÉSIE OBSTÉTRICALE.

Pour compléter cette étude générale, il ne nous reste plus maintenant qu'à rechercher 1° quelle est la loi de progression de l'anesthésie ; 2° quels sont les différents degrés que parcourt l'influence exercée par les anesthésiques ; 3° quels sont les témoignages, les preuves sur lesquels repose l'analgésie ou anesthésie obstétricale, c'est-à-dire ce degré de l'anesthésie dans lequel la sensibilité a disparu, alors que la connaissance persiste encore ; 4° quels sont enfin la constance et les moyens d'obtenir ce degré ? L'importance de la solution de ces questions n'échappera à personne, étant donné que la plupart des adversaires de l'anesthésie dans les accouchements s'appuient sur la négation de l'un de ces points, pour affirmer que cette méthode repose sur une théorie que rien ne vérifie, que rien ne justifie.

1° *Mode de progression de l'anesthésie.* — La loi de progression des effets de l'éther et du chloroforme a été déterminée par Longet et par Flourens en 1847. Flourens a démontré expérimentalement que l'action anesthésique atteint d'abord les hémisphères cérébraux, puis le cervelet, la moelle épinière et enfin la moelle allongée (le bulbe est l'*ultimum moriens* de Charcot). Longet observa, de son côté, que, pendant l'éthérisation, les fonctions du système nerveux ganglionnaire paraissaient être surexcitées, ce système semblant devenir une sorte de *diverticulum* pour la force nerveuse qui, momentanément, abandonne le système cérébro-spinal.

Eulenberg de Greiswald (Lancet, 5 mars 1881, p. 381) a prétendu qu'il y avait bien, au début, une légère augmentation, mais qu'ensuite on n'observait plus que la diminution progressive de l'action réflexe.

Quoi qu'il en soit, Longet, se basant sur les expériences de Flourens et sur les siennes, distingua deux périodes : 1° éthérisation des lobes cérébraux ; 2° éthérisation de la protubérance, cette dernière période étant nécessaire suivant Murphy pour la production de l'anesthésie complète. Murphy remarqua aussi que le chloroforme frappait d'abord les nerfs sensitifs (Lallemand aurait trouvait plus de chloroforme dans les ganglions sensoriels), puis le cerveau. Pour cet accoucheur, l'ordre de progression est le suivant : 1° perte de sensation ; 2° perte partielle du mouvement volontaire ; 3° perte de la conscience ; 4° perte complète du mouvement volontaire ; 5° cessation de l'action de l'utérus ; 6° cessation de la respiration ; 7° cessation du cœur. Se basant sur ce fait que l'ordre d'envahissement est révélé par l'ordre d'apparition des symptômes, Murphy a pu affirmer que des trois divisions du système nerveux, le système cérébro-spinal est le premier atteint, puis le système réflexe et enfin le système ganglionnaire. Marshall Hall a vérifié ce fait sur un grand nombre d'animaux, et a pu conclure que cette action du chloroforme était identique dans la série animale. De toutes ces expériences auxquelles il faut joindre celles de Flourens et de Mandl, nous pouvons conclure avec M. Perrin, que l'action des anesthésiques est progressive et successive. Ainsi est réfutée l'une des objections de Meigs (1849).

Cet ordre de succession, de progression ainsi déterminé

est-il constant? Peut-on l'ériger en règle générale, en règle absolue? C'est sur ce fait qu'est basée la sécurité de l'anesthésie. Il semble, au premier abord, que cet ordre ne soit pas constant, que la moelle épinière, c'est-à-dire les centres respiratoire et circulatoire puissent être, par exemple, atteints avant les lobes cérébraux, les cas de mort subite paraissant prouver la perversion possible dans la marche des phénomènes de l'anesthésie. Mais ici l'on se trouve en présence d'un grand nombre de facteurs qui rendent la solution de cette question extrêmement difficile : pureté du chloroforme, dose déjà absorbée, quantité absorbée brusquement, rapidité de l'absorption, idiosyncrasie, etc. Parfois, aussi, les anesthésiques paraissent avoir une plus grande rapidité d'action ; à peine une partie est-elle atteinte, qu'une autre l'est à son tour ; la marche est tellement rapide, que les degrés intermédiaires semblent avoir disparu. Ce sont là, heureusement, des faits exceptionnels dont nous parlerons à propos de la pureté du chloroforme, des doses et des idiosyncrasies. L'on peut donc, ces restrictions faites, admettre comme une loi générale la progression et la succession constantes des phénomènes anesthésiques.

2° *Degrés de l'anesthésie.* — La marche de l'anesthésie étant insensiblement progressive, il est difficile d'établir des degrés. Ces degrés, ces séparations nettes et précises, ne sont, comme les classifications de l'histoire naturelle, que des limites souvent arbitraires, destinées à soulager l'esprit dans la conception d'un tout indivisible. Aussi n'est-il pas étonnant que le nombre de degrés diffère suivant que les auteurs ont considéré les phénomènes depuis leur première apparition jusqu'à la production de la mort, ou suivant qu'ils se sont arrêtés en route à l'apparition de l'anesthésie complète, et que ce nombre varie aussi suivant le degré d'analyse de ces phénomènes. Voici, par ordre de date, les principales classifications dues aux accoucheurs.

Simpson (1848) distingue trois degrés : 1° sopor, léger sommeil, demi-conscience comme dans un rêve, perte de sensation presque complète, degré convenable pour l'obstétrique ordinaire ; 2° stupor, absence complète de conscience, tremor involontaire des muscles, opérations obstétricales ; 3° stertor, respiration ronflante, flaccidité, pupilles dilatées, résolution complète.

Murphy (avril 1848), 1er degré, conservation de la conscience, sensibilité à la douleur déjà pourtant bien diminuée, les muscles volontaires conservent leur contractilité, l'effort est possible ; 2e degré, insensibilité à la doulaur, inconscience complète, augmentation de fréquence du pouls, respiration lente et profonde, parfois stertoreuse, conservation de la contractilité utérine ; opérations obstétricales ; 3e degré, insensibilité, inconscience, pouls lent et petit, respiration stertoreuse, paralysie des muscles volontaires, quelquefois contracture spasmodique, absence de contractions utérines, surface froide.

Snow (1849), 5 degrés : 1° effets très légers, les femmes conservent encore assez de conscience pour apprécier leur situation et savoir ce que l'on fait autour d'elles ; quelquefois il y a un certain degré d'ébriété assez agréable ; 2° rêves et divagations, immédiatement après la perte de connaissance, lorsque la malade n'était pas silencieuse ; 3° absence de mouvements volontaires, de sons articulés ou de quelque signe indiquant la présence des idées : il peut y avoir contraction involontaire ou rigidité ; 4° relâchement absolu des muscles volontaires, respiration parfois stertoreuse ; 5° troubles de la respiration à l'approche de la mort.

Houzelot (1854), 2 degrés : 1° obstétrical ; 2° chirurgical.

Millet (1854), 3 degrés : 1° exaltation de la contractilité ; 2° abolition de la sensibilité utérine, avec conservation d'une contractilité assez énergique pour expulser le fœtus ; 3° abolition complète de la puissance motrice.

Barwell (1854) : 1° anesthésie avec connaissance (knowledge) ; 2° anesthésie totale.

Krieger (1854) : 1° sensibilité augmentée ; 2° sensibilité diminuée ; 3° sensibilité disparue, assoupissement.

François Blot (1855), 3 degrés : 1° insensibilité et conscience ; 2° insensibilité et perte de connaissance ; 3° insensibilité avec résolution musculaire.

Spiegelberg (1857) : 1° aliénation du pouvoir de l'âme (seelenthatigkeit), atteinte des hémisphères cérébraux, puis, si la dose est plus forte, atteinte de la sensibilité à la douleur ; puis la motilité est frappée à son tour ; l'excitation serait due en grande partie à l'entrave apportée à la respiration : à la fin de ce stade, la femme semble dormir, mais elle répond aux questions ; 2° altération du pouvoir réflexe, disparition de la conscience et de la motilité, les contractions, pendant ce sommeil profond, diminuent en force et en fréquence. 3° degré. — sopor profond, contractions rares et faciles — degré nécessaire pour l'introduction de la main dans l'utérus. — Pajot 1866, 1° période d'excitation ; 2° période anesthésique ; 3° période comateuse. — Willième : quatre degrés. — Campbell en 1877, poussant plus loin l'analyse des phénomènes, a distingué d'abord l'anesthésie obstétricale de l'anesthésie chirurgicale, et dans cette demi-insensibilité il a décrit trois degrés différents : 1° soulagement initial, léger effacement du moi ; la douleur semble se localiser, se concentrer dans l'organe utérin lui-même ; calme immédiat et grand silence pendant l'intervalle des contractions ; 2° atténuation de la douleur utérine proprement dite, période d'analgésie incomplète, dolor velo obductus ; 3° insensibilité complète à la douleur ou analgésie.

De l'examen de ces classifications, il résulte ce fait qu'un certain nombre d'accoucheurs admettent dans l'anesthésie des degrés intermédiaires, et la possibilité de l'existence simultanée, contemporaine, de l'insensibilité à la douleur et de la connaissance.

3° *Témoignages en faveur de l'anesthésie obstétricale.* — C'est-à-dire de la disparition de la douleur coïncidant avec la persistance de la connaissance.

A. *Chirurgiens.* — La plupart des chirurgiens, n'ayant qu'un but, l'absence de la sensibilité et de la motilité, sidèrent pour ainsi dire d'emblée leur malade par de fortes doses de chloroforme : ils ne peuvent ainsi constater les premiers effets du chloroforme. Quelques-uns cependant ont observé ces phénomènes précurseurs de l'anesthésie complète. Les chirurgiens, dit Campbell, qui, au cours de leur anesthésie rapide et profonde, volent d'un trait vers le but, lequel, une fois atteint, leur permet toute leur entreprise exacte et précisée d'avance, ont constaté ce fait comme un accident de la route : quelques-uns même ont consenti à s'y arrêter pour exécuter quelques opérations d'importance secondaire. Bouisson (1850) désignait cet état sous le nom de demi-éthérisation. En 1852 (Moniteur des hôpitaux, 5 février 1852), Chassaignac observait ce phénomène lorsque l'on avait cessé l'anesthésie, il opérait même pendant cette période qu'il appelait demi-réveil. C'était l'analgésie de retour de Labbé et Goujon, l'intelligence de retour de Lacassagne. Or, selon Claude Bernard, le sujet soumis au chloroforme doit repasser dans un ordre inverse par toute la série des phénomènes qu'il a parcourue pour arriver à l'anesthésie. La rapidité de la chloroformisation chirurgicale explique pourquoi Chassaignac ne constatait ce degré intermédiaire qu'au réveil. Gerdy l'appelait engourdissement général, Blandin demi-sommeil (in Bouisson, Traité de la méthode anesthésique, p. 365). Hervey de Chégoin, Baudens (Gaz. des hôpitaux, 1852) et Forget (Société de chirurgie, 27 juillet 1853, Bulletin, t. IV, p. 45) défendirent l'anesthésie chirurgicale incomplète ou demi-anesthésie. Ribes (1853) conseille l'ivresse sans sommeil. Clifty Clendon, dans l'anesthésie appliquée à l'art dentaire, a constaté ce fait (insensible to pain, consciousness retained). Mounier, de Constantinople, à la Société de chirurgie 1855, rappela également des faits analogues provenant de sa longue pratique. Taule, d'Annecy (Gaz. des hôpitaux, 1864), Maritoux (Gaz. des hôpitaux, 13 mars 1869). Guibert (l'Anesthésie sans sommeil avec conservation de l'intelligence des sens, du mouvement, Bulletin Acad. medec., t. VI, p. 168) et Bardeleben signalèrent des cas de ce genre. Notons enfin que M. Perrin, dans le Dictionnaire de Dechambre, dit : « C'est peut-être ainsi..... qu'il est possible, pendant le travail de l'accouchement, de supprimer la douleur tout en conservant l'intelligence en assez bon état pour que la malade elle-même dirige l'anesthésie. Ce résultat, loin d'être exceptionnel comme on l'observe en dehors de la parturition, parait être la règle à ce point qu'on l'a pris pour titre d'une forme distincte d'anesthésie chirurgicale, vulgairement connue en Angleterre sous le nom de chloroformisation à la reine et désignée en France sous le nom d'anesthésie obstétricale. »

B. *Accoucheurs.* — D'après ce que dit M. Perrin, il n'est pas surprenant de trouver sur ce sujet en obstétrique un vrai déluge d'affirmations ou de négations. Voici les principaux témoignages par ordre de date. — D'après Snow, Murphy et Rigsby ont été les premiers à reconnaître l'anesthésie obstétricale. Simpson, dans un certain nombre de cas, affirme que ce que la femme ressentait ressemblait bien plus à une pression intérieure qu'à une véritable douleur. Tyler Smith, 27 mars 1847 : « It has been again and again noticed that patients may preserve ordinary consciousness and the use of the special nerves with a total insensibility to pain. » Murphy (1848) : « Une petite dose annule la sensibilité sans troubler la motilité, ni la conscience. » Protheræ Smith (1848) : « Dans les cas naturels il sera suffisant et moins dangereux de pousser l'anesthésie, seulement jusqu'au second degré, degré dans lequel la conscience persiste bien que la sensibilité soit abolie. » — Bennet (1848) constate que dans plusieurs cas la femme « was never perfectly unconscious. » Warwick, Brown, Kesteven, Phillips (1848) affirment tous le même fait. J. Beaumont : « La femme est sensible aux efforts de la parturition mais non aux douleurs de cet acte. » Stimson (1848) : « La femme, sans être sensible à la douleur, peut aider les efforts expulsifs à l'aide des muscles abdominaux. » Channing (1849) : « L'éthérisation supprime la sensibilité, le travail marche mais sans douleur. » Dunn (1851) : « La sensibilité est supprimée et par suite l'immunité contre la douleur est assurée avant que la conscience et l'intelligence soient complètement abolies. » Pacull (1851) signale le même phénomène. Barwell (1854) : « On peut produire l'anesthésie à un point voisin de l'inconscience et conserver complètement l'usage des facultés intellectuelles et des muscles malgré cet engourdissement de la sensibilité. » Houzelot (1854) : « Il est, dans l'anesthésie, un point qu'on peut appeler obstétrical, placé entre l'excitabilité et la résolution musculaire .... A ce point la mère en travail voit, entend, parle, est en rapport avec ce qui l'entoure, a le sentiment de la contraction utérine qui la domine, qu'elle aide même pour expulser l'enfant et ne souffre plus. » Laborie, dans son rapport, constata que, dans cet état, la sensibilité est atténuée et non abolie. Danyau admit également la possibilité de cet état, de cette demi-ivresse, de ce demi-sommeil ou demi-résolution des membres. Spiegelberg (1857) : « Nous avons vu que l'on pouvait chloroformer une femme de manière à faire disparaître la sensibilité totalement et surtout la contraction douloureuse en même temps que l'on conserve la connaissance. » (Das Bewusstein ist dabei erhalten ; la femme est wie in Himmel.) Beatty : « La femme comprend qu'elle a des douleurs, mais elle ne souffre pas. » P. Balocchi (1859) : « La donna ha un dolore ma non soffre. » Keep, à Boston : « Quatre contractions sans douleur, consciousness was unimpaired.» Sansom (1863) : « L'abolition de la douleur peut être produite sans même suspendre l'action des muscles volontaires. » Guibert (18 mars 1872) signale un état d'analgésie avec conservation de l'intelligence, des sens et du mouvement volontaire. Budin (1874) : « Cet état de demi-insensibilité, d'analgésie de Guibert existe donc réellement en dehors de l'anesthésie complète, profonde chirurgicale, il n'est plus possible de le nier aujourd'hui.» Campbell (1874-77) a surtout contribué à démontrer l'existence de cette demi-anesthésie par la constatation de la survie de la sensibilité totale à l'extinction de la douleur. C'est l'hypesthésie de Piachaud (1877) le 1er degré de Willieme. Dumontpallier (1878) : « Chose importante à noter, c'est que la femme ne perd point connaissance, elle conserve la conscience parfaite de tout ce qui se passe en elle et autour d'elle, elle parle avec celui qui l'assiste et cela très pertinemment. Elle sent la moindre excitation provoquée à la surface de son corps, elle entend, elle voit toutes choses, il n'y a point anesthésie générale, ni sensorielle, il y a seulement analgésie ou, pour mieux dire, diminution très grande, presque complète des douleurs de la région utérine et la femme, qui souffre à peine, si peu qu'elle ne pense plus à se plaindre, peut aider la contraction utérine. » Courty (1878) : «J'ai vu des malades qui cessaient de souffrir après quelques inspirations de chloroforme, mais sans cesser pour cela de voir, d'entendre, de parler, de sentir même. »

C. *Médecins et physiologistes.*— Longet (9 février 1847) : «L'éther est un moyen d'isoler le siège de la sensibilité générale du siège de l'intelligence et de la volonté.» Yvonneau (1853) «......qui demeurent dans la conscience parfaite de ce qui se passe autour d'elles, qui attendent le retour des contractions utérines, mais restent, quant à l'effet de ces contractions, dans une indifférence absolue et n'en sont nullement affectées. Chez d'autres, enfin, la douleur n'est qu'émoussée et affaiblie dans une mesure variable, sans être enlevée, ni annihilée.» Shepferd a constaté un fait analogue (apparent exercise of volition during anæsthesia complete in all respects. Richemond and Louisville medical Journal, 1867), ainsi que Spencer (Consciousness under chloroform). Richet, dernièrement, a cité des cas de conservation véritable de la conscience. Dastre, enfin (1881) a dit : « En dehors de toute théorie, le fait de l'analgésie n'est pas douteux, la réalité de ce fait a une certaine importance pratique. C'est là-dessus qu'est fondée la pratique de l'anesthésie obstétricale et que roulent toutes les discussions. »

Telles sont les principales affirmations en faveur de l'anesthésie obstétricale. A côté d'elles se trouvent, surtout en France, quelques négations.

Lévy, de Copenhague (1859), croit qu'il faut pousser jusqu'à l'anesthésie complète (vollige Narkose) pour qu'il ne reste plus de sensation douloureuse. Les Drs Pajot et Depaul ont nié purement et simplement la possibilité de ce fait en disant que ce n'était pas là de l'anesthésie. Lacassagne (Mémoires de l'Académie de médecine, 1869, t. XXIX) nie que la conservation complète de l'intelligence soit possible dans le cas où le chloroforme est bien administré. « Les cas d'anesthésie avec conservation complète du moi sont impossibles, » dit-il.

A ces objections Dumontpallier répondit : « Les adversaires de l'anesthésie moyenne auront beau faire ; tous les efforts de leur dialectique ne sauraient prévaloir contre ce fait bien mince en apparence, mais indéniable et gros de conséquences pratiques, à savoir que le chloroforme obstétrical amoindrit les douleurs de l'accouchement. Ce n'est pas là, nous dira-t-on, l'anesthésie vraie, l'anesthésie chirurgicale : qu'importe, si l'analgésie que nous obtenons suffit à faire supporter patiemment les douleurs redoutées et pleines d'angoisses ? »

Presque tous les adversaires de cette méthode se refusent en effet à reconnaître comme légitime l'anesthésie obstétricale, ils n'admettent que l'autre anesthésie, la sérieuse, l'absolue, la profonde, l'anesthésie tout entière, l'anesthésie une et indivisible, celle qui peut dire, comme le fait remarquer Campbell : « Je tue, donc je suis ; pour eux l'anesthésie obstétricale est un éthérisme d'un degré inférieur, incomplet, insuffisant, non satisfaisant, voire même dangereux. Quelques-uns ont nié également la constatation de la survie de la sensibilité tactile à l'extinction de la douleur. Campbell cependant a montré la possibilité de la dissociation des formes de la sensibilité observée dans le cours de certaines anesthésies incomplètes de la chirurgie et surtout dans des cas pathologiques, lors de certaines affections des centres nerveux : « Le faisceau, dit-il, où ces trois modes de sentir paraissent réunis pour le fonctionnement pratique de la vie se désagrège au contact de l'anesthésie qui le dissèque, l'analyse et y fait élection de l'élément douleur qu'elle dégage de toutes ses combinaisons : le tact persiste sous la forme de pression obstétricale constituant l'envie de pousser. » « Lorsque l'on cesse l'anesthésie, la reconstitution des trois modes de la sensibilité est très rapidement effectuée. » (Voir cas de Léon Labbé dans Campbell.) N'est-ce pas là d'ailleurs l'analogue de la disparition successive et progressive devant l'anesthésie des sens, goût, odorat, toucher, vue, ouïe, signalée par Atkinson (Lancet, 1856, 15 mars, p. 302), et de la sensibilité des diverses parties du corps, (Jastrowitz et Willième.)

4° *Peut-on produire toujours la demi-anesthésie ?* Au premier abord il semble que la réponse doive être absolument négative. Pourquoi, en effet, 1° un grand nombre de chirurgiens et d'accoucheurs ne l'ont-ils pas observée ; 2° pourquoi quelques-uns qui la cherchaient n'ont-ils pu l'obtenir ? 3° pourquoi enfin d'autres l'obtenant dans certains cas n'ont-ils pu l'obtenir dans tous ?

a. b. Nous avons vu que dans le premier cas l'absence de la demi-anesthésie tenait aux procédés défectueux de chloroformisation, les chirurgiens ne cherchant à atteindre l'anesthésie complète que par le chemin le plus rapide. A la seconde question la réponse est la même : ils ne l'ont pas obtenue parce qu'ils n'ont pas su l'obtenir; ils n'ont pas connu les moyens ad hoc. Pourquoi en effet n'y arriveraient-ils jamais lorsque d'autres y arrivent toujours? Dastre (1881), examinant si la demi-anesthésie est la règle ou l'exception, attribue l'absence de ce degré aux procédés grossiers de l'inhalation. Il faut en effet pour produire ce degré d'anesthésie des procédés qui allongent, qui, pour ainsi dire diluent l'action du chloroforme sur la sensibilité, et qui permettent ainsi de saisir, de limiter son action au point voulu. Ce but peut être atteint par les inhalations successives et entrecoupées comme Snow le conseille ; on peut l'atteindre aussi à coup sûr par le procédé de Guibert, c'est-à-dire en allongeant, en régularisant l'action du chloroforme par la morphine, ou enfin, par le procédé de Paul Bert, protoxyde d'azote sous tension. Bossis dans sa thèse, Paris, 1879, a formulé à cet égard la conclusion suivante : « On obtient chez l'homme avec un peu d'attention, par l'action combinée du chloroforme et de la morphine, un état d'insensibilité complète à la douleur avec conservation au moins partielle de l'intelligence, de la sensibilité tactile, auditive, visuelle, et du mouvement volontaire. » Notons enfin que cet état de demie anesthésie aurait été obtenu par l'hypnotisme : Cloquet, Follin, Velpeau, Azam, Guérineau, Broca, Richet; par l'asphyxie : Bouchut, Heurtaux, et peut être même par la puissante influence de l'attention, de la volonté : Gerdy, Perrin, cette influence atténuant la rapidité de l'action chloroformique. M. Dastre étudiant ces faits en conclut : « En somme il n'y a seulement que des probabilités pour l'opinion qui placerait au début de l'anesthésie chloroformique une première période d'analgésie avec conservation de l'intellect. Dans l'anesthésie, par la méthode combinée de Cl. Bernard, ces probabilités prennent presque un caractère de certitude. » M. Dastre n'osait être plus affirmatif sans doute en présence de faits, pour ainsi dire inexplicables, d'impossibilité d'obtenir parfois malgré toutes les précautions l'anesthésie obstétricale.

La méthode simple des inhalations chloroformiques est en effet difficile et demande un assez long apprentissage, le pincement cutané du poignet conseillé par Campbell n'ayant rien de bien précis, ni de fixe, permettant de limiter exactement l'anesthésie. Campbell lui-même avouait que c'était un point fluctuant et mobile comme une bouée à longue attache, autour duquel il serait facile de se maintenir. Cette difficulté de rester toujours au même point, de maintenir cet équilibre instable, explique la statistique de Campbell qui sur 947 cas a obtenu 411 fois l'analgésie, 258 fois la demi-insensibilité à la douleur, et 80 fois seulement un soulagement. Elle explique aussi l'impossibilité d'obtenir ce degré, lorsque l'on n'a pas appris les règles de la demi-chloroformisation.

c. Mais il y a des cas (troisième question) où des accoucheurs habitués à l'anesthésie obstétricale, connaissant parfaitement les procédés, la technique de cette méthode ne peuvent y parvenir. Cela tient sans doute à plusieurs causes : 1° A la nature de l'agent employé ; nous verrons plus loin qu'il existe parfois dans le chloroforme des éléments étrangers, des impuretés qui ne permettent point d'obtenir cette anesthésie ; 2° à l'état même de la patiente, soit influence morale, soit influence physique — l'on connaît en effet l'influence de l'état moral sur la production de l'anesthésie ; l'excitation, l'émotion, la crainte, le refus même de la femme peuvent être capables d'empêcher la demi-anesthésie de se produire ; — l'anesthésie reste nulle jusqu'à ce que des doses massives aient brusquement raison de la résistance du sujet, mais alors on n'a que l'anesthésie complète, chirurgicale ; 3° cela peut tenir aussi à l'idiosyncrasie. Mais il faut avouer que, depuis la découverte par M. Lucas-Championnière de l'action du chloroforme impur, le domaine de cet inconnu est singulièrement amoindri. Peut-être est-il donc des cas où sans incriminer la manière d'employer le chloroforme, il est impossible d'obtenir parfaitement la demi-anesthésie ou anesthésie obstétricale.

On peut de l'examen de ces faits tirer le conclusions suivantes :

1° L'anesthésie suit une marche progressive et successive.

2° Il est avant l'anesthésie complète des degrés intermédiaires.

3° La sensibilité peut disparaître, alors que la connaissance persiste encore.

4° Cet état peut être obtenu dans l'immense majorité des cas. C'est la base de l'anesthésie obstétricale.

III. PHYSIOLOGIE SPÉCIALE

PREMIÈRE PARTIE

ACTION DU CHLOROFORME SUR LA MÈRE

CHAPITRE PREMIER.

APPAREIL DE LA GÉNÉRATION. UTÉRUS.

I. Action sur l'utérus.

Pour comprendre l'influence que le chloroforme peut exercer sur l'utérus, il importe tout d'abord de connaître les nerfs de cet organe et la manière dont ils se comportent au point de vue physiologique. Ce n'est qu'après cette étude que les observations cliniques pourront se comprendre aisément (1).

Anatomie. — Les nerfs de l'utérus ne sont pas encore parfaitement connus, et les détails de leur description varient suivant les auteurs. Galien pourtant les connaissait

(1) Une partie des renseignements suivants ont été remeillis d'après le mémoire et les indications biblographiques de Romiti Guglielmo dans lo Sperimentale de Florence, 1874.

déjà ; il disait : « A nervo ischiado et vesica et matrix nervos accipiunt. » Plus tard ils furent étudiés par Vésale, Willis, de Graaf, Winslow, Hunter, Jobert de Lamballe, Cruveilhier, Boulard, etc. Velpeau constata à son tour que les nerfs de l'utérus provenaient du plexus sacré et du système ganglionnaire par les plexus rénaux et hypogastriques. Les premiers, dit-il, se distribuent presque entièrement au col. Tel n'est pas l'avis de Longet, qui croit que la matrice ne renferme que des nerfs sympathiques. Brachet au contraire admet l'existence de ces deux espèces de nerfs. Tiedemann et Valentin décrivirent enfin à l'utérus quatre plexus, deux latéraux, un antérieur et un postérieur.

Aujourd'hui l'on est d'accord pour admettre que les nerfs de l'utérus proviennent de deux sources ; du système sympathique et du système cérébro-spinal, les terminaisons de ces nerfs se jetant dans des ganglions qui forment ici comme dans le cœur un système ganglionnaire propre.

1° *Grand sympathique.* — Le système sympathique contribue pour la plus grande partie à l'innervation de l'utérus. C'est lui qui forme la presque totalité du plexus hypogastrique (plexus uterinus magnus de quelques auteurs) dont les branches efférentes s'unissant à quelques rameaux du plexus sacré et à quelques autres provenant des nerfs ovariens constituent le plexus utérin véritable. De ce second plexus partent des branches externes qui par leurs anastomoses forment les plexus contenus dans le ligament large et des branches internes qui pénètrent dans le tissu musculaire de l'utérus. Ces dernières branches ne suivent pas dans tout leur trajet la direction des vaisseaux. Frankenhauser dans son beau traité (Die Nerven der

Gebarmutter und ihre Endigung in dem glatten Muskelfasern. Iéna, 1867) en décrit quatre variétés suivant leur direction. Patenko à Saint Pétersbourg, dans sa thèse inaugurale (1880), a étudié leur terminaison dans la muqueuse et les glandes utérines.

2° *Ganglions propres.* — Du plexus hypogastrique partent quelques rameaux qui, arrivés au col utérin, se jettent dans un large ganglion situé sur les côtés du col utérin au niveau des culs-de-sac vaginaux droit et gauche. Ce ganglion,décrit en 1840 par Remak, fut étudié surtout par Lee (1846) qui, ignorant sans doute le travail de Remak, crut l'avoir découvert. Lée, qui déjà en 1841 avait étudié les nerfs de l'utérus gravide (The anatomy of the nerves of the uterus, 1841, Londres), insista sur la description de ce ganglion et montra ses analogies avec les ganglions du cœur dans un article de la Lancet de 1846 (On the ganglia and nerves of the heart, their analogy to those of the uterus, tome II, p. 499). Le ganglion utéro-vesical de Lee, utéro-cervical de Frankenhauser, fut étudié aussi par Kilian, Koch (1865), par Polle, etc. Son grand axe est dirigé parallèlement à l'axe du vagin. Sa forme est presque triangulaire, sa longueur ordinaire est de 3/4 pouce et sa largueur d'un 1/2 pouce, ses dimensions augmentent avec la grossesse et doublent presque alors. Sa structure ne diffère pas de celles des autres organes similaires, mais, d'après quelques anatomistes anglais, il serait formé par la réunion de six à sept petits ganglions. Son développement étudié par Lee pendant la grossesse est identique au développement des ganglions du cœur de l'embryon. De la face interne de ce ganglion partent des rameaux destinés au col utérin et d'autres rameaux qui convergent en avant vers la vessie, en arrière vers le rectum pour former autour de ces organes un riche plexus.

3° *Nerfs rachidiens.* — Les nerfs cérébro-spinaux proviennent des 2e, 3e, 4e branches du plexus sacré ; selon Lee, ils passeraient sous le bord postérieur du ganglion pour se perdre à sa face interne. Becks, dans une longue discussion avec Lee, discussion à laquelle prirent part Sharpey et beaucoup d'autres anatomistes anglais soutint, que les nerfs sacrés ne s'unissaient pas au plexus hypogastrique, mais se rendaient au vagin sans fournir aucune branche à l'utérus.

Il a été noté que sous l'influence de la grossesse les nerfs utérins augmenteraient jusqu'à soixante-dix fois de volume: ils formeraient même des bandes nerveuses sous la tunique séreuse (Lee); mais on a considéré plus tard ces bandes comme formées de tissu conjonctif.

Quant aux terminaisons de ces filets nerveux dans les muscles, Klebs, dans les Archives de Virchow (1865), constate un rapport intime entre les terminaisons nerveuses ultimes et la fibre musculaire. Frankenhauser (1867) affirme que la terminaison a lieu dans le noyau de la cellule musculaire; quelques terminaisons cependant lui paraissent libres (Emploi de l'acide pyrolignique et de la glycérine). Cette opinion fut adoptée jusqu'à ce qu'Arnold (1869) montra que les éléments nerveux à leurs extrémités s'épanouissaient et atteignaient plusieurs noyaux (Chlorure d'or et acide chromique). Tolotchinoff sur la grenouille a vérifié une partie de ces faits.

En résumé, l'utérus renferme donc un système ganglionnaire dans lequel vont se jeter des branches sympathiques et des rameaux cérébro-spinaux. Ces derniers semblent innerver seuls le col, ce que d'ailleurs l'embryogénie tend à faire admettre, le col et le vagin se développant indépendamment du corps de l'utérus.

PHYSIOLOGIE. — Les nerfs de l'utérus connus, il reste à savoir de quelle partie des centres nerveux ils dépendent ou, en d'autres termes, quels sont les centres moteurs de l'utérus. Le chloroforme n'atteignant pas, comme nous l'avons vu, simultanément les diverses parties de l'axe cérébro-spinale, la recherche des centres moteurs de l'utérus offre par suite un grand intérêt.

Brachet et Longet placèrent les centres moteurs dont dépendent les contractions utérines dans la partie inférieure de la moelle épinière. Tyler Smith, Snow, Becks regardèrent également cet organe comme le centre moteur de l'utérus; selon Heddaus (die Contractionen der Gebarmutter, 1851), la transmission de l'influx nerveux aurait lieu par la partie lombaire et sacrée du grand sympathique. Tyler Smith (A sketch of the relation of the spinal marrow to parturition. Lancet, 1846, p. 269) pensait même que l'action de la moelle épinière sur l'utérus était directe ou reflexe. Constatant que les forces motrices dépendantes de la volonté étaient loin d'être essentielles dans l'acte de la parturition, il attribuait à l'action réflexe, à l'émotion, à l'excitation la plus grande influence sur la contraction utérine, le rhythme de ces contractions dépendant évidemment de la moelle épinière. Cette théorie ne fut pas longtemps acceptée. Budge et Valentin placent le centre moteur dans le cervelet, Spiegelberg (1857, Zeitschrift für rationelle Medic.) se range à cette opinion et constate que la compression de l'aorte abdominale détermine des mouvements péristaltiques de l'utérus. Kehrer crut que l'utérus dépendait et de la moelle et du cervelet. Frankenhauser, se rapprochant de la vérité, prétendit que ces centres moteurs étaient situés dans le cervelet ou la moelle allongée et dans les ganglions propres de l'utérus. Il explique par la compression des nerfs qui entourent l'aorte le fait de la production de contractions par la compression de l'aorte. Obernier pensa au contraire que les ganglions lombaires et sacrés du grand sympathique ainsi que la partie lombaire de la moelle épinière étaient les centres de la motilité utérine. Korner pour vérifier ces faits emploie le curare et irrite directement les diverses parties des centres nerveux. Il remarque que plus le point irrité est voisin de la moelle allongée, plus la contraction est forte. La transmission de l'influx nerveux aurait lieu par les filets sympathiques qui enveloppent l'aorte.

Enfin Kilian, qui le premier avait fait sur ce sujet des recherches exactes et qui croyait que l'influx nerveux ayant son point de départ dans la moelle allongée, parvenait à l'utérus par l'intermédiaire du nerf vague, étant mort sans pouvoir achever son œuvre, Bertling en 1853 (Nonnulla experimenta de vi quam nervi in uteri contractione exercent), reprit ses expériences et démontra que le sympathique est le conducteur de l'action déterminée par l'irritation d'un grand nombre de points du système nerveux central. Reimann, en 1871 (Archiv für Gynækolog.) constate que l'utérus possède des nerfs indépendants du système central et ressemble en cela au cœur, qui possède comme lui le pouvoir de se contracter isolément. Pour arriver à formuler cette conclusion, Reimann avait séparé l'utérus du corps et constaté que l'irritation de n'importe quelle partie du museau de tanche réveillait les contractions utérines; la même année (décembre 1871), Asler et Schlesinger étudièrent l'action du curare, du chloral et du chloroforme sur la contraction utérine. Ils virent également l'utérus se contracter malgré la section de la moelle épinière et se contracter aussi par la compression de l'aorte. Ils attribuèrent ce dernier fait à une altération chimique encore inconnue du sang, agissant alors comme irritant sur les ganglions propres de l'utérus ; cette théorie se rapprochait de celle de Brown-Séquard, qui attribuait les contractions à la vénosité du sang, et de celle de Spiegelberg et Schiff, qui croyaient que l'anémie utérine était la cause des contractions. Asler et Schlesinger conclurent de leur expérience que le centre moteur de l'utérus était situé au-dessus du point de section entre l'atlas et l'occipital, et que la transmission se faisait par la moelle épinière. Enfin Rein en 1880 (Beitrag zur Lehre von der Innervation des Uterus), dans le laboratoire de Tarchanoff à Saint-Pétersbourg a fait des séries d'expériences sur des lapines; la section des nerfs sympathiques et des nerfs sacrés, malgré leur difficulté, n'empêche pas la conception, la grossesse et l'accouchement ; ces expériences montrent que les ganglions microscopiques renfermés dans les parois de l'utérus sont les centres des mouvements automatiques, ce que prouvent aussi les accouchements post mortem. De tous ces faits, de toutes ces théories, il résulte que l'utérus comme le cœur, trouvant dans ses ganglions les éléments nécessaires à sa contraction, peut rester indépendant des centres nerveux. Comme le cœur, son centre moteur serait près du nœud vital de Flourens, c'est-à-dire dans la moelle allongée ; de ce centre dépendraient les contractions rhythmiques de l'utérus ; les contractions péristaltiques suffisantes à elles seules pour permettre l'accouchement dépendraient au contraire des ganglions pariétaux.

Nous avons vu déjà que Flourens, Amussat, Longet

avaient démontré que dans l'ordre de progression des effets anesthésiques, la moelle allongée était frappée la dernière, l'abolition de son fonctionnement entraînant la mort. Mandl de son côté a prouvé que le système cérébro-spinal était paralysé avant le système ganglionaire (Cessazione delle funzioni dependenti dal sistema cerebro-spinale e persistenza delle funzioni dependenti dal sistema ganglionare, nello stato di eterismo. Annali universali di medicina, t. CXXII). Si ces faits sont vrais, et nous l'avons vu, le fonctionnement de l'utérus, sa contractilité, ne sera atteint que presque en même temps que les muscles respirateurs dont le centre moteur est voisin de celui de l'utérus; l'anesthésie ordinaire et à bien plus forte raison l'anesthésie obstétricale n'aura aucune action sur elle.

Mais il faut tenir compte que dans l'utérus se trouvent aussi des nerfs cérébro-spinaux. Ces nerfs se répandent surtout dans le col, la présence de ganglions sur leur trajet semblerait indiquer, selon M. Robin, que ce sont surtout des nerfs sensitifs; les autres nerfs de l'utérus, ne présentant aucun renflement ganglionnaire, seraient au contraire des nerfs moteurs. Sansom, qui en 1868 a prouvé par des observations que la douleur utérine avait pour point de départ le col utérin, a fourni un nouvel argument en faveur de cette opinion. Or nous avons vu que les nerfs sensitifs étaient frappés dès le début de l'anesthésie, phénomène qui explique la disparition rapide de la douleur des contractions, les nerfs du col utérin n'échappent donc pas à cette loi. Ce fait peut être important; la sensibilité utérine disparaissant, le point de départ des réflexes dont cet organe est le siège ne peut-il aussi être atteint et même disparaître? C'est là une objection qui semble sérieuse, car l'action réflexe est, comme on le sait, un des éléments de la contraction utérine. La présence des saillies fœtales, la pression souvent douloureuse exercée par elles sur les parois utérines sollicite évidemment la production des contractions. Supprimez cette sensibilité, c'est-à-dire ce point de départ, ce premier élément des réflexes, l'utérus ne peut-il çesser de se contracter ou du moins se contracter moins fréquemment et moins énergiquement, bien que conservant intacte toute sa contractilité. De même si l'anesthésie atteignait et modifiait en moins le pouvoir réflexe. Mais il faut ici établir une distinction importante, basée sur la séparation des diverses sensibilités au contact de l'anesthésie. De cette distinction il résulte que le point de départ du reflexe utérin se trouve non pas dans la pression-douleur exercée par le fœtus, mais dans la pression-tact. Simpson l'a compris et prouvé lorsqu'il conseilla de réveiller les contractions déficientes par des pressions, des manipulations portant sur les organes génitaux internes et externes (increase the intensity and force of each recurring pain by exciting the uterus and abdominal muscles through the pressure on the lower part of the vagina and perinœum.) Or cette pression-tact n'étant pas atteinte par l'anesthésie ou du moins ne l'étant que dans les degrés extrêmes (hors des degrés de l'anesthésie obstétricale), lorsque la motilité, le système ganglionnaire sont près de succomber, l'anesthésie ne peut atteindre par ce chemin la contraction utérine. Peut-être cependant la disparition de la pression-douleur exerce t-elle une légère influence atténuante, non compensee pendant l'anesthésie par l'exaltation du pouvoir réflexe signalée par Eulenberg, non compensée non plus par la suppression de l'élément douleur, élément qui semble presquetoujours par lui-même être un obstacle à la contraction. Peut-être pourrait-on par ce mécanisme expliquer la diminution de l'activité utérine observée par Campbell, sans être obligé de faire intervenir la narcose utèrine directe. Quoi qu'il en soit, si en abordant le côté clinique l'on recherche les diverses opinions émises par les accoucheurs sur l'anesthésie, il faut avouer que l'on se trouve en présence d'un véritable chaos ; le *tot capita, tot sensus* s'applique ici dans toute sa brutalité; «car, dit Blot, il n'est pas de problème thérapeutique et physiologique sur lequel règne autant de divergences, autant d'opinions contradictoires. »

Pour procéder avec ordre, nous passerons successivement en revue 1° l'action du chloroforme pendant le travail sur le corps de l'utérus, c'est-à-dire sur les contractions utérines, puis sur le col, c'est-à-dire sur la dilatation de cette partie; 2° son action après le travail, en d'autres termes son influence sur la rétractilité et par suite sur la production des hémorrhagies.

Contractions utérines.

Ayant cherché à débrouiller le chaos dont je viens de parler, j'ai dû grouper les opinions des accoucheurs en quatre catégories suivant qu'ils prétendent que le chloroforme n'agit pas sur les contractions, ou qu'il les augmente ou qu'il les diminue, ou enfin qu'il les supprime.

1r *Le chloroforme n'influe pas sur les contractions utérines.* — Ce fut l'opinion qui prévalut longtemps en France, grâce à l'appui de Dubois. Les expériences de Flourens, Amussat, Longet, démontrèrent que les contrac tions se produisaient malgré l'anesthésie la plus complète et que c'était cet organe qui mourait le dernier, car c'est en lui que la contractilité persistait le plus longtemps. Ce fait a été aussi affirmé par H. Kohler (1869). Dubois le 23 février 1847 démontra que les contractions utérines n'étaient pas suspendues. Ce furent également les conclusions de Villeneuve et plus tard de Danyau. Murphy (1849 et 1855) admit cette opinion (the tonic contractile power of the uterus was not impaired in a single instance). Halla, Hearne, Healy, Channing, Kilian, Yvonneau affirmèrent à leur tour que les contractions restaient normales. Depaul : « Le chloroforme ne met entrave à aucune des forces expulsives. » Bidder (1873), Courty (1878) : « Jamais assez pour altérer en rien la contractilité utérine.» Charlier, Fancourt Barnes, Budin partagèrent l'opinion précédente. Plus tard Simpson, Sansom, Martin revinrent sur leur première assertion et prétendirent que l'altération des contractions était l'exception (sondern ausnahme ist).

2° *Le chloroforme augmente l'énergie et la fréquence des contractions.* — Cette opinion fut défendue par Stoltz, Bouisson, Tyler Smith et par Gruby (qui prétendait d'une façon générale que les mouvements péristaltiques étaient accélérés sous l'influence du chloroforme). Pour Tyler Smith, cette augmentation de l'activité utérine était due à l'excitation médullaire causée par les premières inhalations de chloroforme. «Dans quelques cas, dit-il, les effets des anesthésiques employés longtemps et avec grande modération se traduisent simplement par une stimulation.» C'était le cas de Stoltz, qui d'après ses observations n'employait jamais que de très faibles quantités d'anesthésie ques, et ne visait que le premier degré à peine de l'anesthésie. Le même résultat a pu parfois être obtenu avec des doses un peu plus fortes. Mais dans ces cas, selon Bennet, on se trouvait en présence de contractions irrégulières, inefficientes, et dès les premières inhalations ces contractions, se régularisant, redevenaient normales, c'est-à-dire plus fortes. Exemple : le cas de Home Popham (contractions, avant l'anesthésie, toutes les huit à dix minutes; contractions, pendant, toutes les quatre ou cinq minutes). Peut-être faut-il fournir la même explication au cas de Hammer et de Murphy (1849); diminution de fréquence, augmentation d'énergie «starker», et au cas de Protheroe Smith (1847). Dans ce cas, avant l'éthérisation : durée des intervalles, 80 secondes; des contractions, 48 3/4 secondes. Pendant l'anesthésie : durée des intervalles, 55 3/4 secondes; durée des contractions, 65 secondes. D'autres accoucheurs enfin ont constaté comme Lansdown l'excitation du premier stade, mais ils ont compris que c'était là un phénomène transitoire, comparable à l'excitation des réfléxes d'Eulenberg.

3° *Le chloroforme diminue les contractions en force, fréquence et durée.* — Cette opinion est la plus répandue Quelques accoucheurs même qui dans leur prudence n'avaient au début de l'anesthésie observé aucune modification des contractions, la partagèrent lorsqu'ils eurent poussé l'anesthésie plus loin. Malgaigne l'admit. Nevins (1848) dans le tiers des cas constate que les contractions sont plus rares et plus faibles. Le comité du chloroforme (1864) sur 27 réponses: 4 affaiblissements dans la première période ; 2 pendant la dernière période; 12 pendant les deux périodes et 9 pendant aucune. Montgomery, Snow, Murphy,

Knight de Louisville, Martin, Burchard, Scanzoni, Breit, Meigs, Young de Monaghan, ont observé le même fait, diminution de fréquence (Nachlass). Lévy de Copenhague constate aussi que les contractions deviennent « seltener und schwacher.» Bailly (1875). «Il n'est pas douteux pour moi que chez quelques femmes le chloroforme ne diminue en une certaine mesure la force et la fréquence des contractions utérine. » Ces faits furent prouvés par les belles observations de Winckel, de Rostock (1865) et de Kurowicz de St Pétersbourg (1873). Winckel constate en effet que les intervalles sont allongés; moyennes : première obs. de 1′ 4′ avant à 2′ 10″ pendant; deuxième observation, intervalle avant, 4′ 25″; demi-anesthésie, 3′ 42″; anesthésie complète, 4' 42"; dans ce cas les intervalles qui étaient irréguliers par moment et un peu prolongés deviennent plus réguliers; quant à la contraction, les périodes d'augmentation et de décroissance ne sont pas modifiées ; seule la période d'acmé diminue : 42″ avant, 26″ pendant. Donc allongement des intervalles, raccourcissement de la période d'acmé. Kurowicz dans ses observations trouve des résultats analogues : intervalle avant, 2′ 52″; demi-anesthésie, 3'; anesthésie complète, 4′ 30″; contraction, période d'augment et de décroissance pas modifiées, mais acmé avant, 52"; demi-anesthésie, 35″; anesthésie complète, 30". Donc les intervalles deviennent moitié plus longs et l'acmé moitié plus court. Campbell ayant observé dès 1865 l'influence restrictive du chloroforme sur la fréquence et l'intensité des contractions utérines, surtout pendant la première période où l'effort n'existe pas encore, signala ce fait en 1874 et l'étudia en 1877 sous le nom de narcose utérine directe. Examinant la circulation de l'utérus, organe qui pendant la gestation peut être avec avantage comparé au cerveau pour le nombre et le volume de ses artères. Campbell remarqua que, pendant la contraction, il se faisait une stase sanguine considérable dans l'utérus. Or, suivant Labbée, le chloroforme peut agir directement sur les fibres musculaires de la vie végétale et l'on sait que Cl. Bernard a démontré que, pour les nerfs moteurs, le chloroforme agit sur l'extrémité périphérique, et non sur l'extrémité centrale. (Leç. sur les anesthésiques, p. 148.) Partant de là, Campbellattribua à l'action locale du chloroforme sur les nerfs utérins la diminution de durée et de fréquence des contractions si souvent observée. C'était la «Narcose utérine directe». M. Pinard s'est rangé à cet avis : «Je serai tout disposé à admettre une action locale, une influence amyosthénique directe en me basant sur les faits observés par Coze, Gosselin, E. Labbée, Laborde et bien d'autres physiologistes.» Cet auteur observa également un ralentissement des contractions et une durée moindre de ces dernières pendant les inhalations de chloroforme. Ces modifications étaient plus accusées pendant la période de dilatation.

4° *Le chloroforme supprime les contractions utérines.* — Cette opinion ne compte plus aujourd'hui comme partisans que quelques vieux adversaires du chloroforme. — Gream aurait vu l'arrêt complet du travail dans la moitié des cas. Hoffman et Vogler, dans un cas, auraient constaté le même fait. Richard Phillips (The power of uterus appeared a little to much checked and suppressed). Robert Lee (Uterine contraction were arrested requiring the use of forceps) cite deux cas d'arrêt des contractions. — Merriman en cite un autre: l'inertie fut telle que l'enfant put se retourner et l'accouchement exigea la version faite par

Chowne. Montgomery, Fairbrother (un cas d'arrêt, le travail durait depuis seize heures). Tyler Smith, Wichmann, Bouvier, Gream, Sinclair, Johnston, Guelmi, Brown auraient rapporté des faits analogues. Quant à Charles Waller (1849), il croit que l'action utérine est supprimée, mais, dit-il, les observations sont si contradictoires qu'il est difficile de se faire une opinion à ce sujet. Sachs dans quinze cas d'anesthésie complète observe l'affaiblissement et la cessation des contractions et dans douze autres cas d'anesthesia minor, huit fois les mêmes phénomènes se présentèrent. Aussi s'étonne-t-il que les contractions ne persistent pas en Allemagne comme elles le font en Ecosse. La suppression des contractions enfin fut signalée par Grenser, Hueter, Siebold, etc.

A côté de cette disparition des contractions durant tout le temps de l'anesthésie, on peut placer une suspension momentanée, qui survient parfois au début des inhalations anesthésiques. Ce fait a été constaté par Simpson et Hamilton. Braun et Atthil attribuèrent à ce phénomène une durée d'environ vingt minutes. Webb Pettigrew, Sachs, lui ont assigné une durée moins longue. D'après Sachs, dans un cas, le retard fut de sept minutes. Romiti a vu aussi « maggior durata delle pause tra un dolore e l'altro o per diminuzione di forza contractile della matrice. » Mais ce « disordine pero e solamente momentario » peut durer de dix à quinze minutes.

§ II. — *Comment expliquer, concilier toutes ces opinions si contradictoires?*

En tenant compte de la différence des conditions de l'anesthésie, suivant les cas, et en particulier des différences de doses.

Nous avons, en effet, déjà vu que l'action du chloroforme variait suivant la dose et le degré d'anesthésie. Cela est vrai aussi pour son action sur les contractions utérines. Simpson, en effet, finit par constater et par enseigner, en 1848, que : 1° une forte dose suspend les contractions utérines ; 2° une dose modérée les laisse normales ; 3° une dose plus petite encore augmente parfois leur fréquence et leur intensité. C'était là l'explication d'un grand nombre d'opinions différentes. Emmet constata le même fait. Selon lui, beaucoup de médicaments sont « protéans » ; l'opium, l'alcool, par exemple ; une petite dose d'alcool stimule ; une plus forte rend « reskleness » ; si l'on augmente encore la dose, l'on arrive au coma. Spiegelberg, en 1857, a développé cette idée. « Dans le 1er stade de l'anesthésie, les contractions ne sont pas influencées, mais dans le deuxième elles deviennent plus faibles, et alors on peut voir des intervalles de cinq à dix minutes ; dans le 3e stade, il y a réellement cessation des contractions, relâchement de l'utérus. » Cet effet, produit par l'anesthésie profonde, a été signalé par beaucoup d'auteurs. Stimson dit : « Si l'administration est poussée assez loin pour que le pouls diminue de fréquence, pour que la respiration devienne courte et rapide, que le système musculaire soit relâché et l'inconscience complète, les contractions utérines seront temporairement suspendues » (absence de quinze à trente minutes). Lusk (Deep anœsthesia carried to the point of complete abolition of consciousness in some cases weakens uterine action and somes times suspend it altogether). Knight, Guelmi, Merriman, Dunn, Sanson, et bien d'autres, ont signalé, plus tard, cette différence d'action. Snow (it is true that a full dose would at any time suspend uterine action for a few minute or as long as it might be keep up.) Delannegrie (l'anesthésie est-elle superficielle et bien ménagée, les contractions utérines persistent avec leur énergie ordinaire ; mais si on atteint la période organique, les contractions cessent, le travail est suspendu). Murphy (le chloroforme n'agit pas sur l'utérus à moins d'être donné à très grandes doses, ce qui n'est jamais nécessaire). Hearne (les contractions restent normales, excepté lorsque la respiration devient stertoreuse ; elles cessent alors). Cazeaux, Denham, Romiti, E. Ware, Stimson, Sinclair, Kidd (l'action sur l'utérus est, en réalité, une question de doses). Barr, 1880 (arrêt du travail, signifie excès d'anesthésie). Emmet, enfin (les résultats diffèrent suivant les doses et suivant les individus). Ces citations nous montrent qu'aujourd'hui tout le monde, à peu près, est d'accord sur ce point ; il en est de même de la différence, suivant les individus, de l'idiosyncrasie. C'est à cette susceptibilité particulière, dont on ignore la nature, que l'on a attribué certains cas pour ainsi dire anormaux.

Ainsi, une faible dose peut suspendre les contractions. Ce fait a été signalé plusieurs fois. Rigsby, dans un cas, vit deux fois le chloroforme suspendre la contraction (1858) ; il reconnaît que le fait est assez rare pour servir d'exception à la règle. Lusk (1877) constate que le chloroforme, même donné aux doses à la mode, c'est-à-dire à petites doses pendant les contractions seules, et après le commencement de la deuxième période, peut suspendre exceptionnellement l'activité utérine et provoquer l'emploi du forceps. Le comité du chloroforme de la Société médico-chirurgicale de Londres a vu aussi « administered in a moderate degree and under proper regulation it occasionally protracts labour by weakening the expulsive powers, but in a large proportion of cases it dœs not do so. » Pour Hervieux et Fredet, ces cas sont aussi l'exception.

Que deviennent, d'ailleurs, les contractions ainsi arrêtées? Lorsque l'on cesse l'anesthésie, elles reviennent. Pour Stimson, elles sont alors moins fortes. Pour Sachs, elles redeviennent normales. Pour Levy et Scanzoni, elles réapparaissent avec plus d'énergie. C'est aussi l'opinion de Denham et Channing, d'après Chrestien du Souchay.

La suspension des contractions par une faible dose pourrait être expliquée aussi par la suspension produite souvent au début de l'anesthésie, l'accoucheur, dans ces derniers cas, n'ayant pas osé prolonger assez l'anesthésie pour assister au retour des contractions. Peut-être, enfin, le manuel opératoire a-t-il été défectueux, et une trop grande quantité a-t-elle été absorbée tout d'un coup, malgré la petitesse relative des doses. Cependant, jusqu'à preuve du contraire, nous admettrons la possibilité de ce fait, et nous le porterons au compte de l'idiosyncrasie.

Ce ne sont pas là les seules raisons que l'on peut faire valoir pour expliquer la différence d'action du chloroforme. Il faut encore considérer la dose de chloroforme pour un temps donné, le mode d'administration, la période de l'accouchement. Dans ce dernier cas, l'influence du chloréforme varie suivant qu'on le donne avant ou après la dilatation du col ; « les anesthésiques, dit Blot, exerçant une action stupéfiante beaucoup plus énergique dans la première que dans la deuxième période du travail. » Bouisson et Sachs (quand la tête passe, le chloroforme n'a pas d'acton sur les contractions), ont reconnu ce fait en faveur de la théorie de l'effort de Campbell. Il ne faut pas oublier non plus que la crainte, l'émotion que produit l'arrivée du médecin et le début des inhalations, sont des causes suffisantes parfois pour troubler et arrêter complètement les contractions, comme l'a prouvé Bennet.

Signalons, pour terminer, les erreurs possibles d'appréciation. Prenons, par exemple, les résultats de M. Pinard. On ne peut nier, pour l'anesthésie complète, la diminution de la durée moyenne des contractions, les différences étant de 19", 27", 46", 53" et même 55". Mais pour la demi-anesthésie, il n'en est pas de même, les différences n'étant que 8, 5, 3 et souvent même une seconde. Pour que ces chiffres fussent probants, il faudrait que pendant tout l'accouchement le degré de l'anesthésie fût constant; il faudrait surtout, pendant toute cette durée, qu'il n'y eût aucune modification dans la fréquence et la durée des contractions; il faudrait enfin que l'observation, pendant l'anesthésie, portât sur un nombre considérable de contractions avant et pendant l'anesthésie. Dans l'observation V de M. Pinard, la différence est de 16", mais avant l'anesthésie une contraction unique avait duré le double des autres et pendant l'anesthésie une autre contraction avait duré un tiers en moins que les autres. L'observation ne portant naturellement que sur quelques contractions avant et pendant, ces deux contractions suffisent pleinement pour changer complètement le résultat. Or les contractions abortives ou déficientes se montrent assez souvent pendant le travail naturel: on peut voir aussi des contractions isolées avoir parfois une durée insolite par rapport aux autres. De plus, d'une façon générale, la durée est variable suivant le moment de l'accouchement. L'appréciation de la différence des contractions est donc difficile et ne peut guère être déterminée avec précision qu'à la condition de porter sur un grand nombre d'observations.

Notons enfin une autre cause d'erreur, la difficulté de

déterminer à une seconde près le début et la fin des contractions, ce début se faisant le plus souvent d'une façon lente, progressive, commençant insidieusement, et la contraction se terminant de même. La femme se plaint souvent pendant l'intervalle de contractions et les plaintes ne peuvent par suite avoir toujours une grande valeur pour déterminer la durée de la contraction. On ne peut non plus rester indéfiniment le doigt dans le vagin, comme l'ont fait certains accoucheurs étrangers, ou palper l'abdomen. Il est donc vrai que la durée exacte d'une contraction est parfois impossible à déterminer. Quant à la détermination des périodes d'augment, d'acmé, etc., faites par les accoucheurs étrangers, elle me semble encore bien plus arbitraire. J'ai essayé moi-même dans plusieurs cas où les contractions étaient nettement séparées par des intervalles indolores, et les résultats auxquels je suis parvenu avec beaucoup de peine n'ont été que fort approximatifs et je n'oserai point les donner comme l'expression de la vérité, d'ailleurs il arrive souvent que la femme ou la marche du travail viennent troubler l'accoucheur dans ses comptes.

L'examen de toutes ces considérations et l'étude des observations rapportées par les différents auteurs ainsi que de celles que nous avons recueillies nous-même, nous permettent de formuler les conclusions suivantes, relativement à l'action du chloroforme sur les contractions utérines :

1° L'action du chloroforme sur l'utérus varie suivant la dose employée, la rapidité de l'absorption, la période de l'accouchement, l'idiosyncrasie, etc.

2° Le degré de l'anesthésie et l'idiosyncrasie sont les deux causes de différences les plus importantes.

3° En effet, au début de l'anesthésie on observe ou bien une légère période d'excitation ou bien, ce qui est plus fréquent, une diminution, un trouble des contractions pouvant aller jusqu'à leur absence complète, ce trouble durant seulement quelques minutes (5-20).

4° Pendant l'anesthésie à doses légères, l'anesthésie obstétricale, le chloroforme a peu ou pas d'action sur les contractions utérines qu'il tend plutôt à diminuer.

5° Pendant l'anesthésie chirurgicale, le chloroforme diminue l'énergie, la fréquence et la durée des contractions, la diminution portant presque exclusivement sur la période d'acmé.

6° Poussée jusqu'au coma, l'anesthésie fait disparaître les contractions.

7° Lorsque par une cause quelconque les contractions ont disparu, la cessation de l'anesthésie provoque aussitôt leur retour.

8° Il est des cas rares où de faibles doses produisent l'affaiblissement ou la disparition des contractions. Voyez Idiosyncrasie.

II Action sur les contractions anomales.

Telle est l'action du chloroforme lorsque la force, la fréquence et la durée des contractions sont normales. Cette action est-elle la même lorsque l'un quelconque des éléments de la contraction a subi une altération pathologique? Quelle est l'influence du chloroforme dans ces cas de contractions déviées du type normal? Tous les auteurs semblent d'accord pour admettre que le chloroforme tend à régulariser les contractions. Pour Lucas-Championnière, Despiau, Dumontpallier, Féréol, Legroux et Piachaud, le chloroforme est même le régulateur par excellence des contractions utérines.

Deux cas principaux peuvent se montrer : 1° les contractions manquent en force, en fréquence ou en durée, elles sont faibles, irrégulières ou partielles. Dans ce cas le chloroforme semble les réveiller, les régulariser et leur donner une nouvelle énergie. Aussi Druitt, Hearne, Yvonneau, Dumaresq Ross, Cazeaux ont-ils constaté que dans ce cas le chloroforme accélérait le travail. C'est sans doute là l'explication des observations dans laquelle le chloroforme est dit avoir augmenté la force et la fréquence des contractions.

2° Il y a au contraire excès de l'un des éléments de la contraction. Elle sont violentes, fréquentes (heftige und haufige des Allemands), elles se suivent de telle façon qu'elles sont subintrantes et qu'elles ne laissent aucun repos à la femme, à un degré plus élevé, elles constituent le tétanos utérin, (tetanus uteri de Wigand). Dans ces cas le chloroforme diminue leur fréquenee ou au moins fait disparaître la douleur qui persistait même dans l'intervalle des contractions. Campbell et Budin ont constaté que cette douleur est la première à disparaître. Courty a dit ce propos : « C'est merveille de voir après quelques aspirations comment sans perdre connaissance, sans perdre même entièrement la sensibilité, les malades se calment, comment les douleurs deviennent intermittentes, interrompues par les repos d'égale longueur, comment les contractions se régularisent, et dès lors comment le travail devient normal et reprend sa physionomie habituelle. » En même temps Campbell a signalé ce fait que l'influence anesthésique paraît atteindre, surtout et d'abord, les irradiations douloureuses dont les parturientes se plaignent souvent et dont elles rapportent le trajet et le siège vers des organes situés en dehors de la région utérine (surtout à gauche, d'après Sansom). En un mot, la douleur semble se concentrer dans l'utérus.

Dans le cas de tétanos utérin, le chloroforme a été conseillé par presque tous les accoucheurs. Yvonneau, Scanzoni, Lévy, Braun, Villeneuve, Laborie, Meisinger, Atthil, Vogler (tonischen Krampfen), Kidd, Fredet, Adrien Millet, Chedevergne, Liégard de Caen, Tarnier etc., l'ont préconisé ou rapporté des observations à l'appui de cet emploi. Dans les Transactions of the county and city of Cork (3 mai 1855), on trouve même un cas dans lequel le chloroforme réussit lorsque les opiacés avaient échoué. Charpentier et Pinard ont, il est vrai, noté le contraire. Par son action antispasmodique, le chloroforme constitue donc l'un des meilleurs remèdes contre le tétanos utérin. Mais dans ce cas il faut remarquer que l'anesthésie à dose obstétricale est souvent insuffisante, il faut pousser l'anesthésie jusqu'à la résolution musculaire pour vaincre la contracture des fibres musculaires de l'utérus; d'ailleurs le tétanos utérin étant le plus souvent une complication des présentations de l'épaule, c'est-à-dire, de présentations nécessitant la version, l'anesthésie à dose chirurgicale sera dans ces cas doublement indiquée.

Il résulte de ces faits que, dans les cas de contractions anormales, le chloroforme tend d'abord à régulariser ces contractions, à les ramener à leur type normal, quelle que soit leur déviation. Selon Winckel, il agirait alors sur elles comme sur des contractions primitivement normales.

III. Action exercée sur le col.—Dilatation.— Rétraction ou contracture spasmodique.

En même temps que le corps de l'utérus se contracte, le col de cet organe doit se dilater pour livrer passage au fœtus. Nous venons d'examiner l'action du chloroforme sur la contractilité utérine ; voyons maintenant quelle est son influence sur le phénomène de la dilatation.

Cette influence pour certains auteurs serait nulle. Barwell, Edwin Hearne, n'ont jamais pu constater que le col se dilatait plus rapidement. Pour Bidder, de Saint-Pétersbourg, l'action du chloroforme ne serait autre que celle de tous les narcotiques ; au contraire, Denham, Helfft, Kurowicz (4 observations), Breit, Mann, Murphy, etc., ont affirmé que le chloroforme activait et facilitait la dilatation du col. Protheroe Smith fut de cet avis (more speedy relaxation of the os utéri). Enfin le comite du chloroforme en 1864, ayant posé la question suivante : Le chloroforme a-t-il quelque effet bienfaisant pour provoquer la dilatation des passages maternels (sic), vingt-deux réponses furent affirmatives et quatre négatives. Ici encore nous nous trouvons donc en présence d'opinions contradictoires, mais cette contradiction apparente s'explique aisément, les auteurs n'ayant pas assez tenu compte des degrés de l'anesthésie. Lorsque l'anesthésie en effet est limitée au premier degré, à la perte de la sensibilité sans atteinte à la motilité, l'effet du chloroforme sur la dilatation doit être nulle ; lorsqu'au contraire l'anesthésie est poussée plus loin, la motilité dépendant du système cérébro-spinal étant supprimée, la paralysie des fibres musculaires du col doit permettre la dilatation rapide de cette partie.

Dans certains cas cependant la paralysie seule de l'élément sensitif du col peut faciliter sa dilatation, je veux parler de ces cas de contracture, de rétraction spasmodique de cet organe, liés le plus souvent à quelque altération de la sensibilité. La contracture du col, selon Barker, peut tenir à deux causes, à la contracture musculaire, à l'induration des tissus, résultats de dépôts plastiques produits par des inflammations antérieures. Dans le premier cas seul, le chloroforme peut avoir quelque influence, il peut alors annihiler cette sensibilité exaltée dont la contracture musculaire n'est que le réflexe, comme cela se produit pour la fistule anale et parfois aussi pour le vaginisme. C'est dans ce cas que l'action antispasmodique du chloroforme constatée par Malmoten de Stockolm, dans le journal scandinave Hygiea (mai 1855, p. 372), peut produire un résultat des plus favorables. Le fait a été signalé par un grand nombre d'auteurs, par Sankey, Hildreth, Fordyce-Barker, Protheroe Smith, Murphy, Snow, Robert Dunn, Webbs Pettigrew, Brown, Denham, Dumaresq-Ross, Druitt, Merriman, Banner, Kidd, Sansom, Chailly, Joshua Parson (Rigidity of the os uteri overcome, chloroform employed, etc.) Arnott (Great rigidity within the os uteri, chloroform administered with advantage, etc.) et par bien d'autres, dont l'énumération serait trop longue, d'où le conseil des accoucheurs anglo-américains, qui préconisaient le chloroforme lorsque le col était « *hot, dry and rigid* », suivi dans les autres pays.

En Allemagne, Scanzoni a employé le chloroforme dans les mêmes occasions, mais il n'a pas osé prolonger l'anesthésie plus d'une demi-heure, de crainte d'inertie utérine. Pour Spiegelberg, le meilleur moyen de lutter contre le resserrement spasmodique du col est le chloroforme et non la saignée comme le conseillait encore Ramsbotham. Helfft, Harnier, Vogler, Winckel, H. Kohler, Zweifel ont tous rapporté des faits à l'appui de l'opinion de Spiegelberg. Höhl (Lehrbuch der Geburtshulfe, 1855, p. 632), ayant fait observer que parfois des contractions faibles et irrégulières coïncidaient avec cet état spasmodique du col, Spiegelberg et Zweifel ont attiré l'attention sur ce fait signalé déjà par Kauffman dans les termes suivants : « Nous voyons souvent le travail s'arrêter complètement avant que la première ou la deuxième période de l'accouchement ne soit terminée. A ce moment des contractions spasmodiques et la rigidité du col arrêtent la dilation, les douleurs, les efforts restent inutiles, il n'y a plus de repos, les forces des femmes s'épuisent peu à peu. Ce n'est souvent qu'après de longues heures que la douleur se calme et que le travail suit une autre marche. Mais sous l'influence de la contracture du col, les contractions deviennent faibles, leur énergie disparaît, l'enfant souffre et cet état devient tel, qu'il nécessite la terminaison artificielle de l'accouchement. »

En Russie, Kurowicz (1873) a constaté plusieurs fois l'ouverture du col rendue facile par l'anesthésie. De même Lévy à Copenhague.

En Italie, A. Guelmi et Romiti se sont déclarés les partisans de cette méthode. Carlo Esterle, au contraire, a observé un cas dans lequel malgré le chloroforme, « il tetano vero dell' utero continuo tre ore circa. » Notons que dans un cas pareil en Toscane, en 1874, on commit la faute (horresco referens, ajoute Romiti) de pratiquer l'opération césarienne.

En France, Danyau, Forget, Voillemier recommandèrent l'emploi de l'anesthésie dans les cas de trop grande rigidité du col, de dilatation trop longue ou trop douloureuse. Stoltz, Herrgott, Chedevergne, Bossion, Denis Édouard (deux cas), Gaffié, Bergès, Liégard de Caen, Charles Tissier, Hervieux, Faure et Blot (1878) préconisèrent l'emploi de cet agent thérapeutique. Blot (1876) rapporta même deux observations de reserrement spasmodique et de rigidité du col qui cessèrent grâce au chloroforme. Le 10 mars 1881, le Dr Boutequoy a publié (journal de thérapeutique de Gubler) une observation de dystocie par rigidité du col dans laquelle le chloroforme facilita l'accouchement et permit d'extraire l'enfant vivant. Moi-même j'ai eu plusieurs fois l'occasion de constater ce fait. Récemment encore mon ami Bouley, interne à la maternité de Tenon, fut appelé dans son service pour terminer un accouchement laborieux chez une multipare. Le travail très douloureux durait depuis dix-neuf heures ; les eaux étant teintes par le méconium et le cœur de l'enfant s'entendant à peine, on résolut de chercher à sauver l'enfant par le forceps. Dans ce but, je pratiquai d'abord l'anesthésie à dose obstétricale pendant une vingtaine de minutes ; l'on put constater malgré ce court laps de temps que le col était plus mou, et s'était ouvert davantage. La continuation de l'anesthésie aurait sans doute amené la terminaison de l'accouchement, mais l'état de l'enfant exigeait une plus prompte solution : on appliqua donc le forceps pendant l'anesthésie à dose chirurgicale et on retira un garçon en état de mort apparente, mais qui put être rappelé à la vie.

Le même ami m'a signalé ces jours-ci un nouvel exemple de ce fait ; en quelques minutes, la dilatation fut presque complète et permit la terminaison rapide de l'accouchement.

Ainsi donc : 1° le chloroforme exerce sur la dilatation du col une action plus ou moins manifeste surtout lorsque l'on dépasse un peu le degré de l'anesthésie obstétricale : on peut par suite l'employer à juste titre pendant la période de dilatation comme Danyau fut l'un des premiers à le conseiller.

2° Dans les cas où les bords de l'orifice utérin sont minces, durs, tranchants, d'une température élevée et que leur sensibilité est extrême, le chloroforme fera disparaître rapidement cet état pathologique. En même temps disparaîtront les douleurs de rein signalées par Mad. Lachapelle et attribuées par elle à la rigidité du col. (Beatty a signalé un fait de ce genre.) Mais dans le cas où la rigidité tient à une infiltration néoplasique quelconque du col, l'emploi du chloroforme n'aura nécessairement aucune influence sur la dilatation.

Action sur la rétractilité de l'utérus. Rétention placentaire. — Inertie utérine. — Hémorrhagies.

L'expulsion fœtale terminée, le chloroforme agit-il encore sur l'utérus? Retarde-t-il l'expulsion du placenta soit en produisant l'enchatonnement du délivre, soit en déterminant l'inertie utérine? La solution de ce problème est difficile. Car dans l'état normal et sans l'emploi du chloroforme, il existe sur ce sujet de nombreuses différences. Tandis qu'une femme expulse son placenta pour ainsi dire simultanément avec le fœtus, une autre ne pourra se délivrer elle-même, l'expulsion placentaire tardera jusqu'au moment où une intervention opératoire la déterminera. L'on a plusieurs fois tenté d'évaluer le temps que met l'utérus pour expulser les enveloppes fœtales, mais le nombre de cas sur lequel portaient ces observations était presque toujours beaucoup trop restreint : un cas où la femme n'expulsait son placenta qu'une heure ou deux après l'accouchement changeait entièrement la moyenne obtenue précédemment. D'ailleurs cette évaluation est en partie artificielle. Le placenta dans un grand nombre de cas n'étant expulsé que grâce à des tractions plus ou moins légères, il est evident que si ces tractions se font à un moment plus rapproché de la naissance, la durée nécessaire pour compléter la délivrance sera abrégée d'autant. De l'examen de plusieurs auteurs, il me semble cependant que l'on puisse prendre 20 à 25 minutes comme moyenne du temps qui s'écoule entre la sortie du fœtus et celle de ses enveloppes.

Lorsque l'on pratique l'anesthésie, en est-il de même? Nevins, Greenhalg (28 cas), Danyau, Lévy, Kilian, Rigsby, Charlier et bien d'autres, ne croient pas à l'influence du chloroforme sur le temps nécessaire pour la sortie du placenta. Pour M. Pinard, au contraire, il n'est pas douteux que la rétractilité utérine fasse défaut dans une certaine mesure après les inhalations de chloroforme. Or, en examinant les cas rapportés par cet auteur, la moyenne obtenue est de 17 à 19 minutes (à condition toutefois d'éliminer deux cas sur 23, dans lesquels la délivrance nécessita un temps exceptionnel). Stimson est arrivé presque au même résultat, sa moyenne étant de 20 minutes. Rien donc ne semble prouver que le chloroforme produise un retard dans la sortie des membranes, comme l'avançait Montgomery. Ce retard dans l'expulsion du placenta pourrait être produit : 1° par excès de contraction, par rétention active. 2° par défaut de contraction, absence d'expulsion, rétention passive. Examinons ces deux cas.

Dans le premier cas, l'expulsion serait retardée parce

que l'utérus, se contractant partiellement, mettrait obstacle mécaniquement à la délivrance. C'est ce que l'on observe dans les cas de contractions partielles de l'utérus, utérus en forme de sablier, hour-glass des Anglais. — D'après Montgomery, Young et Bryce, d'Édimbourg (1866), le chloroforme pourrait être une cause de la production de cet état pathologique. Mais ce fait est revoqué en doute pour la plupart des auteurs, et cette dernière opinion semble basée sur des faits probants. Howitz et Wichmann, d'Eckenagen, ont en effet par des observations prouvé que le chloroforme, loin d'amener des contractures musculaires, produisait le relâchement des fibres contracturés et était par suite un excellent remède contre ces cas de rétention placentaire. Kidd (1863) et Le Bele du Mans ont signalé aussi des observations de ce genre.

Le second cas semblerait plus à craindre étant donné l'action plutôt paralysante qu'excitante du chloroforme. Aussi la rétention placentaire par suite de l'inertie utérine a-t-elle été souvent invoquée par les adversaires du chloroforme. Pretty, observant que le chloroforme relâchait les tissus, craignit la production de l'inertie utérine; cette crainte fut partagée par Scanzoni, Routh, Montgomery, Tyler Smith, Burchell et Burchard, signalèrent chacun deux cas dans lesquels le chloroforme sembla avoir amené ce résultat. Atthill prétendit avoir observé le même fait à Rotunda-Hospital. — Murphy, dans deux cas, fut obligé de presser sur l'utérus pour faire expulser le placenta, retenu parsuite de l'affaiblissement de la rétractilité utérine. Beaucoup d'auteurs au contraire croientque la rétractilité utérine, loin d'être entravée, est plutôt facilitée par le chloroforme. Pour Stallart, chez certaines jeunes femmes très excitables, l'inertie utérine serait par les anesthésiques plutôt prévenue que provoquée. Kilian, Winckel, Charlier et Rigsby, n'ont jamais vu de diminution de la rétractilité utérine. — Pour Spiegelberg, l'expérience a démontré que l'atonie utérine si crainte après l'accouchement ne se présentait pas, lorsque l'on surveillait bien l'utérus. Bien plus, Yvonneau et Howitz conseillent des doses très faible de chloroforme et des manipulations externes pour faciliter la délivrance. Nous connaissons en effet l'action excitante de doses très légères de chloroforme (Stoltz), elles agissent alors comme l'alcool ou l'esprit d'ammoniaque qui ont été conseillés dans des cas pareils en Angleterre.

Nous ne croyons donc pas que le chloroforme donné à dose obstétricale, et cessé aussitôt après la sortie de la tête fœtale, puisse être une cause d'inertie utérine. Peut-être n'en est-il pas de même lorsque le chloroforme est donné à doses massives pendant un temps plus ou moins long et surtout lorsque l'anesthésie est prolongée après l'expulsion du fœtus. Cette méthode a été employée jadis et c'est peut-être elle que l'on peut accuser des quelques cas d'inertie que nous avons signalés. Peut-être enfin peut-on lui attribuer la divergence d'opinions manifestées lors des réponses à la question du comité du chloroforme (1864). — L'anesthésie prédispose-t-elle à l'inertie utérine ? 13 répondirent oui, et 15 ne crurent pas à cette influence. — Faisons observer aussi que l'inertie utérine, toutes choses égales, devra se rencontrer plus souvent après l'anesthésie, cette méthode ayant été et étant employée surtout dans les cas d'accouchements laborieux, de *tœdious labours*, etc., c'est-à-dire dans des cas où sans anesthésie on aurait plus de chances de rencontrer l'inertie utérine. (Exemple : les cas de Burchell.) L'on pourra donc anesthésier sans crainte de voir survenir cette complication, fait important surtout au point de vue de l'opération césarienne, Skey n'ayant point osé prolonger longtemps l'anesthésie en 1847 dans cette crainte. Il est vrai que dans les opérations césariennes, la durée du travail antérieur à l'opération étant souvent considérable, on se trouve là en présence d'une véritable cause d'inertie utérine. (Cas du Dr Cazin, Archives de tocologie, 1875.)

Hémorrhagies. — A cette question de l'atonie utérine se rattache intimement une question des plus importantes, celle de la fréquence des hémorrhagies *post partum*. Lusk ayant prouvé que *utérine relaxation induced favours hemorrhage*, il faut rechercher avec soin toutes les indications relatives à cette complication parfois terrible.

Selon Madge, les hémorrhagies puerpérales, telles qu'on les observe ordinairement, proviendraient des sinus utérins lors de la séparation du placenta. Ces hémorrhagies seraient produites par des pertes de substance des *decidua utérins*, les vaisseaux utéro-placentaires ne pouvant fournir que des quantités de sang très minimes. Ce fait est important, car si la théorie de Sansom était vraie et si le sang provenait de vaisseaux à parois musculaires, il aurait été possible que dans le premier degré de l'anesthésie, degré dans lequel Sansom constatait l'augmentation de rapidité de la circulation et la dilatation des vaisseaux par paralysie vaso-motrice, on pût trouver une cause d'hémorrhagie dans le maintien béant de ces petits vaisseaux utérins, qui sans le chloroforme se seraient contractés. Quant aux sinus utérins largement ouverts, on ne voit pas trop quelle action le chloroforme peut exercer sur eux. Nous verrons à propos de l'action du chloroforme sur la circulation ce qu'il faut penser de la théorie de Sansom.

Quoi qu'il en soit, la fréquence de l'hémorrhagie compte des partisans et des adversaires. Simpson le premier a dit : « Mon esprit n'a jamais été complètement à l'abri de la crainte des hémorrhagies. » never quite free of the fear of post-partum hemorrhage, from the use of anœsthetic, etc.) Barnes, en effet, constatant une hémorrhagie dans le cas IX de Simpson, déclare qu'il n'y a « no immunity from flooding. » Siebold à Gottingue et plus tard M. Lucas-Championnière manifestèrent les mêmes craintes que Simpson, mais comme lui sans les voir se réaliser. Channing, sur 78 cas de dystocie, vit 4 hémorrhagies dont l'une était due à une adhérence du placenta. Duncan deux fois se trouva en présence de cette complication ; dans le premier cas (grossesse gémellaire), l'utérus avait été très distendu ; dans le second cas, l'hémorrhagie se présenta six heures après la délivrance et sans cause apparente. Kidd (1863) sur six mille cas a observé cinquante-six fois des hémorrhagies graves. Routh, Tyler Smith, Edis, Montgomery, Young, Breit, Denham, Knight de Louisville, Hüter de Marbourg, Barnes et Testut de Bordeaux (notes communiquées à M. Pinard), signalèrent l'influence hémorrhagipare du chloroforme. — Pretty, 1856, a reconnu que chez les primipares il avait rencontré plus d'hémorrhagies avec le chloroforme que sans le chloroforme. Des faits de ce genre ont été signalés par Hildreth (chloroforme predispose our patients to post partum hemorrhage), Liégard de Caen (2 observations), Dumas (2 hémorrhagies légères), Snow (1 hémorrhagie chez une femme sujette à cette complication même dans les accouchements sans chloroforme), Tyler Smith et Murphy (cas exceptionnels), Scanzoni (malgré les avantages de l'anesthésie, je n'oserais pas en généraliser l'emploi à cause des accidents de la délivrance, surtout à cause des hémorrhagies qui accompagnent l'expulsion du placenta à la suite de la chloroformisation). — Lusk de New-York constate que, dans des cas exceptionnels, l'anesthésie obstétricale peut affaiblir assez l'action utérine pour que l'on soit obligé d'avoir recours au seigle ergoté. Winckel a observé aussi des hémorrhagies, mais seulement lors de contractions anormales (abnorme Wehen, starker Blutung). Pinard, dans sa thèse, sur 23 observations, rapporte six cas d'hémorrhagies (2 de 1,500 gr., 1 de 1,000 gr., 1 de 750 gr., et 2 de 5 à 600 gr.); il est vrai de dire qu'il pratiquait comme Lusk l'anesthésie complète dans la plupart des cas. — Johns a donné la statistique suivante : sans chloroforme, hémorrhagie dans 1/257 cas ; avec chloroforme 1/49 cas, et même d'après Denham 1/19. Inutile de discuter ces statistiques basées sur un petit nombre de faits. Comme on le fit observer, s'il avait eu une hémorrhagie dans un cas de chloroformisation la proportion serait descendue à 1/1 cas. Enfin le comité du chloroforme de Londres, à cette question reçut 29 réponses : 13 indiquaient la prédisposition aux hémorrhagies, 15 proclamaient le contraire, 1 était douteux. — La balance des opinions était donc à peu près égale ; elle penchait cependant un peu du côté de ceux qui affirmaient la non tendance aux hémorrhagies.

Telle est la liste des observations qui seraient favorables à la croyance de la fréquence plus grande des hémorrhagies. Signalons encore parmi celles-ci les 2 observations de Clemens d'hémorrhagies à la suite d'applications externes de chloroforme (sur le bas-ventre) et celle de Gibson et de Hartshorne sur l'action emménagogue de cet agent. (Medec. Exam. July 1852.)

Denis Edouard, dans sa thèse, dit : « qu'on ne saurait

trop se mettre en garde contre ces assertions capables d'arrêter et au moins de retarder les progrès de la science. Pas plus dans l'accouchement que dans la chirurgie le chloroforme ne prédispose aux hémorrhagies secondaires. » Channing, sur 600 cas d'accouchement, ne vit aucune hémorrhagie secondaire, mais dans les cas où il craignait cette complication, il donnait du seigle ergoté. Stimson n'a jamais vu autant de cas d'accouchement avec so trifling hemorrhage. — Wilson, Faget à la Nouvelle-Orléans, affirment que le chloroforme ne mérite pas ce reproche. Francis Minot, médecin de l'hôpital général de Massachusset, se rallie à cette opinion, quoiqu'ayant eu 7 hémorrhagies sur 24 cas.

En Angleterre, Cumberbatch, Martyn, Druitt, Thompson, Kidd (1862), Sansom, Alexandre Tyler, Mac Clintock, Sinclair et Johnson, Cumming, Stallard, Protheroe Smith, Fancourt Barnes, etc., ne constatent pas de cas d'hémorrhagie attribuables au chloroforme. Gream dans la dystocie (instrumental labour), a observé moins d'hémorrhagie.

En Allemagne, Spiegelberg, Martin d'Iéna, Zweifel, Schröder nient que le chloroforme prédispose aux hémorrhagies. Cet agent, produisant des contractions utérines énergiques, doit, selon Zweifel, diminuer les hémorrhagies dues à l'inertie. (die atonischen Blutungen zu vermieden).

En Scandinavie, Howitz et Levy (à Copenhague) reconnaissent la rareté de ces hémorrhagies; de même Kurowicz à Saint-Pétersbourg. Enfin Romiti a affirmé que « le emorragie puerperali non sono menomamente rese piu frequenti dal chloroformio. »

En France, Blot (1859) ne se montre pas aussi affirmatif. « Pour ma part, dit-il, dans les cas rares où j'ai vu appliquer l'anesthésie pendant les accouchements naturels et simples, il m'a semblé que la quantité de sang perdu immédiatement après la délivrance a été un peu plus abondant que de coutume.» Mais rien ne prouve d'une manière péremptoire que les exemples d'hémorrhagies rapportés plus haut soient la conséquence de l'emploi des anesthésiques. Roux, Chailly-Honoré, Danyau, Houzelot, Fredet, Delannegrie, Pajot, Lucas-Championnière, Budin, etc., croient que l'objection faite sur la fréquente plus grande des hémorrhagies n'est pas fondée. Despiau, élève de M. Lucas-Championnière, constate que dans tous les cas où il a été témoin d'hémorrhagie, il y avait eu intervention. Il n'est pas très rare, dit-il, de voir des femmes qui, sans aucune cause appréciable, ont des hémorrhagies post puerpuérales et dans les cas cités il peut se faire qu'il n'y ait qu'une simple coïncidence. Rien ne prouve que l'hémorrhagie soit une conséquence certaine de l'administration du chloroforme et ne soit pas sous l'influence d'une autre cause. A l'appui de cette opinion, Courty a fait observer que le travail par suite de l'anesthésie, n'ayant pas été excessif, il n'y avait ni inertie, ni hémorrhagie. Nous-même, enfin nous n'avons pu, chez les femmes chloroformées, observer qu'une seule hémorrhagie ; cette hémorrhagie débuta 6 ou 7 heures aprés l'accouchement et ne fut pas très abondante, une injection d'ergotine y ayant mis fin. Par une curieuse coïncidence, le même jour, chez une femme, à sa quinzième couche, non anesthésiée par suite du peu de douleurs, nous avons pu rencontrer une hémorrhagie beaucoup plus sérieuse.

Dans l'étude de cette question, il faut tenir compte d'un grand nombre d'éléments, d'abord et avant tout du *propter hoc* mis à la place du *post hoc*, ensuite de la durée de l'anesthésie (les hémorrhagies signalées ont été presque toutes observées après des anesthésies de longue durée), de la dose employée et du degré d'anesthésie, de la nature et de la durée du travail, et enfin de la nature de la femme. Barnes a écrit à ce propos à M. Pinard : « C'est surtout chez les femmes du grand monde, élevées dans le luxe, ne connaissant guère ce que c'est que le travail qui endurcit le système et développe les glandes, que les hémorrhagies et les fièvres puerpérales sont le plus à redouter, et c'est surtout chez ces femmes que l'on administre le chloroforme. » Notons aussi le nombre de grossesses ; le travail de Wassily Sutugin ayant démontré que les multipares sont plus sujettes aux métrorrhagies.

Il est des faits enfin qui semblent démontrer que le chloroforme n'est pas une source d'hémorrhagies. En effet, Simpson, Protheroe Smith et Cumming sont certains d'avoir vu des femmes ayant eu des hémorrhagies dans les accouchements antérieurs, faits sans le chloroforme, accoucher sans hémorrhagie lorsqu'on l'administrait. Simpson, Denham et Beatty ont pu aussi employer l'anesthésie sans hémorrhagie dans des cas de placenta prævia. Bien plus, Harnier aurait vu le chloroforme employé avec succès dans des cas d'hémorrhagie (Zur Stillung von Blutflusse nach die Geburt). Ce fait contredit la théorie de Testut, de Bordeaux (paralysation des vaso-moteurs empêchant les artérioles déchirées de se contracter et de s'opposer ainsi à l'écoulement du sang), théorie dont l'erreur a été démontrée plus tard par M. Dastre. Breit enfin s'est servi avec succès de l'anesthésie dans un cas d'hémorrhagie avec rétention placentaire chez une femme à son septième accouchement, et Greenhalg dans un cas d'avortement avec hémorrhagie sérieuse.

Lorsque d'ailleurs on craint une hémorrhagie, l'on peut, aussitôt l'accouchement fini, avoir recours au seigle ergoté en potion ou à une injection hypodermique d'ergotine. M. Lucas-Championnière dit à ce propos : « La délivrance faite, j'ai l'habitude de donner au moins un gramme de seigle ergoté en deux fois : cela est facile après la demi-anesthésie. Lorsque l'anesthésie aura été complète, on pourra employer les injections hypodermiques d'ergotine. » Hildreth a conseillé de son côté de petites doses d'ergot données de temps en temps : « On pourrait, dit-il, employer aussi et avec moins de danger le borax, le cimicifuga ou quelque stimulant. » C'est dans ce but qu'ont été préconisés les mélanges d'éther et de chloroforme par Edis (1872) et l'union du chloroforme et de l'ergot par Beatty. Denham, il est vrai, s'est élevé contre cette méthode qu'il comparaît à la pratique de ces médecins qui, crainte de se tromper, prescrivaient toujours un stimulant et un sédatif, un purgatif et un astringent. Pretty et Hildreth ayant affirmé que l'ergot a une action dépressive sur le cœur et doit par suite favoriser plutôt l'hémorrhagie, ont conseillé à sa place l'administration des stimulants. Nous ne discuterons point cette théorie, et aujourd'hui que les injections hypodermiques d'ergotine sont entrées dans la pratique obstétricale, nous croyons que le seigle ergoté et l'ergotine sont restés toujours les meilleurs remèdes à employer contre l'hémorrhagie *post partum.* La pratique de Tarnier et les observations de Pinard en fourniraient au besoin une nouvelle preuve.

De ces faits nous conclurons que rien ne prouve que dans les accouchements avec anesthésie, les hémorrhagies puerpérales soient plus fréquentes. Quelques faits sembleraient même prouver le contraire. D'ailleurs, lorsque l'on craint une hémorrhagie, l'on peut recourir à l'ergot de seigle ou à son extrait, l'ergotine.

CHAPITRE II.

INFLUENCE SUR LE PÉRINÉE. — RELACHEMENT. — RUPTURE.

Il nous semble inutile, dans cette question, de résumer l'anatomie du périnée, les muscles et les aponévroses de cette région étant suffisamment connus. (On pourrait cependant consulter avec profit le travail de Lippert : Abhandlung ueber den Schutz des Dammes wahrend der Geburt, Leipzig, 1826.) Nous rappellerons seulement que la partie des centres nerveux dont dépend le tonus de cet organe se trouve dans la partie inférieure de la moelle épinière. Or, suivant Harlett, dès le début de l'anesthésie, cette partie de la moelle épinière est atteinte et cesse de fonctionner. Aussi est-ce par cette raison physiologique que Kilian explique le relâchement des muscles du périnée chez la femme soumise à l'anesthésie.

D'autres auteurs ont cru que dans ce cas le chloroforme n'agissait pas directement sur la motilité. Selon eux, il diminuerait la sensibilité des parties que traverse la tête fœtale, il empêcherait ainsi de se produire les contractions musculaires réflexes créées par ces sensations. Cette opinion a été soutenue par Courty en 1878. « Le chloroforme, dit-il, fait cesser les résistances ou, pour parler d'une façon plus générale, les contractions musculaires qui ne sont elles-mêmes que les conséquences de sensations douloureuses éprouvées par la malade et qui ont le double caractère de mouvements réflexes et d'actes synergiques. »

Quelques accoucheurs cependant ont nié la réalité du

relâchement périnéal. Stoltz (1847), Ashwell, Denham (1848), Lansdown(the parts under its use continued unaffected by it) et Barwell (1854) ont prétendu que la résistance du périnée ne diminuait pas par l'anesthésie; les observations qui prouvent le contraire sont nombreuses.

Dubois disait : « Un fait constant que je dois signaler ici, c'est l'extrême laxité des muscles du périnée et la rapidité avec laquelle s'est faite la dilatation des organes. » Bossion (déc. 1847) a signalé également la disparition de la rigidité et de la résistance des parties molles qui passaient à l'état de relâchement et même de flaccidité. Mordret (du Mans), Roux, Depaul, Chailly-Honoré, Peyronnet, Pacull, Blot, Cazeaux, Bibard, Fredet, Faure, Campbell ont adopté cette conclusion en France. M. Pajot dit à ce propos: «Si les muscles de certaines régions perdent la faculté de se contracter, cela tient à ce qu'ils ont été privés de l'influence excitatrice des centres nerveux. C'est ainsi que les muscles du périnée sont véritablement relâchés et ont perdu la propriété de se contracter.»

En Angleterre, Protheroe Smith, Reid, Hancorn, Parson, 1848; Murphy, M. Coates, Denham, Nevins, Robert Dunn, Snow, Deane, Mann, Sankey, le comité du chloroforme (24 contre 4) reconnaissent la réalité de ce fait. En Belgique, Charlier l'admet aussi. En Amérique, Channing, Fordyce Barker, Julius (de Richmond), admettent aussi le relâchement du périnée comme Helfft et Spiegelberg en Allemagne et Lévy à Copenhague. Quelques auteurs allant plus loin ont prétendu comme Spiegelberg, Denham, Thompson, que le chloroforme relâchait aussi le conduit utéro-vulvaire.

Quel est l'effet que produit le relâchement du périnée la marche du travail? Dans les cas où l'on n'a pas employé l'anesthésie, à chaque contraction utérine vers la fin de la période d'expulsion, on voit la tête entr'ouvrir la vulve et faire bomber le périnée. Mais dès que la contraction cesse, le périnée, continuant à réagir contre la pression céphalique, repousse la tête du fœtus qui rétrocède à son tour. Lorsque, au contraire, l'on emploie le chloroforme, l'on n'observe plus cette rétrocession ou du moins elle est beaucoup moindre. La tête, comme l'ont constaté Bibard et Peyronnet, reste stationnaire pendant l'intervalle des contractions, pour progresser de nouveau à la contraction suivante. Aussi n'est-il pas étonnant que Snow et Barr aient prétendu que le relâchement du périnée était une cause d'accélération du travail. Tyler Smith a montré à ce sujet la relation qui existe entre la diminution du pouvoir expulseur (contraction utérine) et la diminution des résistances (résistance du périnée), les deux se contre-balançant pour ainsi dire. Il est vrai qu'il faut faire intervenir ici avec Despiau les idiosyncrasies et les degrés de résistance du périnée. Nous savons que le périnée, très résistant chez les primipares, est plus flexible, plus souple et cède plus rapidement chez les multipares. Chez les multipares il y aurait de plus déjà relâchement des aponévroses, c'est-à-dire des éléments sur lesquels le chloroforme ne peut agir. Aussi est-ce dans ces cas que le chloroforme peut surtout accélérer le travail.

Rupture du périnée. — Partant de cette idée que le chloroforme supprime la résistance due aux éléments musculaires du périnée, quelques auteurs ont voulu voir dans cet agent une cause de déchirure, de rupture du périnée. Julius (de Richmond), d'après Romiti, affirma que le chloroforme, en relâchant le périnée, le prédisposait à la rupture. Sachs, sur 27 cas d'accouchements, constata quatre fois la rupture du périnée et attribua cet accident au chloroforme. Selon cet auteur, le relâchement naturel du périnée est dû à la laxité plus grande de la peau et du tissu cellulaire, tandis que le chloroforme dilate le périnée en paralysant les muscles. La sauve-garde du périnée, ajoute-t-il, réside dans la douleur, car l'effort, dès qu'il n'est plus douloureux, se fait avec une irrésistible furie. Denman prétendit aussi que le cri de douleur diminuait l'effort et brisait la force de l'expulsion. Villeneuve (de Marseille), Cazeaux, Druitt signalèrent des cas de rupture du périnée pendant l'anesthésie. Thomas Radfort rapporta des cas de contusion, de perforation du vagin et de déchirure du périnée. D'après Robert Johns (1863), la proportion de ruptures du périnée serait de 1/93 sans chloroforme et de 1/27 dans les cas d'anesthésie. Barnes s'est basé sur ces faits pour croire les déchirures du périnée plus fréquentes. Blot, de son côté, a dit : « Faut-il conclure de la résolution du périnée que les déchirures sont pour cela facilement et presque toujours évitées? Je n'en crois rien, et ceux qui partageraient encore une pareille opinion n'auraient, pour s'édifier à ce sujet, qu'à lire la relation des faits, déjà assez nombreux, de déchirures du périnée survenues pendant l'accouchement spontané ou artificiel chez les femmes soumises à l'anesthésie. » Nous venons de voir à quoi se réduisent les assez nombreux cas de Blot. M. Blot lui-même n'a-t-il pas dit que les plans celluleux, fibreux, adipeux, muqueux, cutanés qui entraient dans la structure du périnée exerçaient une résistance suffisante pour ne pas se laisser déchirer, résistance que les anesthésiques ne pouvaient diminuer ?

Aux objections faites à propos des quatre cas de Sachs, un médecin anglais, se cachant sous le pseudonyme de

Delta, fit observer que ces quatre cas de ruptures pourraient très bien être attribués à une absence de surveillance du praticien et non au chloroforme. « Que dirait-on, ajoutait-il, de l'accoucheur anglais qui laisserait rompre un périnée sur sept ? » Lorsque l'on soutient le périnée comme le conseillait P. Davis, le chloroforme ne peut rien; d'ailleurs la glotte ne peut rester longtemps fermée sous peine d'asphyxie, l'effort sera donc brisé malgré l'anesthésie. A l'appui de cette réponse, Tyler Smith constata qu'il n'avait jamais vu de rupture du périnée produite par des contractions dont la violence ne serait pas limitée par la douleur. Protheroe Smith alla plus loin il affirma que les anesthésiques constituaient un moyen puissant pour prévenir la rupture du périnée ; ils agiraient ainsi en produisant le relâchement des muscles et en empêchant la femme de faire de ces mouvements brusques qu'occasionnent les douleurs intolérables de l'émargement de la tête. Bennett cita une observation (impending rupture of perinœum owing to violent uterine contraction prevented by chloroform). Martin Coates et Barker conseillèrent le chloroforme dans les douleurs excessives, dans les cas de rigidité des parties extérieures et enfin dans les cas de menace de rupture du périnée. Barr, dans une discussion à la Société obstétricale de Philadelphie, démontra que les dangers de rupture du périnée diminuaient avec l'emploi du chloroforme.

Nous n'avons pas vu dans toutes nos recherches, malgré l'assertion de M. Pinard que les accoucheurs anglais aient remarqué une fréquence plus grande de lésions périnéales, nous avons plutôt constaté le contraire; le périnée plie et ne rompt pas. Dans certains cas anormaux le chloroforme en régularisant la force des contractions et en diminuant légèrement la puissance des muscles auxiliaires (par des doses un peu élevées), empêchera sans aucun doute la production de ces accidents; l'emploi du chloroforme d'ailleurs n'implique nullement comme conséquence que l'on ne doive pas veiller sur le périnée et le soutenir au besoin. Aussi laissant de côté la question de physique biologique, que cette étude peut soulever, nous conclurons avec Romiti que : « se il chloroformio non evita al sicuro rotture le perineali, al certo non le fa aumentare. »

CHAPITRE III.

ACTION SUR LES MUSCLES ABDOMINAUX — EFFORT EXPULSIF.

Romiti (G.) a dit: « Les muscles de l'abdomen, étant des muscles respirateurs ont leur centre nerveux situé dans une partie de la moelle allongée, partie qui dans les conditions ordinaires ressent peu l'action des anesthésiques.» (Perche come muscoli respiratori aventi il loro centro nervoso in una parte della midolla oblungata, parte che a condizioni ordinarie risente o poco l'azione degli anestetici.) Pajot a exprimé à peu près la même opinion. «Il ne peut y avoir davantage paralysie des parois abdominales, attendu que les muscles abdominaux font partie de l'appareil de la respiration, de sorte qu'ils sont sous la dépendance de la moelle allongée que détermine l'action synergique de tous les muscles servant à la respiration. »

L'explication de ce fait avait été donné par Longet en 1847. « L'effort en général, dit-il, et celui qui accompagne l'accouchement en particulier n'est qu'une modification, qu'un changement passager de l'acte respiratoire. C'est un état pendant lequel doivent énergiquement se contracter les muscles des parois abdominales. Puisque dans l'éthérisation en l'absence de la volonté, la respiration persiste dans son intégrité et que le bulbe continue d'exciter tous les muscles qui concourent à son accomplissement, l'effort résultant de la contraction de ces muscles doit aussi par conséquent pouvoir se produire encore. »

Cette opinion a été aussi défendue par Litzman (Handworterbuch des physiologie, III, p.119), qui constate que la coopération des muscles abdominaux repose sur une combinaison des mouvements d'inspiration et d'expiration. (Mitwirking der Bauchpresse beruth auf einer Combination inspiratorischer und expiratorischer Bewegungen.)

Quant à la cause des contractions de ces muscles pendant l'accouchement, selon Bouisson et Jules Roux elle serait due à ce que l'incitation émanée de l'utérus est directement réfléchie par la moelle sur tous les muscles abdominaux. Pour A. Farre (Cyclopædia of anatomy and physiology), les muscles abdominaux entrent en action énergiquement, leur action coopérative est produite par le contact des parties fœtales occupant le pelvis, c'est-à-dire irritant par leur présence une partie abondamment pourvue de nerfs spinaux. Rigsby ajoute à cela que l'importance capitale de l'action réflexe dans l'acte de l'accouchement devient ainsi manifeste. Elle est moins importante, il est vrai, pour l'utérus lui-même dont les contractions dépendent sans doute de ses propres éléments nerveux sympathiques, mais elle l'est bien plus pour les autres parties entre lesquelles une action « consantaneous» doit parfois s'établir avec l'utérus. Longet a comparé ces contractions des muscles abdominaux aux contractions de ces mêmes muscles produits d'une manière irrésistible lors des contractions de l'utérus et de la vessie dans certaines opérations de taille ou de lithotritie.

Ainsi d'après la physiologie la contraction des muscles abdominaux (diaphragme et muscles des parois) est liée à l'intégrité de la respiration, mais la cause qui les met en jeu étant le résultat d'une action réflexe ayant son point de départ dans la sensibilité de l'utérus et du canal utéro-vulvaire, il est facile de comprendre que si l'anesthésie ne peut atteindre directement la motilité de ces muscles (à moins de porter l'anesthésie à un degré tel que voisin de la mort on atteigne le centre moteur de la respiration) elle peut les frapper cependant par la suppression de l'action réflexe qui les fait entrer en jeu.

Voyons donc si les observations cliniques confirment ces déductions physiologiques. Blot dit dans sa thèse d'agrégation: « Tous ou à peu près tous les auteurs s'accordent à reconnaître que les muscles abdominaux, ces adjuvants puissants de l'utérus dans la dernière partie du travail, continuent de se contracter pendant le sommeil anesthésique. » L'opinion de Blot avait en effet été celle de Dubois, de Simpson, de Roux, de Protheroe Smith, de Stoltz, de Nevins, de Bergès, Mazerat, Kilian, Krieger, de Murphy (the voluntary muscles retained their power), de Danyau, d'Houzelot, de Hartmann, Fredet, Breit (auch die Bauchpresse zur volligen Austreibung des Kindes, nicht unthatig bliebt), de Romiti, de Pajot, de Kidd, etc. Vogler allant plus loin avait cru à une excitation des contractions abdominales (Bauchpresse starker).

D'autres auteurs au contraire signalèrent la diminution des contractions des muscles de l'abdomen. Grenser,

Siebold (Weil dis Uterus und die abdominal Muskeln an der allgemeinem Erschlaffung theil nehmend die Austreibung des Kindes verhindern), Scanzoni, Levy, de Copenhague, Tarnier, Knight (de Louisville), constatent une diminution considérable des contractions abdominales. Pour Pinard, on peut observer pendant l'anesthésie tous les degrés depuis l'affaiblissement jusqu'à la disparition presque complète. Cette absence de contractions a même été signalée par Banner et Webb Pettigrew (1860).

La plupart des accoucheurs enfin constatent comme Spiegelberg que les contractions de ces muscles ne sont pas altérées dans le premier stade de l'anesthésie; dans le deuxième l'influence du chloroforme se fait sentir, mais ces muscles se contractent encore synergiquement. Burchard et Martin (d'Iéna), remarquent que dans l'anesthésie complète, profonde les contractions abdominales disparaissent, et Stimson démontre que le système musculaire est paralysé en proportion de la quantité de vapeur anesthésique inhalée.

Cette diminution de la contraction des muscles abdominaux semble donc un fait réel, mais non un fait constant; les auteurs ci-dessus en effet ne se sont guère préoccupés de la période de l'accouchement, du degré d'anesthésie, de sa durée antérieure et des susceptibilités individuelles. Ce sont là des faits qui permettent d'expliquer la discordance apparente entre les opinions que nous venons de mentionner; Sachs, Bouisson et Blot ayant montré que pendant la période d'expulsion, l'action des anesthésiques sur les contractions abdominales est bien moins sensible que pendant la période de dilatation (surtout lorsque l'on a commencé l'anesthésie presque avec le début du travail). Dans les cas que j'ai observés, j'ai pu constater que l'anesthésie étant maintenue au degré obstétrical, les contractions abdominales ne semblaient pas diminuées. Dans ces circonstances, l'objection de M. Depaul : impossibilité où se trouve la femme plongée dans le sommeil anesthésique de pousser à la volonté de l'accoucheur, n'était nullement fondée. La femme pousse, elle pousse même aussi énergiquement qu'auparavant, bien que la sensibilité ait disparu; mais si l'on porte plus loin l'anesthésie, si l'on enlève à la femme sa volonté et sa connaissance, alors les contractions abdominales diminuent de plus en plus. Cet affaiblissement des contractions est produit sans doute comme le dit M. Pinard, parce que l'appel fait par l'utérus n'est plus entendu par les muscles abdominaux. La sensibilité des organes génitaux internes étant atteinte, l'acte réflexe ne se produit plus, la femme n'éprouve plus le besoin de pousser. Peut-être aussi les muscles abdominaux, sont-ils atteints directement et la diminution de leur contraction tient-elle à leur impuissance partielle, le chloroorme ayant paralysé les extrémités des nerfs dont dépend leur innervation.

En admettant ces faits, c'est-à-dire en reconnaissant que l'anesthésie profonde chirurgicale et non obstétricale peut faire disparaître les contractions des muscles abdominaux, il est intéressant de connaître quel est le rôle que ces muscles jouent dans l'acte de l'accouchement. Il se peut en effet que l'on pousse parfois l'anesthésie jusqu'à ce degré, et si l'opinion d'Houghton était vraie ce serait une grave imprudence que d'annihiler la force déployée par ces muscles. Houghton, en effet (American Journ. of med. science, 1871, p. 301), pense que les muscles volontaires de l'abdomen constituent l'élément le plus important dans l'accouchement. Houghton représente la force de l'utérus par 54,10, liv. angl. et la force des muscles volontaires par 523,65, l. angl. la force des muscles involontaires étant donc presque 10 fois moindre. Poppel, Tait, Duncan ont nié ce fait avec raison. L'on connaît, lorsqu'on pratique la version chez une femme un peu vigoureuse, l'énergie des contractions utérines. L'on sait aussi que l'utérus abandonné à ses seules forces peut terminer seul l'accouchement, l'ouverture du ventre chez les animaux n'arrête pas le travail, et chez la femme nous pouvons voir dans deux circonstanres l'accouchement s'effectuer sans le secours des muscles volontaires.

Dans la première catégorie nous pouvons ranger les accouchements qui se font lorsque l'utérus, contenant le fœtus, est sorti de la cavité abdominale et s'est développés au dehors. Ces cas de prolapsus de l'utérus gravide sont rares. Burdach a rapporté une observation de Winner, (longueur de l'utérus entre les jambes de la femme, $0^m,28$, largeur $0^m,15$). Naudin en a signalé un deuxième cas (prolapsus de la matrice à terme, accouchement sur place, réduction, guérison. Gaz. médicale de Paris, 18 déc. 1847, p. 1007). Ruggenini (accouchement avec prolapsus utérin) Gaz. méd. Lombard., n° 2, 1868, femme de 26 ans), Krause (Ueber den Vorfall der schwangeren Gebarmutter. Dissert. Inaug. Berlin) a cité 10 cas de 1869 à 1875 à la clinique du professeur Martin. Higginson, au meeting de l'institution médicale de Liverpool 1872, a rapporté un cas de prolapsus utérin au cinquième mois. Allison, dans le British medical Journal du 5 juin 1869, a publié aussi une observation de prolapsus utérin gravide. Larrivé et Taylor (New-York, 1869), ont mentionné aussi des cas analogues. Enfin en juin 1881, à l'hôpital Saint-Antoine, j'ai pu en compagnie de mes amis Pennel, Bouley et Boissard assister à un accouchement de ce genre. Au moment où la tête traversait le col, il se produisit une rupture de la partie latérale gauche de l'utérus, et une hémorrhagie assez sérieuse; la femme mourut de fièvre puerpérale deux ou trois jours après. Dans ces cas, l'utérus peut évidemment expulser le fœtus quoique réduit à ses seules forces, mais il est vrai qu'en même temps il rencontre beaucoup moins de résistance, n'ayant pas le canal utéro-vulvaire à faire traverser. Dans la seconde catégorie de faits : accouchements post mortem, les conditions de résistance sont les mêmes à peu de choses près que dans les conditions anormales, et pourtant dans ces cas encore nous voyons l'utérus expulser des enfants parfois vivants. Ces exemples ne sont pas très rares (V. Bayrisch. Arztleintelligenz Blatt, 42. 1861 (Behalt der fruchthalter nach langere Zeit, nach dem Tode Schwangerer, seine Selbstandige Thatigkeit). Aveling à la Société obstétricale de Londres en 1872 a rapporté 44 observations de ce genre. (On post mortem parturition, London obstetrical Society, 1873, vol, XIV, p. 240). Parmi ces observations provenant de R. Camerarius, Reiss, Harvey, Bartholin, Hermann (de Berne), Nauman, Starke, Richter, etc., nous en trouvons quelques-unes d'assez curieuses, c'est ainsi qu'en 1554 une femme, qui avait été pendue, accoucha de deux enfants qui tombèrent au pied du gibet. Dans un cas de Diomedes Canarius, la femme était déjà dans le cercueil lorsque les cris de l'enfant vinrent appeler l'attention des assistants. Ceux-ci retirèrent de la tombe un enfant du sexe masculin qui vécut et reçut le nom de fils de la terre. On connaît aussi les cas de Willigbley, qui deux heures après la mort retira un enfant vivant. En 1810, l'opération césarienne pratiquée le lendemain de la mort sur la princesse de Schwartzenberg permit d'avoir un enfant encore vivant. Les lois de Numa Pompilius et celles de Venise de 1608 et 1749 (peine de mort pour les médecins qui ne pratiquaient pas l'opération césarienne post mortem) furent basées sur la connaissance de ce fait. D'autres cas de mort ont été signalés (Case of birth after the death of the mother, Edinburgh medic. Journal, 1851, p. 65;— à la Philadelphia obstetrical Society, observations de Schwartz, 1861, de Kelly, 1875. Edward Duer (On post mortem delivery), American Journal of obstetric, 1879, vol. XII, n° 1. — Venn à Bonn (Beitrag zur Behandlung des Geburt nach dem Tode der Mutter, Centralblatt fur Gynäkologie, n° 5, 1881) ont rapporté des observations analogues à celles d'Aveling. Les conclusions d'Aveling avaient été les suivantes: 1° l'expulsion du contenu de l'utérus a lieu après la mort sans le secours de l'art; 2° il peut se montrer dans des cas où aucun signe ne semblait avant la mort indiquer la grossesse; 3° on peut dans ces cas voir l'expulsion du placenta, l'évolution spontanée du fœtus, le prolapsus, l'inversion et la rupture de l'utérus; 4° l'expulsion du contenu de l'utérus et les accidents qui accompagnent l'accouchement peuvent être causés : 1° par la puissance contractile qui persiste dans l'utérus après la mort de tous les autres organes; 2° par la pression exercée sur l'utérus par les gaz qui, par suite de la décomposition, s'accumulent dans l'abdomen.

Nous nous sommes étendus un peu longuement sur ces faits intéressants pour montrer que l'on a exagéré l'importance de l'effort (les Di nixi des Romains) et que l'utérus peut à lui seul expulser le fœtus. Pour Channing même, l'effort n'est que le résultat d'une gêne de la respiration. Chez certaines primipares, les résistances du canal vagino-vulvaire étant peu prononcées l'action simultanée du diaphragme et des muscles abdominaux peut, selon M. Pinard, ne pas se montrer et l'utérus n'en terminer pas moins l'accouchement. Rappelons enfin que Courty en 1878, en présence des accidents possible de l'effort, ruptures aponévrotiques, musculaires, hernies, etc., s'est demandé si le service rendu par la contraction abdominale était proportionné à ses dangers. Nous comprendrons alors que l'affaiblissement léger des contractions abdominales par l'anesthésie n'a aucune influence sur la marche de l'accouchement.

CHAPITRE IV.

INFLUENCE DE L'ANESTHÉSIE SUR LA DURÉE DU TRAVAIL

L'action du chloroforme sur les contractions de l'utérus et des muscles abdominaux ayant été étudiée, on peut se demander quelle est l'influence du chloroforme sur la durée du travail.

Les réponses à cette question varient suivant que l'on considère davantage l'affaiblissement des forces expulsives, ou la diminution des résistances. Dans le premier cas, évidemment, on doit croire à une prolongation de l'accouchement. C'est ainsi que Bouvier (1847) pensa que l'anesthésie avait retardé le travail d'au moins une heure. Graily Hewitt, Stoltz, Siebold, Martin, Burchard, Malgaigne et Barnes trouvèrent, comme Kilian, un allongement dans le travail (Geburtsverzogerung). Pour Lévy, le chloroforme est egalement verlangsamenden und storunden. Tarnowsky, en 1873, pense que l'accouchement doit être plus long, puisque Howitz a trouvé une augmentation des intervalles. Knight, Merriman, Tyler Smith, Sansom, Gream, Danyau (2 cas) craignirent et constatèrent même parfois le retard dans le travail. M. Pinard hésite à se prononcer, mais il croit que la période d'expulsion est manifestement retardée au moins chez les primipares. Quant au comité du chloroforme, sa conclusion fut : « Donné à un degré modéré et avec soin, le chloroforme peut parfois augmenter la durée du travail en affaiblissant les forces expulsives, mais dans la grande majorité des cas, il ne le fait pas. »

Dans le second cas, c'est-à-dire lorsqu'on considère davantage la diminution des résistances que rencontre le fœtus avant son expulsion, l'on est tenté de croire que le chloroforme accélère le travail. Telle est l'opinion de Channing (it does not retard, but rather hastens the progress of the labour), de Denham, Zweifel, Gower et Purdie. Simpson pense que chez beaucoup de femmes l'anesthésie accélère le travail, le relâchement du périnée compensant et au delà l'affaiblissement des contractions utérines. Snow croit aussi à l'accélération, mais seulement dans les cas de rigidité du col ou du périnée. Pour Courty, enfin, la douleur étant supprimée, le traumatisme sera nécessairement diminuée d'autant, et le travail accéléré par suite de la diminution des résistances.

Entre ces deux opinions extrêmes, il en est une troisième qui réunit les plus grandes chances de réalité. C'est l'opinion de Sachs qui, après avoir étudié les deux côtés de la question, pense qu'il y a balance entre la diminution des forces et la diminution des obstacles. Si, en effet, le total des résistances diminue, la force totale de l'expulsion diminue parallèlement. Pour obtenir le même résultat, il faut moins de contractions, ou bien les contractions quoique plus faibles agissent autant sur la progression de la tête fœtale, cette tête rencontrant moins de résistance. Notons enfin que lorsque l'un des deux éléments, force ou résistance sera en excès, le chloroforme, par suite de son action régulatrice, agira surtout sur cet élément qu'il tendra à ramener à ses proportions normales. Dans ces cas il pourra tantôt accélérer, tantôt retarder en apparence le travail.

A la question de la durée du travail se rattache la question du forceps. S'il était, en effet, prouvé que le chloroforme augmente manifestement la durée du travail, le nombre des cas où l'application du forceps devient nécessaire serait augmenté dans les mêmes proportions. Or, tout le monde est d'accord pour admettre avec Clark que l'emploi de cet instrument n'est pas sans danger. Churchill a même prétendu qu'à la suite d'applications de forceps, il mourait une femme sur vingt et un enfant sur cinq sans parler des déchirures, contusions et autres effets déplorables. Quelques auteurs partant de là en ont conclu qu'il ne fallait pas employer le chloroforme à cause de l'augmentation de fréquence des cas de forceps. Banner, en effet, a signalé un cas de forceps suivi de mort, Wilton deux cas dans lesquels le chloroforme aurait ralenti le travail. Fairbrother (après seize heures de chloroformisation) a dû terminer le travail par l'application du forceps. Barnes (dans un cas), Lusk et Lee (dans les cas 6, 8, 11, 12 et 13), ont dû recourir tous trois à cet instrument. Sachs, enfin, a rapporté un cas dans lequel on employa le forceps; il y eut de l'inertie utérine, de la métrite et la femme mourut le quatorzième jour. Mais le comité du chloroforme ayant posé cette question de la fréquence des applications du forceps, la conclusion en fut: « Employé sans précaution, le chloroforme peut augmenter le nombre des cas dans lesquels les instruments deviennent nécessaires pour terminer le travail, mais le résultat est tout différent quand on emploie soigneusement cet agent. » Sur 24 réponses, 15 avaient nié la fréquence plus grande des cas de forceps. Emmet, Dumontpallier se sont même efforcés de prouver que l'anesthésie diminuait le nombre d'applications de forceps. Cela serait d'accord avec ce que nous avons vu de la durée plutôt moins grande de l'accouchement. Nous conclurons donc en disant que le chloroforme n'augmente ni la durée, ni le nombre des cas de forceps, du moins d'une manière appréciable et en rappelant ces paroles de Bailly : « Il n'est pas douteux pour moi que chez quelques femmes, le chloroforme......... n'accroisse la durée de l'accouchement. Mais, quel est celui d'entre nous qui, tourmenté par d'intolérables souffrances, ne consente pas à les échanger contre un mal plus prolongé, mais très supportable, et n'estime pas avoir conclu par là un marché avantageux? »

CHAPITRE V.

INFLUENCE SUR LES SUITES DE L'ACCOUCHEMENT.

Tous les auteurs qui se sont occupés de cette question ont affirmé que les suites de l'accouchement étaient plus favorables lorsque l'on avait employé l'anesthésie; la femme n'ayant pas subi l'influence déprimante de la douleur se rétablissait plus vite.

Simpson, dès les premières fois, constate que « no woman could possibly make better recoveries than they have done and are doing ». Plus tard il rappela ce fait, parlant des « more rapid recoveries than formerly and fewer puerperal complication ». Dubois signala aussi l'absence de céphalalgies et d'accidents à la suite de ces accouchements. Lansdown, Brown, Murphy, Townley, Hearne, Nevins (recovery unusually quick and favorable), Campbell publièrent des exemples de l'absence de dépression et de convalescence exceptionnellement rapide.

Jeaucourt croit à la diminution de fréquence des accidents puerpuéraux comme plus tard Courty. « S'il faut en juger, disait ce dernier, par mes cas, je suis porté à croire que la majorité des accidents puerpéraux doit être diminuée, presque annihilée par l'intervention de l'anesthésie.» Bennett, Home Popham observent l'absence de tranchées utérines ; Yvonneau, comme Chailly-Honoré (1850), pensent que les suites des couches sont plus simples, plus exemptes de ces petites complications qu'on rencontre si souvent après un long travail. M. Lucas-Championnière partage la même opinion; pour lui, les suites des couches sont meilleures, le relèvement de la femme est rapide, il a même remarqué ce petit fait, qu'aussitôt l'accouchement terminé avec l'anesthésie, la femme ne se sentait nullement fatigué et demandait à manger. Rigsby, Bergès, Dumontpallier, Piachaud et bien d'autres ont reconnu que, par suite de l'absence de douleur, de secousse nerveuse, le pronostic était plus favorable, les suites moins sérieuses. Enfin, le comité du chloroforme a dit que la majorité pensait que le chloroforme favorisait le rétablissement de la femme. M. Blot, au contraire, nie l'influence du chloroforme sur les tranchées utérines, l'écoulement lochial et la durée des couches. De même Cazeaux et Montgomery, ne croient pas à l'influence du chloroforme sur la convalescence; mais les nombreuses observations publiées prouvent évidemment cette influence heureuse.

CHAPITRE VI.

INFLUENCE SUR LA LACTATION.

La question de l'élimination des substances médicamenteuses par le lait des nourrices est encore peu connue.

Pauli, dans sa thèse inaugurale de Berlin, 1879, a étudié le passage de l'acide salicylique dans le lait (ueber der Uebergang des Salycilsaure in die Milch des Wochnerinnen). Quant au passage du chloroforme et à son élimination par les mamelles, nous ne connaissons aucun travail sur cette question. Seuls quelques faits montrent la possibilité de cette élimination.

En 1847, Seifert, vétérinaire à Vienne, a, chez la chèvre, constaté le passage dans le lait de l'éther inhalé et son élimination pendant plus de cinq jours.

Simonin, en 1849 (p. 305), a étudié les propriétés physiologiques du lait et ne les a pas trouvé modifiées. Quelques années plus tard Chassaignac, dans son ouvrage (Recherches cliniques sur le chloroforme, Paris, 1853), étudiant l'emploi du chloroforme pendant la grossesse et pendant l'allaitement (p. 24), rapporte l'observation suivante. Ayant pour un abcès du sein chloroformé une femme qui allaitait, il apprit le lendemain que la mère, deux heures après son réveil, avait présenté le sein à son enfant. Celui-ci avait été pris d'un assoupissement qui s'était prolongé une grande partie de la journée, s'accompagnant d'une pâleur qui a paru, ainsi que ce sommeil, tout à fait inaccoutumé au père de l'enfant.

Scanzoni ayant chloroformé une femme pour des tranchées utérines a observé un fait analogue. La femme donna le sein trois heures après; l'enfant tomba aussitôt dans un sommeil profond pendant huit heures, puis fut en proie à une vive agitation pendant un ou deux jours.

Ces faits sembleraient prouver le passage du chloroforme dans le lait des nourrices, mais il est évident que ce sujet exige encore de nouvelles recherches analogues à celles que Porak a faites pour le placenta. Le chloral et la morphine sembleraient bien s'éliminer par le lait, comme le prouve l'observation de Campbell (a case of fatal narcotism in a child fourteen day old probably induced by a dose of chloral and morphia administered to the mother. Boston med. and surgic. Journal, 1872). Mais Campbell (de Paris) affirme avec raison que l'influence de l'anesthésie dans les accouchements a le temps de se dissiper avant le moment pratique de l'allaitement qui n'arrive guère avant quatorze heures au moins après l'accouchement.

Quant à l'influence du chloroforme sur la sécrétion même du lait, elle semble nulle. Telle a été du moins la conclusion de Blot et du comité du chloroforme de Londres (27 reponses négatives sur 28).

CHAPITRE VI.

Action sur les organes qui ne concourent pas directement à l'expulsion du fœtus.

ACTION SUR LA RESPIRATION.

Les modifications que la respiration peut subir sous l'influence de l'anesthésie chloroformique peuvent être de deux ordres : 1° modifications dans les phénomènes mécaniques (rythme, fréquence, etc.); 2° modifications dans les échanges chimiques.

1° *Modifications dans les phénomènes mécaniques.* — Ces modifications n'ont été notées que par quelques observateurs. Parmi les observations de Sachs, nous en trouvons quelques-unes où des chiffres sont indiqués.

Obs. I. N. d. Respirations. Avant A. : 24; pendant, 36; après, 28. — Obs. XV. Pendant, 24, 33, 34; après, 24. — Obs. XXII. Avant, 36 à 40; pendant, 32, 28. — Obs. XXIII. Avant, 32; pendant, 30, 48. — Obs. XXIV. Avant, 30; pendant, 36. — Obs. XXV. Avant, 39; début, 28; pendant, varie entre 32 et 34. — Obs. XXVI. Avant, 30; pendant, oscille entre 30 et 40. — Bouisson, dans un cas d'éthérisation, a trouvé avant, 22; à la 3e minute, 25; à la 6e, 19; à la 12e, 17. Les observations de Winckel, Kurowicz sont très défectueuses sous ce rapport.

Dans cinq ou six cas j'ai noté avec soin le nombre des respirations pendant les contractions et pendant les intevalles des contractions. Mais j'ai pu me convaincre que pour obtenir un résultat satisfaisant il faudrait multiplier ces observations ; faute d'un nombre suffisant d'observations, les chiffres obtenus n'ont qu'une valeur relative. Suivant, en effet, que la femme se plaint et s'agite, suivant qu'elle reste calme et silencieuse, ou suivant qu'elle fait des efforts, le nombre des respirations varie beaucoup. Dans un cas, par exemple, où la femme était en proie à une vive agitation, résultat de douleurs intenses et presque continues nous avons trouvé les chiffres suivants : Avant. Cont. 54. Int. 60. — C. 52. Int. 50. — C. 52. I. ... — C. 58. I. 48. — Pendant, C. 56. I. 54. — C. 42. I. ... — C. 42. I. 38. — C. 48. — Dans ce cas où la respiration était devenue haletante par les excès du travail, le chloroforme eut un effet sédatif assez rapide : le seul résultat que nous ayons obtenu a été la constatation de la difficulté de cette question. Le nombre des respirations variant suivant les femmes, suivant le degré d'excitation, suivant la période de l'accouchement et suivant une foule d'autres circonstances, il est évident que l'on ne pourra avoir de résultats certains que lorsque les statistiques porteront sur un nombre considérable d'observations. Arloing a étudié récemment cette question et constaté au début une vive excitation (comparaison des effets des inhalations de chloroforme et d'éther à dose toxique sur le cœur et la respiration). Robert enfin a constaté que par les inhalations trop prolongées, les mouvements respiratoires s'affaiblissaient. Dans les faits que j'ai recueillis, j'ai pu observer d'une façon générale (lorsque la respiration était régulière) une légère augmentation au début suivie d'une tendance faible, mais prolongée à la diminution des contractions. Le fait qu'il serait important d'étudier est surtout l'ampleur de la respiration, la quantité d'air introduit dans les poumons en un temps donné. L'on pourrait ainsi connaître approximativement si la quantité de chloroforme absorbé augmente ou diminue à chaque respiration. Le comité du chloroforme de 1864 a seul constaté que les inspirations étaient au début profondes, mais que par degrés elles devenaient de plus en plus superficielles.

2° *Modifications chimiques.*

Elles sont peu connues, vu la difficulté de leur constatation. Harley a remarqué que les anesthésiques diminuaient la quantité d'oxygène absorbé et la quantité d'acide carbonique exhalé. Dans la *Gazette médicale de Paris*, page 101, 1847, nous trouvons ce fait indiqué : d'abord une partie de l'oxygène nécessaire est remplacé par la vapeur d'éther, cette insuffisance d'oxygène explique l'accélération de la respiration au début, plus tard on constate un ralentissement en rapport avec celui du pouls. Arloing de ses expériences a conclu que : 1° il y a pendant l'anesthésie moins d'oxygène absorbé et moins d'acide carbonique exhalé ; 2° la diminution est plus forte pour l'acide carbonique. Le comité de 1879 (British medical Journal, 18 déc. 1880) a estimé au contraire que les anesthésiques augmentaient la quantité d'acide carbonique exhalé. — Adhuc sub judice lis est. — Notons que ces modifications chimiques sont sans doutes liées à des troubles de la circulation pulmonaire. Ces effets du chloroforme sur les vaisseaux pulmonaires ont été étudiés par Arloing et par Newman (On the effects of certain anesthetics on the pulmonary circulation. Journal of anatomy and physiology, XIV, juillet 1880). Selon ce dernier, tout anesthésique agirait en réserrant les vaisseaux pulmonaires, conclusion suspecte pour Dastre (1881). Peut-être enfin l'élimination de la substance anesthésique par le poumon est-elle une cause aussi de trouble de la respiration. Cette élimination a été signalée par Aveling et rapportée par Johns, 1863. (Une femme a une haleine éthérée pendant plusieurs jours et un étudiant pendant huit jours.)

Ces modifications d'ailleurs ont peu d'importance pour notre sujet, elles sont plutôt du domaine de la physiologie générale des anesthésiques. Il n'en est pas de même des anomalies que peut présenter parfois l'influence du chloroforme sur la respiration, anomalies qui peuvent être la cause d'accidents plus ou moins graves.

Au début de l'anesthésie, on pourrait voir survenir une syncope respiratoire, due à l'irritation des premières voies respiratoires, par les vapeurs anesthésiques. C'est la syncope laryngo-trachéale (Dogiel, Holmgreen et Grade, Hering, Kratschmer, Krishaber, Franck et Arloing). Pour Copeland (Boston medical and surgical Journal, et France médicale, 1874, p. 240), cette irrégularité de la respiration serait due à l'action des muscles styloïdiens. Pour Miller, Le Fort, elle tiendrait à un spasme de la glotte; quelle qu'en soit la cause, cet accident pourrait être mortel si l'on n'y veillait. Dans le cours de l'anesthésie, on peut chez certaines personnes voir survenir un phénomène assez curieux. Chez quelques personnes la respiration est lente, paresseuse, comme l'a constaté M. Perrin ; parfois il peut arriver que ces personnes sous l'influence de l'anesthésie oublient de respirer. L'on pourrait comparer ce cas à celui signalé par Kuss, de garçons brasseurs dont la sensibilité cutanée étant supprimée par de larges brûlures, oubliaient aussi de respirer et succombaient par cette cause. Nous verrons, à propos de la pureté du chloroforme, ce phénomène acquérir une grande importance. M. Vulpian a étudié récemment ces arrêts brusques de la respiration, arrêts indépendants de l'asphyxie et de la syncope cardiaque, et auxquels il a donné le nom de *syncope respiratoire*. Vers la fin de l'anesthésie, Bickersteth a montré que si l'on poussait trop loin l'anesthésie, l'action toxique s'exerçait sur la respiration et déterminait l'arrêt de cette fonction. Mais c'est là un accident qui n'est pas à craindre dans l'anesthésie obstétricale.

Cette notion de la syncope respiratoire soulève une question d'une importance capitale au point de vue clinique. Est-ce le cœur ou le poumon qui s'arrête le premier? Schiff (Metodo seguito negli esperimenti sugli animali viventi. Societa medico-fisica), sur 5,000 animaux, a constaté que, avec l'éther, la paralysie de la respiration précède toujours celle de la circulation; avec le chloroforme, elle a lieu avant ou après suivant des conditions individuelles qu'il est impossible de déterminer. Le comité des anesthésiques de l'Association médicale anglaise (Coats, Ramsay, Mac Kindrick) a affirmé que tantôt le centre respiratoire est atteint avant, tantôt après le centre cardiaque. Le plus souvent la respiration s'arrête la première. Arloing est arrivé aussi à des conclusions analogues. Aussi nous ne comprenons pas l'inutilité d'examiner le pouls, proclamé par Saunby (Lancet, 20 nov. 1880), et la défense faite par Lister à ses élèves de tenir le pouls. Kidd et Joseph Mills (de Saint-Bartholomew) ont démontré l'erreur de cette opinion. Evidemment, la fréquence plus grande des accidents, des arrêts respiratoires devra faire veiller surtout sur la respiration de la femme, mais la possibilité certaine de syncopes cardiaques primitives ne devra en aucun cas permettre de ne pas tenir compte du pouls dont les modifications mettront souvent en garde contre un accident prochain.

CHAPITRE VII.

Action du chloroforme sur le système circulatoire.

L'étude de l'action du chloroforme sur le système circulaire présente à considérer deux ordres distincts de phénomènes.

1° L'action sur la circulation, ou modifications apportées par cet agent dans le rhythme cardiaque, dans la pression sanguine.

2° L'action exercée directement par le chloroforme sur le sang : modifications physiques, chimiques et morphologiques de cette humeur.

1° *Modifications de la circulation.*

Il faut d'abord reconnaître que les changements que l'acte physiologique de l'accouchement apporte dans les phénomènes de la circulation ont été très peu étudiés. Mac-Clintock (Dublin quaterly-Journal, M. S., 1861), Blot (Archiv. génér. de médec., 1864), Grüber (Beobachtungen ueber Temperatur- und Pulsverhaltnisse bei Gebarende, th. de Berne, 1867), Meyburg (Ueber die Pulse der Wochnerinnen, Archiv. für Gynækolog., Band XII, Heft 1, 1876), Buffet (th. de Paris, 1877), Barker, Puech, Winckel, Wolff, Baunfelden ont écrit seulement quelques mots sur ce sujet. Le pouls après l'accouchement a été mieux examiné. Hemey, dans l'Union médicale de 1869, a noté le ralentissement, l'irrégularité, l'inégalité du pouls, des nouvelles accouchées. Sur 400 parturientes de l'hôpital Cochin, il a constaté 64 fois un ralentissement du pouls persistant jusqu'à la fièvre de lait et 94 fois une altération de rhythme allant jusqu'au dixième jour. Pour Marey et Blot, ce ralentissement serait dû à l'augmentation de la pression artérielle en raison de la suppression brusque de la circulation utérine. Pour Olshausen (Centralblatt für Gynækologie, 5 févr. 1881). Ce ralentissement serait dû à l'augmentation des principes graisseux dus à l'involution aiguë de l'utérus. Dans ce mémoire (Ueber die Pulsverlangsamung in Wochenbett und ihre Ursache), Olshausen s'appuie sur les observations d'embolies graisseuses de Wagner, de Reiman, de Halle, 1880, et sur les Lehre von Fettenbolie de Halm, Munich, 1876. Mais si ces théories étaient vraies, le ralentissement du pouls devrait être constant ; aussi peut-on attribuer peut-être ce phénomène à la dépression nerveuse plus ou moins grande produite par les douleurs de l'accouchement.

Tout ce que l'on sait, c'est que : 1° le pouls s'accélère en général dès que commence la contraction, puis sa vitesse s'accroît et diminue parallèlement avec la contraction (Hohl) ; 2° que le pouls s'accélère vers la fin du travail : il est alors dans les intervalles comme il était au début pendant les contractions.

Quelle est dans ces circonstances l'action du chloroforme ? C'est là un problème difficile à résoudre, étant donné le caractère variable du pouls chez les femmes en couches, étant donnée aussi l'ignorance où l'on se trouve des modifications que peuvent produire la douleur, l'émotion la crainte, l'hémorrhagie, la compression des vaisseaux, etc., toutes causes possibles de troubles du rhythme cardiaque. Aussi aborderons-nous indirectement cette question en examinant l'action du chloroforme sur la circulation en général.

Cette action a été étudiée par Chaumont (On the effects of chloroform in the blood; Monthly Journal of med. science, mai 1853, p. 410), par Witte-Carl, de Greiswald (Untersuchungen ueber die Einwirkung des Chloroforms auf die Blutcirculation; Deutsche Zeitschrift für Chirurg., IV, p. 548, 1874), par von Wittich et Arloing et surtout par Sansom. En 1861, Sansom (On the action of anæsthetics and of the administration of chloroform; British med. Association) a observé au microscope la circulation de la grenouille et a constaté sous l'influence du chloroforme : 1° une augmentation de rapidité de la circulation ; 2° une dilatation des artères et des capillaires ; 3° une diminution de la rapidité de la circulation ; 4° des altérations des parois des corpuscules, cohérence des corpuscules ; 5° interruption de la circulation par des masses de corpuscules agglutinés ; 6° stase du sang. L'augmentation de capacité du système artériel et la diminution de rapidité expliqueraient l'anémie cérébrale.

Parkins (de Newbury-Port) (v. Channing) a observé aussi dans les mêmes circonstances l'arrêt de la circulation capillaire ; l'anesthésie serait, selon cet auteur, produite par l'arrêt de la circulation capillaire cérébrale. Brandgeest (Nederlansch Archeef voor genees en Natuurk., 1865) a dit : 1° les inhalations de chloroforme exercent une influence remarquable sur la fréquence et la force du choc cardiaque, le rhythme cardiaque est d'abord ralenti, mais ensuite il est accéléré ; cette accélération continue jusqu'à la mort, elle est accompagnée d'une diminution de la puissance du cœur; 2° de petites quantités de chloroforme administrées pendant une longue période n'exercent aucune action incontestable sur le cœur; 3° la pression sanguine diminue depuis le commencement de l'inhalation jusqu'à la mort; 4° le chloroforme exerce une action paralysante sur les fibres musculaires ou sur les centres nerveux du cœur dont dépendent les contractions rhythmiques.

Laréginie dans sa thèse (Contribution à l'étude du chloroforme, de son action sur le système circulatoire, Paris, 1877) a constaté que le chloroforme se ferait d'abord sentir sur le cœur qui se contracterait avec une force peu considérable (brièveté de la ligne d'ascension des tracés sphygmographiques), puis les vaisseaux se paralysent. Il a observé aussi que le pouls veineux de Noël (de Louvain) ne se constate que lorsque l'anesthésie est complète.

Quelques auteurs ont signalé ces états transitoires de la circulation, comme étant la modification seule et unique que produisait le chloroforme. Chassaignac (1853, chapitre II, Action antihémorragipare du chloroforme pendant les opérations) signale le resserrement des vaisseaux. Lenz a constaté le ralentissement du courant sanguin dans la carotide. Dastre a démontré que l'action constrictive du chloroforme sur les petits vaisseaux avait pour effet de tarir les hémorrhagies en nappe. Aussi, selon ce physiologiste, Testut (de Bordeaux) a pris l'exact contre-pied de la vérité en rattachant ces hémorrhagies à une prétendue paralysie des vaso-moteurs. Ces divergences d'opinions s'expliquent par le moment et le degré d'anesthésie.

Quant à la pression sanguine, François Franck (Société de physiologie, 1878) a démontré que l'anesthésie produit au bout d'un temps variable une chute très notable de la pression artérielle due à la paralysie vaso-motrice. Cette diminution de la pression sanguine a été constatée aussi par Arloing, et par le comité des anesthésiques de la British medical Association (Journal of anatomy and physiol., avr. 1879). Bence Jones (1867) a cru à la paralysie des vaso-moteurs, Jeannot Schneinesson (de Leipzig) à la paralysie directe de l'appareil musculaire du cœur, comme cause productrice de cette diminution de tension sanguine. (Voy. Harnack et Witkowski, Action du chloroforme sur le cœur de la grenouille. — Archiv für expérimentelle Pathologie und Pharmakol., Bd XI, p. 1, 1879.)

Il résulte de ces recherches physiologiques que 1° à faibles doses le chloroforme a peu ou point d'action sur les contractions cardiaques et sur la pression sanguine. Au début il détermine le plus souvent une légère excitation, pulsations plus nombreuses, et plus fortes, contractions des vaisseaux.

2° A doses plus élevées, doses massives, le chloroforme agit soit directement sur les vaso-moteurs, soit sur le cœur lui-même ; il produit la paralysie des vaso-moteurs, diminue la pression sanguine et affaiblit la contractilité cardiaque (contractions plus faibles, quelque fois plus nombreuses, mais le plus souvent moins fréquentes, parfois irrégulières).

En est-il de même chez les femmes en couches ? Examinons pour cela les opinions des divers accoucheurs. Pour Simpson (1848), il y a au début de l'anesthésie accélération de la circulation, légère augmentation (10 à 20 pulsations en plus), puis le pouls retombe, parfois même au-dessous de la normale. Channing (1849) constate aussi que le pouls est d'abord accéléré, puis l'excitation intellectuelle disparaissant, le pouls se calme, revient à son chiffre ordinaire (natural beat) ou même au-dessous. Hamilton affirme que le pouls s'accelère au commencement ; il reste ainsi accéléré tant que l'action du chloroforme n'est pas complète, puis il diminue. — Jobert de Lamballe signale aussi l'accélération, puis le ralentissement du pouls. — Brown : Le pouls de 80 augmente avec l'anesthésie jusqu'à 100, puis il revient à son état normal. — Protheroe Smith dans 4 cas a noté le pouls avant et pendant l'anesthésie : le pouls avant était de 88, 80, 72, 104 ; pendant l'anesthésie, il était de 96, 80, 76, 86. Nous voyons donc dans tous les cas une accélération au début, sauf quand avant l'anesthésie le pouls était très élevé ; dans ce cas en effet le premier effet du chloroforme étant de calmer l'agitation extrême, cause de cette élévation du pouls, l'on ne constate avec l'anesthésie qu'une diminution des contractions. Bennett dans un cas d'excitation violente a vu le pouls tomber de 120 à 90 ; Kidd dans un cas de convulsion constate que le pouls de 130 descend à 108. — Dans un cas d'agitation produite par des douleurs très vives (hôpital Tenon, 8 février 1882), j'ai trouvé les chiffres suivants : pouls avant l'anesthésie, 100, 96, 104 ; pouls pendant l'anesthésie à dose obstétricale, 84, 80, 80, 76, 80, 84. Mais ce sont là des cas spéciaux.

Sachs, en 1848, a noté les variations du pouls dans un certain nombre d'observations. — Avec éther, pouls avant, 86 ; au début, 100 ; pendant, 90. — Avec chloroforme, obs. I, avant, 78 ; 3 minutes après le début, 102 ; pendant, 90 ; après 78 ; obs. V, excitation, pouls avant, 92 ; tombe pendant à 72 et même 68 ; obs. II, idem, avant, 96 ; pendant, 90 ; puis 86, 88 ; obs. XIV, avant, 88 ; au début, 84, puis 94, 88, 96. Sachs croit que le pouls se ralentit pendant les contractions. Obs. XV, avant, 84, 88 ; puis 82 (et 64 pendant les contractions) ; enfin 84, 90. Obs XIX, pouls irrégulier avant, oscillant entre 112 et 75 pendant 80, 100, plus tard 84 ; obs. XXII, avant, 72 à 90 ; pendant, 96 à 100 ; puis 80 ; obs. XXIII, avant, 104 ; au début, 120 ; après, 96 ; obs. XXIV, avant, 72 ; pendant, 82 ; obs. XXV, avant, 60 ; au début, 68 ; après, 54 ; obs. XVI, avant, 88 ; pendant 72, 72. — Kurowicz dans un cas observe que le pouls de 80, avant, oscille entre 80 et 90 pendant l'anesthésie, Winckel, pouls avant, 92 ; à la fin de l'anesthésie, 56 ; après l'anesthésie 72. Pinard dans sa thèse constate qu'au début des inhalations il y a tantôt diminution, tantôt accélération, mais il est bien difficile de préciser attendu que rien n'est plus variable, dit-il, que l'état du pouls chez les femmes en travail dans les conditions normales. Nous ne trouvons dans sa thèse que les indications suivantes : première série, obs. I, pouls, 80, au début, 94 ; deuxième série, obs. I, pouls avant, 80 ; 20 minutes après, 72, puis 76, 72 ; après, 72 ; obs. II, pouls, 96 pendant, puis 82 ; troisième série, obs. I, avant, 112, puis 80, 60, 48 ; on cesse. — Peironnet dans sa thèse n'a pas insisté sur l'état du pouls, parce qu'il ne lui a pas paru, dit-il, sensiblement modifié par l'action du chloroforme. Lorsque l'anesthésie est complète (perfect apathy), Stimson a constaté que le pouls était petit, à peine perceptible.

De ces observations il résulte que le chloroforme semble agir sur la circulation d'une façon pour ainsi dire régulière, mais il n'en est point toujours ainsi ; il peut survenir parfois des modifications dans cette marche, capable d'entraîner des accidents rapidement mortels. C'est ainsi que Hartmann (d'Helsingford) Stimson ont constaté dans certains cas une rapide diminution du pouls qui tombe à 40, 38, et force l'accoucheur à cesser toute anesthésie ; il est vrai que dans ces cas, comme dans celui de Pinard (3e série, observation I), le chloroforme avait été donné à doses massives d'emblée. Wharton Jones (On the failures of the heart's action which are liable to occur during the administration of chloroform ; Lancet, 12 mai 1881) a cherché à expliquer cette action, par la stagnation, l'agrégation des corpuscules du sang, produisant une obstruction de la circulation pulmonaire et empêchant ainsi le cœur de recevoir du sang aéré, d'où une rapide diminution des battements cardiaques.

Dans d'autres cas, au lieu d'une rapide diminution, nous rencontrons une cessation brusque des contractions, cessation que rien ne faisait prévoir : ce fait a été observé en chirurgie. Coffin (Union médicale, 4 décembre 1852) a publié un cas de ce genre. Dès le début, le pouls avait faibli, puis il s'était relevé et il s'était maintenu régulier, jusqu'au moment où il avait cessé tout à coup sans s'être affaibli de nouveau et sans avoir varié un instant ; la respiration avait été régulière, sauf le 7 ou 8, dernières inspirations qui avaient été stertoreuses. Ces cas de syncopes ont été récemment distingués en : 1° syncope primitive ou laryngo-réflexe, c'est-à-dire arrêt réflexe du cœur et de la respiration à la suite d'excitation des premières voies respiratoires ; 2° syncope secondaire, bulbaire de Duret, excitation, puis ralentissement considérable et syncope ; souvent dans ce cas, à la suite d'inhalations trop brusques, il pénètre trop de chloroforme à la fois dans la circulation, la moelle épinière est envahie rapidement et la paralysie des centres accélérateurs du cœur en est bientôt le résultat ; 3° syncope tertiaire de Duret ou syncope par intoxication, résultant du progrès graduel de l'anesthésie. Dans ce cas, la mort s'annoncerait d'après Arloing par l'arrêt de la respiration. Cette dernière espèce de syncope n'est évidemment pas à craindre dans l'anesthésie obstétricale. La syncope secondaire serait, d'après Richardson (1868), produite par l'excitation de la branche inférieure du nerf vague par le sang non oxygéné. C'est la théorie énoncée par Dogiel (Reichert's und Dubois-Reymond's Archiv, 1866), et défendue par Schneinesson (1869), mais il est évident que dans ce cas encore l'anesthésie obstétricale, par la graduation de ses doses, leur intermittence et leur faiblesse, coïncidant avec la présence sans cesse désanesthésiante de l'effort explique l'absence de cet accident en obstétrique ou du moins l'absence de sa terminaison par la mort. Reste la syncope primitive que nous avons déjà vue à propos des modifications de la respiration ; le procédé de Rigsby, Murphy et Snow, en substituant à la « full dose » de Simpson, des doses très faibles au début, semble nous mettre également en garde contre cet accident.

Nous pourrons donc formuler les conclusions suivantes :

1° Au début de l'anesthésie, les contractions cardiaques augmentent de rapidité, puis reviennent à leur chiffre naturel.

2° Lorsque l'on dépasse le degré obstétrical de l'anesthésie, ou lorsque l'on emploie le chloroforme très longtemps, il y a diminution graduelle et affaiblissement des contractions.

3° Lorsque, par suite d'une vive excitation, le pouls est très élevé, le premier effet de l'anesthésie est de le régulariser ; il diminue ainsi rapidement jusqu'à un chiffre presque normal.

4° Dans des cas rares, le pouls devient irrégulier et diminue rapidement de fréquence. Ce fait qui s'observe lorsque l'on donne le chloroforme à doses massives indique qu'il faut cesser l'anesthésie.

5° La méthode d'anesthésie employée en obstétrique semble mettre à l'abri des syncopes primitive, secondaire et tertiaire.

ACTION SUR LE SANG. — Le chloroforme agit sur le sang en modifiant ses propriétés physiques et chimiques, et ses caractères morphologiques.

1° *Propriétés physiques.* — Au début des recherches sur l'action physiologique du chloroforme, l'on confondit souvent l'anesthésie avec l'asphyxie ; beaucoup d'auteurs prétendant que ces deux mots étaient synonymes décrivirent comme caractère normal de l'anesthésie le caractère asphyxique du sang. C'est ce que firent Amussat, Cunning, Snow (Narcotism is suspended oxygenation), Ed. Robin (Mode d'action des anesthésiques par inspiration, 1852), Faure (Archiv. génér. de médec. 1858), Cuvillon (thèse de Strasbourg, 1863), Labat (Journal de Bordeaux, 1864), Sansom, Blizard, Curling, Richardson, Schmiedeberg, James Pring (Lancet, 1848), Berchon, L. Hermann, le comité du chloroforme, Gérardin etc. etc. Aussi n'est-il pas étonnant de voir Casper, Clémens, Jeffrey, Todd, Chassaignac, Waren, etc., signaler ce fait que le sang artériel est noir, veineux et plus fluide. Cette opinion peut être rapprochée aussi de celle de Jobert de Lamballe (1853), qui constate que le sang n'est changé ni dans sa couleur, ni dans sa nature tant que la circulation et la respiration sont intactes, et de celle de Furnari (Académie des sciences, 1847) : le sang pendant l'éthérisation devient noirâtre ou jaune noirâtre. On pourra enfin consulter sur cette quesion les travaux de Von Wittich, Preyer,[1] Brunton, Richardson, Chaumont (Edinb. monthly Journ. of med. science, 1853, p. 470), Urbain, Mathieu, Paul Bert (Leçons sur la respiration, 1870, et Journ. d'anatomie et physiologie, 1870).

Quelques auteurs cependant, outre le caractère parfois asphyxique du sang, ont décrit une altération de coloration particulière du sang. Gruby, en 1848, a conclu de ses expériences que 1° le sang artériel est d'un rouge plus foncé ; 2° le sang veineux est d'un rouge clair et perd sa teinte rouge noire ; 3° le sang veineux est plus rouge que le sang artériel chez une personne non chloroformée ; il est presque écarlate comme le sang mélangé au chloroforme. Heyfelder (Die Versuche mit dem Schwefelæther. Erlangen, 1847) a cité deux cas où le sang est devenu rouge-brique. Enfin M. Pinard a constaté que « lorsque ses parturientes étaient depuis quelque temps déjà sous l'influence du chloroforme et qu'elles perdaient du sang soit avant, soit après l'expulsion du fœtus, ce sang lui paraissait avoir un aspect particulier qui n'était ni celui du sang veineux, ni celui du sang artériel. C'était une coloration offerte par certains vins et se rapprochant de celle du foie frais et sain. » Notre attention ayant été attirée par cette observation de M. Pinard, nous avons pu deux fois constater ce fait.

2° *Propriétés chimiques du sang.* — Comme pour les propriétés physiques, on a ici encore confondu l'anesthésie avec l'asphyxie. C'est là-dessus que se base la théorie physico-chimique de Sansom (Suspension de l'oxygénation, action directe sur le sang), theorie défendue par Beale et admise par Harless. Selon cette théorie, le chloroforme est absorbé, entraîné dans la circulation et il suspend par sa présence les phénomènes chimiques qui se passent dans le sang (à ce propos, Ed. Robin a rappelé la conservation étonnante des cadavres d'animaux ou de personnes tués par le chloroforme). Kidd a réfuté cette théorie en montrant que le protoxyde d'azote qui est un supéroxydant ne devrait pas être un anesthésique.

Quoi qu'il en soit, les modifications chimiques du sang restent encore à étudier. Flandrin (Éther dans le sang, Académ. de médec., 9 février 1847), Hüter, Sansom (Chloro form in blood circulate as chloroform), Zweifel et plus tard Fehling par les méthodes de Ragsky et d'Hoffmann, ont constaté la présence du chloroforme dans le sang. Hüter même craignant le «chuidere il lupo in casa», a fait de cette présence du chloroforme la principale objection à l'anesthésie obstétricale. Enfin Osw. Schmiedeberg, (de Dorpat) (Ueber die quantitative Bestimmung des Chloroforms in Blute und sein Verhalten gegen dasselbe. inaug. Abhandl., Dorpat, p. 43) a étudié les proportions du chloroforme contenu dans le sang.

Quant à l'action chimique elle-même produite par chloroforme sur le sang, elle est encore inconnue. Jackson (Boston medical and surgical Journal, oct.-nov. 1860) a prétendu que le chloroforme s'emparait de l'oxygène du sang pour former de l'acide formique; l'oxygène du sang serait remplacé par du chlore provenant du chloroforme — Cette théorie a été facilement réfutée. Böttcher, de Dorpat (Ueber Blutkristalle, 1862, et Archives de Virchow, t. XXXII 1865), a constaté la destruction des globules rouges et la formation des cristaux d'hémoglobine.

3° *Modifications des éléments morphologiques du sang.* — La théorie de Böttcher qui se basait sur des altérations morphologiques du sang ne fut pas la première qui signala ces altérations. Sansom en 1861, à la Royal medical and surgical Society, prétendit que le chloroforme exerçait une action caustique sur le « proteinous cell-wall » des corpuscules; il observe à ce propos : 1° la crispation des parois des corpuscules ; 2° la cohérence de ces éléments ; 3° la « coalescence » de leur contenu: les corpuscules se dissolvent. Mais ces expériences étaient défectueuses. Sansom retirait du sang, « out of the body», et l'observait sur une plaque de verre placée sous le champ du microscope (Lettre au Dental Cosmos du 31 juillet 1869). Tous les phénomènes qu'il décrit comme caractéristiques du chloroforme ne sont autres que ceux que produit le contact de l'air atmosphérique. Sansom n'avait donc pas besoin de reprocher à MM. Perrin et Lallemand de n'avoir pas examiné le sang au microscope. Nous avons pu, en effet, nous convaincre de ce fait l'année dernière, grâce aux leçons et à l'obligeance de notre maître M. le Pr Hayem. C'est grâce à lui que nous avons pu connaître par nous-même les difficultés que l'altération rapide du sang sous l'influence de l'air atmosphérique apporte à l'étude de cette humeur. M. le Pr Hayem est parvenu dans ses examens de sang humide et de sang sec à surmonter ingénieusement ces difficultés. Mais ces procédés, quoique simples, exigent pour leur réussite une certaine pratique et ils étaient forcément inconnus de Sansom, comme ils le furent après leur publication de bien d'autres anatomistes qui continuèrent à décrire comme altérations pathologiques les modifications habituelles du sang exposé à l'air libre sans être soumis à une dessiccation rapide. Mac Quillen dans le Dental Cosmos d'Amérique (traduit dans Deutsche Klinik) a bien essayé de rémédier à ces inconvénients en examinant le sang tantôt comme Sansom, tantôt dans l'intérieur des vaisseaux, mais ses résultats analogues à ceux de Sansom exigeraient une vérification sérieuse. Notons que Piper, de Chicago (New-York medical journal, 1877), a démontré la contraction des corpuscules sous l'action du froid.

Nunnely, Adams (London Hospital), John Harley (Kings College) et jadis Harless (d'Erlangen) (Monographia intorno all' influenza dei gaz sorra la forma dei corpuscoli del sangue della rana. Annali univers. di medic., t. CXXIV, 1847) ont étudié avec peu de succès ces altérations du sang. — Hüter (Deutsche Zeitschrift für Chirurgie) pense que le chloroforme déforme les globules, les rend déchiquetés; l'anesthésie serait due à des embolies de globules rouges dans le cerveau. — Hermann, de Berlin (Reichert's und Dubois-Reymond's Archiv, I, 1866) est d'avis que le chloroforme dissout les globules et laisse des granulations visqueuses sans couleur représentant les corpuscules, mais lorsqu'on le respire il en pénètre trop peu dans le sang pour détruire le protagon des corpuscules. Il transforme ces éléments biconcaves en éléments sphériques ; la théorie d'Hermann fut réfutée par Bernstein (Moleschott's Untersuchungen)... A propos de l'éther, Lassaigne (Académie des sciences, 1847) avait signalé déjà la destruction des globules et l'augmentation du sérum. Mais Chambert arriva à des résultats opposés. Enfin Schweigger-Seidel (1867) a prétendu que le chloroforme agissait sur les globules rouges du sang en enlevant l'hémoglobine et en déterminant la coagulation de l'albumine du sang.

En résumé, tous ces travaux comme ceux de Schmiedeberg et d'Alexandre Schmidt n'ont donné que des résultats douteux ou incomplets. Mais il faut dire que les modifications que produit la grossesse dans la constitution du sang sont peu connues malgré les travaux de Fitsch, 1876, de Traube et Rosenstein (hydrémie) et de Herm. Nasse de (Marbourg) (Das Blut des Schwangeren. Archiv für Gynækolog., t. X, 1876, p. 311). De même pour les altérations du sang sous l'influence de la douleur (expériences d'Alfort. V. thèse Denis, Ed.). Nous pouvons donc dire comme Sansom : all that we know is nothing can be know.

CHAPITRE VIII.

INFLUENCE DU CHLOROFORME SUR LA TEMPÉRATURE.

Les modifications que le chloroforme apporte dans la température des femmes en couches n'ont pu encore être bien déterminées.

Duméril et Demarquay en 1848 démontrèrent que, sous l'influence des anesthésiques, il se produisait une diminution de la température ; cette diminution était due au ralentissement des combustions organiques; de plus l'état du réseau cutané et pulmonaire, la vaporisation de l'anesthésique dans le poumon devait contribuer aussi à cet abaissement. Simonin, de Nancy, constata sous l'influence des anesthésiques une diminution de 1°2 à 1°4; Kappeler, une diminution de 0,2 à 1°1 : le refroidissementserait plus notable avec l'éther qu'avec le chloroforme. Bouisson, Herman Kohler (Abnahme der Korpentemperature), Zulzinski et Perrin signalèrent aussi l'action athermique du chloroforme. Jeannot Schneinesson reprit cette étude en 1869

(Untersuchungen über den Einfluss des Chloroforms auf die Warmeverhaltnisse des thierischen Organismus und den Blutkreislauf. Arch. der Heilkunde, Bd x, H. 1,2,3); il affirma que la diminution de la température des animaux anesthésiés était le résultat de la diminution de l'activité du processus nutritif et par conséquent d'une diminution directe de la fonction productrice de la chaleur. Il est vrai qu'en même temps la perspiration insensible de la peau est d'après les mêmes expériences évidemment diminuée. Les causes des modifications apportées à la température animale par les anesthésiques ont été aussi étudiées récemment par M. Arloing.

Chez les femmes en couche, Simpson signale l'abaissement de la témpérature comme résultat de la prolongation excessive de l'anesthésie. Winckel dans ses observations essaya de déterminer cet abaissement. Dans la 1re observation, la température 37,7 s'abaisse à 37,3 un quart d'heure après l'anesthésie. Dans la 2e observation la température avant l'anesthésie oscille entre 37,95 et 38,05; l'élévation de 0,05 au-dessus de la normale était sans doute due à une entérite légère. Pendant l'anesthésie, elle oscille entre 37,90 et 37,95, paraissant ainsi plus basse de 0,1 à 1,15 Après l'anesthésie, elle reste à 37,9. Mais dans ce cas l'anesthésie ayant duré une demi-heure et ayant eu lieu après la 2e élévation diurne (après 6 heures du soir), cet abaissement ne peut être attribué qu'au moment de la journée et non au chloroforme. Winckel en conclut que l'anesthésie n'exerce point d'influence notable sur la température de la parturiente, que les contractions utérines soient normales ou anormales (Die Chloroformnarcose hat auf das Verhalten des Temperatur, weder bei normalen, noch bei anormalen Wehen, nachweisbaren Einfluss).

Kurowicz à la section «für Geburtshulfe und Gynäkologie der allgemeine vereins St-Petersburger Aerzte,» le 1er février 1873 confirma les observations de Winckel. Dans une 1re observation il ne constata aucune modification notable de la température avant l'anesthésie : 38° 37,9, dans une 2e observation après il remarqua une diminution de 0,05. Bidder conclut de ces observations que l'abaissement de température observé certainement par Schneinesson sur les animaux anesthésiés n'était pas applicable à la femme en couche, puisqu'elle n'avait pas été observée dans les deux cas de Kurowicz où l'anesthésie cependant était si profonde.

Remarquons enfin que l'importance de l'étude de la température des femmes en couches a été indiquée par Pinard, « car, dit-il, on peut connaître par là avec la plus grande certitude, le moment précis de l'invasion des complications qui dans les accouchements prolongés débutent d'ordinaire déjà pendant le travail — Cette question a été le sujet du mémoire de M. Leith Napier (Clinical observations on puerperal temperature. Edinburg medical journal, oct. 1881, p. 312), de Grunewaldt (Petersburg med. zeitg. 1863), de Squire Will (Transact. obstetr. Societ., 1868, 129), de Wolf (Monatsch für Geburtsk, XXVII. p. 210, 1866), de Grüber (thèse Berne, 1867), — de Braxton Hicks, (1872), de Buffet (thèse Paris, 1877). Cette étude de la température puerpérale permettra sans doute de préciser l'influence du chloroforme et de connaître les causes qui empêchent l'abaissement de la température. Il est probable que cette différence est due au calorique produit par les contractions musculaires, les efforts expulsifs, l'accélération fréquente de la respiration et de la circulation chez les femmes en couches. Car l'on sait que pendant la contraction utérine la température s'élève pour s'abaisser dans l'intervalle. Ces observations d'ailleurs sont très délicates, car elles portent le plus souvent sur des dizièmes de degré et les mouvements de la femme rendent difficile l'examen de la température axillaire comme celle de la température vaginale, cette dernière pouvant être de plus altérée par l'écoulement des eaux de l'amnios, du sang, etc.

DEUXIÈME PARTIE

INFLUENCE SUR LE FŒTUS

CHAPITRE PREMIER.

Pour savoir comment le chloroforme absorbé par la mère peut agir sur le fœtus, il faut tout d'abord connaître les moyens de communication qui existent entre la mère et le fœtus, c'est-à-dire entre l'utérus et le placenta.

Galien croyait à la communication directe entre la mère et le fœtus. Cette théorie si simple des vaisseaux utéro-placentaires fut défendue par Vieussens, Antoine Dubois, Cowper, Haller, Chaussier et en dernier lieu par Flourens, qui dans ses expériences avait vu des substances injectées dans le sang de la mère passer rapidement dans le sang du fœtus. Elle fut réfutée par Harvey.

Les deux frères Hunter John et William reprirent et modifièrent cette théorie; ils prétendirent que les vaisseaux utéro-placentaires n'étaient autres que les « curling arteries and veins, the size of crow-quills.» Ils créèrent la théorie huntérienne.

Cette théorie fut combattue par les injections de fines particules solides qui ne purent passer dans le sang fœtal (Ruysch, Bonamy, Hoffman, Meigs, Langerhaus, Jassinski, Fehling). En 1859, Madge, qui dans son ouvrage « The disease of fetus in utero » avait pendant cinq ans défendu les « curling arteries » de Hunter, changea d'opinion ; il prouva que les artères utéro-placentaires n'étaient autres que les vaisseaux nutritifs des parties dans lesquelles elles se distribuaient. Ces artères étaient du reste trop petites pour pouvoir apporter le sang nécessaire à la nutrition du fœtus et pour produire des hémorrhagies sérieuses (On the anatomical relation between the mother and fœtus : in Transactions of London obstetric Society, tome VIII, 1866, 6 juin, p. 225). Priestley (On gravid uterus) réfuta l'existence de sinus communs entre la mère et le fœtus, existence admise encore par Paul Dubois.

Des recherches anatomiques devaient prouver en même temps l'indépendance vasculaire du placenta fœtal. Adams de Bangory (On the construction of the placenta and the mode of communication between the mother and fœtus in utero, 1858), Hicks, (The anatomy of the human placenta. Lond. obstetr. Society : tome XIV, 1873), contribuèrent beaucoup à cette démonstration. (Voyez aussi l'important ouvrage de Read : On placenta prævia. Ne se trouve pas à la bibliothèque de l'Ecole de medecine.)

Madge, en 1859, prouve que l'apport des nouveaux matériaux au sang fœtal a lieu par endosmose à travers les decidua utéro-placentaires et aussi à travers la membrane qui recouvre les extrémités des vaisseaux ombilicaux. Robin, de son côté, annonce qu'il existe une sorte de lac sanguin constitue par les espaces sanguins et par les grandes lacunes situées entre les villosités et dans toute l'épaisseur du placenta. Ces sinus pour Robin seraient le résultat de la dilatation des capillaires maternels; ils seraient produits par l'atrophie des parois capillaires pour Kolliker, Weber, Virchow. Ils forment le réseau capillaire colossal de Weber. C'est dans ce réseau que d'après Bustamante (thèse, 1868) s'uniraient les artères et les veines qui apportent au fœtus les éléments qui lui sont nécessaires.

Joulin admit cette théorie des sinus utérins dans lesquels les villosités placentaires viendraient plonger pour se mettre en communication directe avec le sang maternel. Delore (Société de biologie, 7 février 1874), rappelant les travaux de Weber, Kolliker, Turner, Winkler, repoussa l'idée que la circulation maternelle était représentée par les sinus lacunaires et que ces sinus offraient des orifices en grillage à travers lesquels les villosités pourraient plon-plonger dans le sang de ces cavités. Enfin, Joulin admit qu'entre le sang maternel et le sang fœtal, il existait plusieurs couches d'éléments anatomiques : 1° du côté de la mère : les parois des sinus et l'épithélium de la caduque ; du côté du fœtus : l'épithélium de la villosité, la couche réticulée sous-jacente, les parois des vaisseaux villeux.

Il résulte de ces faits que le sang maternel n'est pas en communication directe avec le sang fœtal et que les échanges nutritifs doivent se faire par endosmose et exosmose.

Ces phénomènes d'endosmose et d'exosmose sont favorisés par les densités différentes du sang fœtal et du sang maternel ; la densité du sang fœtal augmente avec l'âge, la quantité d'eau contenue dans le sang diminuant parallèlement. (Fœtus de six semaines : eau, 97,54 p. 100. Nouveau-né, 74,4 p. 100 ; adulte, 58 p. 100.) Il doit donc y avoir une notable différence entre le sang maternel et le sang fœtal. Mais à mesure que la densité du sang fœtal augmente, le sang maternel, d'après les travaux d'Andral et Gavarret, de Spiegelberg et Nasse, devient plus hydrémique, sa densité diminue ; aussi l'activité des échanges nutritifs s'affaiblit-elle concurremment.

Les voies et moyens de communication entre la mère et le fœtus étant connus, voyons quelles sont les substances qui peuvent traverser par endosmose et exosmose les éléments anatomiques disposés comme une barrière entre les deux circulations.

1° *Substances solides.* — Nous avons vu déjà que Ruysch, Bonamy, Hoffmann (cinabre), Langerhaus, Jassinsky (carmin), Fehling (encre de Chine) n'avaient pu faire pénétrer dans la circulation fœtale des substances appartenant à cette catégorie. Les expériences de Flourens furent bien, il est vrai, contraires à cette opinion, mais on prouva que le procédé employé était défectueux.

Ahlfed (Zur Frage ueber den Uebergang geformter Elements von Mutter auf Kind, Centralblatt fur gynäkologie 1877, p. 265) ayant fait jeûner une chienne pleine, puis l'ayant nourrie avec du lard ne trouve pas d'éléments anatomiques adipeux dans le sang du fœtus. Ayant cependant fait analyser le sang du fœtus par Fehling, il put reconnaître que ce sang contenait plus de matières grasses que normalement, mais ces matières étaient dissoutes. Ahlfed fit aussi des expériences avec l'encre de Chine, le carmin, la garance, comme Bollinger, mais il n'en put constater le passage.

Brœuel, de Dorpat (Archiv. Virchow, 1857) constate que le charbon ne se transmet pas au fœtus, bien que Coze et Feltz aient trouvé plus tard des vibrions. Davaine, dans ses « Nouvelles recherches sur la maladie charbonneuse connue sous le nom de sang de rate» (Académie des sciences, 1864), reconnut que le sang du fœtus ne contenait pas dans ce cas les bacteries qui pullulaient dans le sang de la mère. Bollinger (Deutsche zeitschrift fur Thiermédizin) observa des faits analogues. Mars, de Cracovie, dans les numéros 33, 35 du « Przeglad Lekarskie » (août 1880), résume ses expériences. Il a injecté dans le sang de 15 lapins une solution putréfiée renfermant des ferments, des micrococcus. Dans tous les cas, sauf deux, il retrouve ces éléments dans le sang du fœtus, et reconnaît que la période de la grossesse n'a aucune influence sur ce passage. L'on sait enfin que la rougeole, la scarlatine, etc., se transmettent de la mère au fœtus. Pour la variole, le fait est plus fréquent. (Voy. Bartholin, Fabrice de Hilden, Serres et les thèses de Chaigneau, Paris, 1847 ; Huc, Paris, 1862 ; Danes, Strasbourg, 1864 ; et Mengin, Strasbourg, 1870.(On a pu constater des exemples l'année dernière dans le service des varioleux de Saint-Antoine.) Quelques-uns de ces travaux exigeraient une vérification, mais l'on peut conclure cependant en disant qu'aucun élément figuré, sauf certains ferments et microbes, ne peut pénétrer à travers le placenta dans le sang fœtal.

2° *Substances liquides. — Solutions médicamenteuses.* — Schauenstein et Spaeth dans le Jahrbuch der Kinderheilkunde de Meyer (B. II, S. 13, Wien) signalent en 1859 la présence chez le nouveau-né de l'iodure de potassium administré à la mère pendant le travail. En 1868, Kormann (Monatsschrift fur Geburtskunde, vol. 32, p. 114) étudie l'influence des solutions de morphine administrées à la mère sur la santé du fœtus. Gusserow en 1872 (Archiv. fur Gynäkolog. B. 3, H. 2) fit les premières recherches sur l'action des médicaments sur le fœtus, il constate que l'iode traverse facilement le placenta. En 1878, il continue ces recherches qui furent résumées dans le journal suédois Norsk magazin for lœgevidenskaben, sous le titre Bildrag til lœren om Stofwexelen mellem Moder og foster. Benicke en 1876 (Zur Lehre von der Wirkung von Arzneimitteln auf den Fœtus) rapporte des accidents produits chez les fœtus par un mélange de poudre d'opium et de strychnine, mélange absorbé sans inconvénients par la mère. Fehling, dans le tome X, p. 315 des Archives de Gynekologie allemandes (Ueber placentarstopffwechsel) et dans le tome XI, page 548. (Zur physiologie der placentaren stoffverkehr), étudie les échanges utéro-placentaires ; il constate le passage des substances protéiques et des substances minérales. Runge Carl, dans le Centralblatt fur Gynäkologie, 26 mai 1877, n° 5 (Uebergang des Salicylsaure und der Iodkalium in das Fruchtwasser), examine le passage dans les eaux de l'amnios de l'acide salicylique et de l'iodure de potassium ; il constate la présence de l'iode dans les eaux de l'amnios et affirme que l'acide salicylique et l'iodure de potassium n'ont pas d'influence nuisible sur la santé des femmes en couches. Schatz, à la réunion des naturalistes allemands, à Hambourg, signale le même résultat relativement à la santé du fœtus. Fabbri, en 1877 (Sulla morte apparenti dei neonati) remarque que la morphine administrée à la mère tue les fœtus des lapines. Dans le tome X de l'Américan journal of obstetric, nous trouvons à ce propos une discussion à la Société obstétricale américaine qui dura trois séances. En 1867, Mac-Clintock (British medical journal) étudia ainsi l'influence du chloral sur les mouvements du fœtus. Cléveland (Gaz. obstétricale de Paris, 1877, page 377 constate le passage de certaines substances à travers le placenta (iod. de potassium. (V. aussi, action sur le fœtus des médicaments donnés aux femmes enceintes. — Clinica di Pisa, août 1877, et Bordeaux médical.) Signalons encore les travaux de Mareska et Lados (arsenic), de Mayer (cyanure de potassium), de Gusserow et Constantin-Paul (plomb, saturnisme), de Stoltz (odeur de tabac des eaux de l'amnios, chez les ouvrières des manufactures de tabacs). En 1878, Porak reprenant toutes ces expériences étudie « l'absorption des médicaments sur le placenta et leur élimination par l'urine des nouveau-nés. » Il passe en revue successivement l'iodure de potassium, le chloroforme, l'acide salicylique et le salicylate de soude, le prussiate jaune de potasse, le bromure de potassium, le chlorate de potasse, l'essence de térébenthine, l'azotate de potasse, le sulfate de quinine, la santonine, etc. Il conclut en disant que toute substance qui a pu être administrée à dose assez forte à une parturiente a été retrouvée dans l'urine du nouveau-né, et que rien ne démontre que le placenta soit un filtre imperméable à certaines substances, puis il examine la vitesse d'élimination et tire de cette étude des conclusions thérapeutiques. Une partie de ce travail fut publiée dans le journal de Gubler de 1879. En 1880, Fehling étudie le Zum Verhaltniss des Chlorsaureukali bei seinem Durchstritt durch die placenta (Arch. Gynäkolog., B. 16, H. 2, 1880, p. 286) et Runge, Ueber den Einfless des Schwefelsaure, Chinins auf den fötalen organismus (Centralblatt für Gynäko., n° 3, 1880).

Il résulte de ces recherches que les substances organiques ou minérales administrées à la mère sous forme liquide se retrouvent chez le fœtus ; seulement elles traversent le placenta plus ou moins vite et une dose plus ou moins grande est nécessaire pour atteindre ce résultat. De plus, l'élimination étant plus lente chez le nouveau-né, l'accumulation du médicament et par conséquent l'intoxication doit être d'autant plus à redouter que l'âge du fœtus est plus avancé. (Voy. Clouet, De l'empoisonnement du fœtus, Journal de chimie médicale, juillet 1868, p. 209, et Philippaux, Progrès médical, 1879, n° 29.)

3° *Substances gazeuses.* — Nous n'examinerons pas à ce sujet la question de la respiration du fœtus, de crainte d'être obligé d'entrer dans de trop longs détails. Disons seulement que Zweifel a constaté le passage de l'oxygène de la mère au fœtus et de l'acide carbonique en sens inverse. Le sang du fœtus, qui n'a pas encore respiré « pulmonairement » renferme de l'oxyhémoglobine, le sang allant du fœtus au placenta est noir, tandis que le sang de la veine ombilicale est rouge, toutes choses qui prouvent que le fœtus respire « placentairement ». Signalons d'ailleurs à ce sujet les travaux de Gutherz. (Die Respiration und Ernahrung im fœtalleben Iena. 1849), de John Mayow (Die Placentarrespiration des fötus, Iena Zeitschrift für medic. IV. S. 14 et 541 1868), de Schultze, (Die placentarrespiration des fötus Iena, 1849 Iena, Zeitschrift fur mediz, 3, 4, p. 541), d'Ercolani (Sulla placenta et sulla nutrizione dei feti nell'utero. Bologna, 1869) : de Zuntz (Ueber die Respiration des Saugethierfötus), la thèse de Bustamante (1868), la thèse de José de Jesus Tizol (Paris 1872), et le travail de Zweifel : Die innere Athmung im Blute des Placenta. Centralblatt fur Gynäkolog, n° 20, 1878.

Indiquons enfin que Fehling a démontré le passage de l'oxyde de carbone à travers le placenta, et commençons l'examen des travaux relatifs au chloroforme.

Hüter en 1848 entreprit le premier l'étude du passage du chloroforme à travers le placenta ; le 31 août, il lut le résultat de ses premières recherches à la réunion de la Gesellschaft zur Beforderung der Gesammten naturwissenchaften sous le titre « Versuche mit Aether und Chloroform an Thieren. » Il publia son mémoire dans le Zeitschrift für Geburtskunde, 1850. Dans deux cas de forceps il avait employé le chloroforme (une demi-minute dans le premier cas, une minute dans le second), puis il avait recueilli du sang placentaire et, avec l'aide des professeurs Nasse et Zwenger, il avait recherché le chloroforme dans ce sang par la méthode de Ragsky. Cette méthode décrite par Zwenger (Berichten über die Mittheilungen von Freuden der Naturwissenschaften in Wien, 1848 — eine Methode von Ragsky zur Nachweisung des chloroforms in Blute) consiste à chauffer le sang, à en recevoir et à en décomposer les vapeurs dans un tube en porcelaine chauffé au rouge. Ces vapeurs décomposées passent ensuite dans un flacon contenant de l'amidon et de l'iodure de potassium, le chlore résultat de la décomposition du chloroforme déplace l'iode qui devenu libre colore en violet la solution d'amidon. Dans le premier cas, Hüter ne constate pas de réaction ; dans le deuxième cas, il en constate une très nette.

En 1851, Pacull, contrairement à ce résultat, pense qu'il faut une anesthésie très prolongée pour faire pénétrer les vapeurs anesthésiques dans la circulation fœtale. La même année (avril 1851), dans le journal de pharmacie et de chimie se trouvaient décrits les procédés pour découvrir le chloroforme dans le sang et dans le cadavre.

Le 15 mars 1874 au soir, Zweifel (1) chloroformise une femme en couches pendant quinze minutes ; le placenta

(1) Dans ce mémoire, Zweifel a constaté que la quantité de sang contenue dans le placenta variait entre 160 et 390 gr. (Voyez sur cette question le travail de Léopold Meyer. Ueber die Blutmenge der placenta : Kopenhagen 19 avril 1878. Centralblatt für Gynäkologie, numéro 10, p. 221).

qu'il mit aussitôt après dans un vase bien clos exhalait au moment de la délivrance une odeur bien nette de chloroforme. — Le 16 au matin, dans le laboratoire de Hoppe-Seyler, Zweifel fragmente ce placenta et en introduit les fragments dans un vase qu'il chauffe au bain-marie. Les vapeurs de chloroforme qui s'en échappent sont décomposées par la chaleur comme dans le procédé de Ragsky, mais ces vapeurs sont conduites dans un vase contenant une solution de nitrate d'argent; le précipité caillebotė caractéristique du chlorure d'argent indiqua nettement la présence du chloroforme. Zweifel dans d'autres cas rechercha dans l'urine des nouveau-nés les preuves de l'élimination du chloroforme, malgré la faible quantité d'urine que contient la vessie d'un nouveau-né, quantité insuffisante pour des recherches qui nécessitent l'emploi de l'analyse chimique, de la polarisation et de la fermentation. Zweifel par quelques réactions chimiques chercha à reconnaître dans cette urine la présence de la substance que l'on trouve dans l'urine des personnes anesthésiées par le chloroforme (1). Il fit ainsi cinq analyses en prenant garde aux

(1) Alvaro Reynoso, dans son mémoire sur la présence du sucre dans l'urine a dit : « Lorsqu'on fait respirer de l'éther à un animal, on constate dans son urine la présence du sucre ». Ce fait fut confirmé par Hartmann et par Sabarth (p. 192). D'après Sabarth., le chloroforme, le curare, le chlorure d'étayle, les éthers iodhydrique, bromhydrique, chloramylique, nitrique, acétique, l'aldéhyde, la benzine, l'acétone, etc., produisent le même résultat. Sabarth explique ce phénomène soit par un trouble de la respiration, soit par l'irritation des nerfs pulmonaires produite par la présence du chloroforme dans les alvéoles du poumon, irritation se transmettant au foie par action réflexe et amenant une suractivité de la fonction glycogénique de cet organe ; la totalité du sucre ainsi produit ne pouvant plus être brûlée dans l'organisme, passe en nature dans l'urine. Mais dans des expériences sur des lapins, la section des nerfs pneumogastriques ne diminue pas la quantité de sucre. Dans la « Lancet » du 8 février 1868, on trouve une autre

causes d'erreurs que pourrait causer l'albumine signalée dans l'urine après la chloroformisation par Hégar et Kaltenbach. — Dans le premier cas, chauffée avec de l'acide sulfurique, de l'oxyde de cuivre et une solution alcaline, l'urine donna une réduction faible, mais certaine, d'oxyde rouge de cuivre. La méthode de Gmellin ne donna pas de

explication de ce phénomène. L'urine ne contiendrait pas de sucre, mais bien du chloroforme en nature. (Voyez aussi Maréchal, Union médicale, 1869, t. VIII, et Journal de pharmacie d'Anvers, 1869). En 18f9, M. Baudrimont (Journal de pharmacie et de chimie) démontre en effet que le chloroforme comme le sucre réduit la liqueur de Fromherz ce qui expliquerait l'erreur commise De son côté, Nothnagel Nothnagel's Artzneimitte lehre, p. 150) voit son attention attirée par ce fait que tandis que l'urine des hommes après l'anesthésie (chloroforme, croton chloral hydrate) réduit la liqueur de Fehling, on n'obtient pas cette réaction chez les animaux soumis à l'anesthésie Nothnagel fit sans résultat des recherches par la polarisation et la fermentation. Mering, assistant à la clinique psychiatrique, reprit cette étude en 1873 dans le laboratoire de Hoppe Seyler ; il en conclut que la substance réductible « reducirende substanz » que l'on trouve dans l'urine est « ein absoluten alcool loslich » provenant de l'acide urique ou des urates. Elle dévie à gauche le rayon de lumière polarisée. Mélangée avec de la levure de bière, cette substance est réfractaire à la fermentation. Elle se trouve dans l'urine des personnes soumises à l'influence de n'importe quel narcotique. C'est là un fait important, car, en 1877, Zweifel se basant sur ce que selon toute probabilité cette substance était « kein Zucker », prétendit que les recherches de Claude Bernard étaient fausses. Zweifel se servit de la réaction de Trommer dans ses recherches, tandis que Porak employa dans le même but la liqueur de Bareswill. Il existe donc dans l'urine, après l'anesthésie, une substance jouissant des mêmes réactions que le sucre, mais que ses autres caractères distinguent nettement du glucose. Une cause d'erreur possible est fournie par la possibilité de la glycosurie signalée chez le fœtus en 1858 et chez la femme par Kirsten, ueber das Vorkommen von Zucker in Harn der Schwangeren Gebarenden und Wöchnerinnen, (Monatschrift für Geburtskunde, uin 1857), — par Riedel : (Monatschrift für Geburtskunde, II, Bd., S· 13); par Blot Bulletin thérapeutique. 1856, p. 379); par Hempel et par Gubler (Glycosurie temporaire dans l'état puerpéral. Archives de tocologie, déc. 1876).

résultats certains. L'enfant eut les jours suivants un ictère qui se dissipa rapidement et ne l'empêcha pas d'être gai et éveillé. — Dans le deuxième cas, l'urine recueillie longtemps après la naissance (26 heures) ne donna pas de réaction. — Dans le troisième cas, l'urine fraîche fut débarrassée de ses urates et réduisit énergiquement la liqueur de Fehling. L'enfant était né dans un état d'asphyxie apparente dont on le fit sortir difficilement : il cria ensuite vigoureusement et présenta le lendemain une teinte ictérique de la conjonctive bulbaire.—Dans le quatrième cas, on obtint une réaction faible mais certaine ; vingt heures plus tard, l'urine examinée de nouveau ne fournit pas de réaction ; le troisième jour, teinte ictérique de la peau. — Dans le cinquième cas, l'urine recueillie au bout de douze heures, réduisit la liqueur de Trommer. De ces faits, Zweifel conclut que le chloroforme inhalé par la mère passe dans la circulation fœtale. De plus, trouvant dans l'urine du nouveau né la subtance que produit le narcotisme, Zweifel affirma que le fœtus est également anesthésié pendant que la mère est sous l'influence du chloroforme.

En 1876, Fehling fit l'objection qu'en prenant des fragments de placenta, Zweifel avait dû mélanger du sang de la mère au sang du fœtus. Zweifel publia alors de nouvelles recherches ; il remédia à l'inconvénient signalé par Fehling en prenant le sang du cordon ombilical (d'après Budin, la ligature du cordon peut laisser dans cet organe 92 grammes de sang). Zweifel distilla ce sang et, grâce à la réaction d'Hoffman (phenilcarbylamine), il put constater la présence du chloroforme : sept fois il répéta cette expérience et sept fois il fut évident que le sang du fœtus renfermait cet agent. L'examen du sang au spectroscope lui permit de conclure que le chloroforme passait en nature dans la circulation fœtale. Fehling au contraire affirma que ses recherches personnelles ne lui avaient donné aucun résultat et qu'il n'avait pu constater le chloroforme dans le sang du fœtus. Mais dans le tome XI des Archives de Gynékologie, il publia une observation qui lui permit de croire au passage du chloroforme à travers le placenta. Il avait analysé le corps entier d'un enfant mort-né, dont la mère avait été chloroformée pendant 8 heures. Ayant fait l'expérience suivante (éventration d'une lapine pleine après une anesthésie de dix-huit minutes et ablation des fœtus,) il constata que l'influence du chloroforme sur le fœtus étant relativement très faible, le sang fœtal devait vraisemblablement contenir moins de chloroforme que celui de la mère. Quelques auteurs ont conclu de ces expériences de Fehling que les subtances médicamenteuses n'avaient aucune action sur le fœtus, conclusions que Fehling était loin d'avoir formulées.

Porak reprit ces expériences en 1878, mais, comme Fehling, il arriva à des résultats contradictoires. Dans une première observation, l'analyse du sang, qui d'ailleurs n'avait pas l'odeur du chloroforme, ne fut faite que quatre jours plus tard, c'est-à-dire lorsqu'il était déjà altéré et sentait l'acide sulfhydrique. Dans une deuxième observation longuement détaillée, Porak fit l'analyse du sang le lendemain sans plus de succès. Ces deux analyses confirmaient les premiers doutes de Fehling. Porak rechercha ensuite le chloroforme dans l'urine des nouveau-nés; il se contenta dans ce but de la réaction fournie par la liqueur de Bareswill, bien qu'il reconnût la valeur relative de ce réactif. Sur onze observations il put six fois noter une réduction du tartrate cupro-potassique et conclure, contrairement à l'opinion qu'il s'était faie à la suite de ses recherches sur le sang, que le chloroforme passe à travers le placenta et que les reins l'éliminent surtout dans la vie extra-utérine, c'est-à-dire que les réactions sont plus prononcées quelques heures après la naissance. Porak enfin essaya de retrouver dans la respiration du nouveau-né, l'odeur du chloroforme, il ne put y parvenir, bien que Pirogoff, Howey, 1848, Simpson et Zweifel aient constaté ce fait plusieurs heures après l'accouchement et même plusieurs jours (Howey).

Kubassow dans une thèse de Saint-Pétersbourg, 1879, 22 novembre. (Zur Frage ueber den Einfluss der Arznei mittel durch die Mutter auf der Frucht, Material fur di zukunftige Therapie der Frucht in uterus), continua ces recherches. D'après l'analyse de cet ouvrage, faite dans le Norsk Magazin, 1881, p. 719, (Unvirkning paa Fœtus af de Medicamenter, moderen tager,) Kubassow a étudié surtout l'action du chloroforme, de l'hydrate de chloral, et des opiacés administrés soit en potions, soit en lavements, sur les battements de cœur du fœtus ; il fit trois expériences avec le chloroforme et onze avec de l'hydrate de chloral. Il conclut ainsi que «l'analyse chimique permet de reconnaître l'hydrate de chloral et le chloroforme dans le sang du cordon ombilical.» (Begge paa vistes ved kemisk Undersögelse altid i Navlestrengens Blod.)

CHAPITRE II.

Le passage du chloroforme dans la circulation fœtale étant donc un fait établi, il reste à savoir quelle est l'influence de cet agent sur la santé du fœtus, c'est-à-dire à résoudre les questions suivantes : 1° quelle est son influence sur le fœtus contenu encore dans l'utérus ; 2° lors de l'accouchement augmente-t-il la mortalité des nouveau-nés ; 3° Les enfant qui viennent au monde pendant l'anesthésie sont-ils plus souvent en état de mort apparente, de somnolence ; 4° le chloroforme est-il après la naissance une cause de production de l'ictère des nouveau-nés ?

1° *Le chloroforme agit-il sur le fœtus avant l'accouchement? —Avortement*— M. Perrin a dit : « Plusieurs accoucheurs ont pensé avec raison que les mouvements désordonnés si fréquents à la période d'excitation pourraient avoir de graves inconvénients chez les femmes prédisposées à l'avortement ». Cardan, 1847, avait en effet, dans un cas d'éthérisation, constaté qu'après dix ou douze respirations, le fœtus avait fait des soubresauts, des mouvements convulsifs très douloureux pour la mère. « Ces mouvements devinrent plus violents et plus rapides à mesure que l'anesthésie progressa, mais l'insensibilité de la mère progressant aussi, la femme finit par ne plus sentir ces mouvements que vaguement; à son réveil, elle ressentit de la gêne et de la douleur dans toute la région de l'utérus, elle compara même cette douleur à celle qui résulterait de coups et de meurtrissures.» —Chassaignac observa aussi, chez une femme enceinte de cinq mois, une attaque d'hystérie et de douleur utérine qui disparut au bout de trois jours. Scanzoni et Spiegelberg auraient, d'après Blot rapporté au chloroforme trois cas d'avortement. Melicher, à la Société médicale de Vienne, 1851, a rapporté l'observation de deux avortements par mort du fœtus à la suite de chloroformisations pour extraction de dents (l'une des femmes était atteinte d'une maladie grave du cœur). Robinson enfin a publié un cas d'avortement chez une femme enceinte de cinq mois et anesthésié pour l'avulsion d'une dent (elle avait déjà avorté à trois mois dans une première grossesse). Aussi est il peu probable que le chloroforme puisse provoquer l'avortement ; peut-être dans les quelques cas connus, l'opération pour laquelle l'anesthésie avait été provoquée a-t-elle joué un grand rôle. On sait que Petit, élève de Verneuil, ne conseillait pas les opérations pendant la grossesse. (Voy. Guyon, De l'opportunité de l'opération sur les femmes enceintes, Société de chirurgie, 29 mars 1872.) Cela est d'autant plus probable que Scanzoni et Kidd ont employé avec succès le chloroforme contre des contractions qui menaçaient de provoquer l'avortement et que Romiti préconise ce remède dans des cas pareils.

Battements du cœur fœtal. — Dans l'observation de Cardan « le cœur de l'enfant battait avec une rapidité extrême : on aurait presque dit un frémissement continuel ». Dubois, en 1847, rapporte aussi que dans un cas où il avait employé l'éther, le pouls fœtal avait augmenté d'une dizaine de pulsations. Simpson signale également une légère accélération quand la mère est tenue longtemps sous l'influence des agents anesthésiques. Houzelot (1854) constate le même fait. Dans un cas, Guglielmi remarque une augmentation des battements du cœur (150). Pour Fredet, l'augmentation n'est que transitoire : c'est la période d'excitation du fœtus. Delannegrie, enfin, dans un accouchement à Beaujon, constate aussi une accélération des battements du cœur fœtal.

D'un autre côté, cette accélération du battement du cœur fœtal est niée par Spiegelberg ; dans un cas, le pouls fœtal diminue de 20 à 30 battements pendant la période d'excitation de la mère. Scanzoni, dans un autre cas où l'on avait employé simultanément l'ergot de seigle et le chloroforme, remarque que les battements du cœur deviennent tout à coup plus faibles et irréguliers; il fut même obligé d'avoir recours au forceps pour sauver la vie de l'enfant. Etait-ce le chloroforme ou l'ergot de seigle qui agissait ainsi ?

Entre ces deux opinions se placent les observations de Stimson et de Sachs. Stimson (1848) dans 10 cas de travail naturel affirme que les battements du cœur fœtal sont les mêmes dans l'utérus avant qu'après le chloroforme. Sachs (1848) dans la plupart de ses vingt-sept observations a noté les modifications du cœur fœtal. Observat. II; pouls fœtal, 140 à 144, n'est pas modifié par l'anesthésie. Observat. III, P. F., 150; même résultat. Observat. IX, diminution de huit pulsations, mort de l'enfant quelques jours après. Observat. XI; P. F. avant, 125 à 140; au début 154, pendant, 140 à 145. Observ. XV. P. F. av. 128, au début 132, pendant 126. Dans les autres observations, le pouls qui était à 132, 135, 140, 128, 125, 124, 127, ne semble pas modifié. Sachs en conclut que le chloroforme n'a pas d'action sur le cœur fœtal (sur le Herzschlag fœtal. En 1879, Kubassow a constaté aussi que l'hydrate de chloral et le chloroforme agissent sur le fœtus d'abord en l'excitant, puis en l'assoupissant (bruits du cœur plus sourds, plus rares, repos plus grand du fœtus (Kloral hydrat og Kloroform virker först inciterende og derpaa bedovende paa fœtus (dumpere, sjeldnere Hjerteslage dernoest storre Ro). Dans quelques observations personnelles, j'ai pu constater une légère augmentation des pulsations, puis les battements semblaient redevenir normaux; il est vrai que dans ces cas l'anesthésie n'avait pas sensiblement dépassé le degré obstétrical. Aussi devant ces modifications si minimes ne comprenons-nous pas l'objection faite par Gubler à l'anesthésie obstétricale et basée sur ces altérations des pulsations cardiaques du fœtus.

2° Le *chloroforme est-il la cause que les enfants soient mort-nés?* — Cousin de Boulogne-sur-Mer (Notice sur l'éther et son emploi dans les opérations de la chirurgie dentaire, 1847) conseille de ne pas employer l'anesthésie chez les femmes enceintes dans la crainte que les vapeurs éthérées n'agissent d'une manière fâcheuse sur le produit de la conception. Brown (1848, 22 avril) déclare que le chloroforme pourrait détruire l'enfant avant sa naissance s'il n'est pas donné avec soin (careful and judicious management); de même Gream 1849 (l'éthérisation peut être très nuisible à l'enfant), Hüter et Levy de Copenhague prétendent qu'il leur suffit de constater la présence du chloroforme dans le sang de l'enfant après quelques minutes d'anesthésie pour croire à la nocuité de cet agent. Sachs au début de ses expériences dans un cas de procidence du cordon eut un enfant mort-né — Webster pensa que le chloroforme était très nuisible à l'enfant. Reid affirma que le chloroforme donnait beaucoup plus d'enfants mort-nés et que dans certains cas l'on pouvait constater des extravasations sanguines sous la peau. Il attribua même au chloroforme la mort d'un enfant dont la mère était restée 48 heures en travail et 28 heures sous l'influence des anesthésiques; l'enfant avait un enfoncement des pariétaux. De Méric, à la Société médicale de Londres, 26 juin 1856, reconnut qu'il avait attribué longtemps auparavant la mort d'un enfant au chloroforme; il ne donna pas de détails sur ce fait. Crisp prétendit que si l'enfant restait longtemps au passage pendant la chloroformisation, il serait tué infailliblement. Spiegelberg enfin a rappelé en 1856 que l'on voulait rendre le chloroforme responsable de la naissance d'un monstre acéphale. Ce sont là les seules affirmations que nous trouvons pour lutter contre les opinions de presque tous les accoucheurs.

Simpson en effet a constaté que le chloroforme n'exerçait aucune action fâcheuse sur la santé de l'enfant : sur 150 cas à la maternité d'Edimbourg, il a eu tous les enfants vivants sauf un, dont on n'entendait plus les battements du cœur déjà depuis plusieurs semaines et qui à sa naissance était déjà altéré. Dubois affirma aussi que l'anesthésie ne paraissait pas agir défavorablement sur la santé et la vie de l'enfant. Greenhalg dans 32 cas n'a eu qu'un enfant mort (c'était dans un cas de version difficile). Sachs, Christison, Houzelot, Rawittzd'Osrowo, Spiegelberg, Fredet, Naranjo, Gaffié, croient aussi à l'innocuité du chloroforme. Martin d'Iéna, sur 1,000 cas et Murphy sur 541 cas n'ont pas eu un seul enfant mort-né; de même Brown, Snow, Winckel. Krieger sur 96 cas de dystocie n'a que 6 enfants morts (chute du cordon, trismus, etc.). Murphy sur 69 cas de dystocie n'a que 28 enfants morts dont 20 par craniotomie. Duncan et Norris sur 88 cas ont 5 enfants morts (2 étaient avant terme, 1 hydrocéphale; dans un autre cas, la femme avait déjà eu sans anesthésie 2 enfants mort-nés, etc.). Dans tous ces cas de dystocie ce n'est pas évidemment le chloroforme qui doit être responsable. C'est ainsi que l'année dernière je n'ai pas attribué au chloroforme la mort de 5 enfants; 3 furent extraits après des versions difficiles: présentations de l'épaule, rupture de la poche des eaux depuis plusieurs heures, engagement du bras et de l'épaule; l'une de ces versions dura même très longtemps, nécessita une anesthésie aussi profonde que possible, et ce ne fut qu'avec le forceps tête dernière, que nous pûmes extraire un enfant mort. Un autre fut extrait après une version relativement facile, mais il n'était pas à terme. Dans le 5e cas enfin, assisté de notre ami Boissard, nous appliquâmes le forceps pour essayer de sauver la vie à l'enfant dans un cas de procidence du cordon que nous ne pouvions maintenir réduite; l'extraction eut lieu quelques minutes après la cessation des battements dans le cordon. Mais toutes les manœuvres échouèrent, même les insufflations d'oxygène, pour le rappeler à la vie. Il est évident que dans tous ces cas ce sont les anomalies du travail et la difficulté d'y remédier qui sont les causes de la mort du fœtus et non le chloroforme Comme l'anesthésie est pratiquée dans les cas les plus difficiles ou dans les cas anormaux, il ne serait pas étonnant que si l'on faisait la statistique des cas de mort dans les accouchements avec anesthésie et dans ceux sans anesthésie, la conclusion ne fût à tort favorable à ces derniers. L'expérience de Kidd vient à l'appui de ces faits. En 1863, Kidd rappela que dix-sept femmes qui dans des accouchements antérieurs avaient toutes eu des enfants morts-nés ou céphalotripsiés, avaient avec l'anesthésie donné naissance à neuf enfants vivants et à huit morts.

3° *Après l'anesthésie de la mère, les enfants restent-ils plus souvent en état de mort apparente?* — Quelques auteurs ont signalé l'état de mort apparente, l'hébétude, l'ivresse du nouveau-né comme résultat de l'anesthésie. Reid affirma que les enfants naissaient dans un état d'ivresse (tipsy state). Hartmann d'Helsingfort à l'hôpital Westminster de Londres aurait vu un enfant naître ainsi (tipsy) Pour Snow, 1853, l'enfant est affecté comme la mère, mais moins; « il m'a semblé parfois, dit-il, que l'enfant était moins sensible au froid qu'on ne l'est d'ordinaire au moment de la naissance »; mais cela est observé fréquemment dans d'autres circonstances. Schatz (1874) a vu aussi un enfant qui après une longue chloroformisation de la mère fut rappelé difficilement à la vie. Benicke, dans un cas d'anesthésie très prolongée chez une éclamptique, a vu l'enfant plongé dans un état voisin du coma. Odier dans une communication à Berne a rapporté l'observation d'un enfant qui, né apres une anesthésie de trois heures, a dormi et vomi pendant vingt-huit heures. Parmi les réponses faites au comité du chloroforme, l'une signala un cas dans lequel l'enfant était resté assoupi après sa naissance et se refusait à prendre le sein. Porak en 1878, comme Davis James, a remarqué un enfant qui fut quelque temps à crier après sa naissance et qui eut ensuite une ictère intense. M. Pinard a vu aussi un enfant en état de mort apparente (2e série, observ. III), mais le travail durait déjà depuis longtemps et on dut, vu le ralentissement des pulsations fœtales; terminer l'accouchement par le forceps. J'ai observé un cas analogue, il est vrai que le chloroforme fut donné à haute dose pour appliquer le forceps dans un cas où le travail durait depuis vingt heures et où l'enfant avant l'anesthésie souffrait déjà (expulsion du méconium, ralentissement des contractions cardiaques).

A côté de ces faits rares et isolés que l'on peut presque toujours facilement attribuer à d'autres causes qu'à la chloroformisation, nous trouvons les conclusions d'un grand nombre d'auteurs qui affirment que le chloroforme n'a aucune influence sur la santé du fœtus. Outre les auteurs que nous avons déjà cités à propos des cas de mort, nous en voyons d'autres dont les affirmations sont aussi précises. Channing, Fordyce Barker, Pacull, Burchard de Breslau,

Conway (1853) Antonio Guelmi, Romiti (il chloroformio non esercita influenza alcuna sulla salute del feto stesso); Cazeaux (tout le monde est d'accord sur sa complète innocuité relativement au fœtus); Duncan, Norris, Delannegrie (les enfants sont toujours très vivaces, les premiers cris ne se font pas attendre); Piachaud, Blot, Spiegelberg (Wie weit dies dem Kinde schadlich ist, steht noch dahin, wahrscheinlich gar nicht), etc., confirment tous par leurs observations cette innocuité du chloroforme pour le fœtus. Il faut rappeler aussi qu'à la dixième question du comité du chloroforme de Londres: « Le chloroforme a-t-il une influence nuisible sur l'enfant? » (Has it any injurious influence on the child) 22 réponses sur 28 furent négatives.

Quelques auteurs allant même plus loin ont prétendu que l'influence exercée par le chloroforme sur le fœtus devait être une influence salutaire. Simpson, 1847, 7e observation, dit: «No children could look healthier and more viable». Nevins soutint aussi que les enfants nés pendant l'anesthésie de la mère étaient plus beaux. Stimson se contente d'affirmer qu'ils sont très vigoureux.

L'on ne peut donc dire que l'état de mort apparente observé par quelques auteurs soit le résultat certain du chloroforme. Pajot n'a-t-il pas rapporté qu'il avait vu plusieurs fois des enfants que des excitatious ne parvenaient pas à réveiller et dont l'allaitement pour ce motif était des plus difficiles pendant les premiers jours, bien qu'ils eussent été expulsés naturellement sans chloroforme à la suite de travail prolonge?

4° Le *chloroforme a-t-il de l'influence sur la production de l'ictère neo-natorum?* — L'on a prétendu que le chloroforme prédisposait à l'hydrocéphalie, aux hémorragies, aux diffusions cérébrales. Gream, Malan manifestèrent des craintes pour le développement intellectuel de l'enfant. Simpson réfuta ces craintes en montrant qu'aucun fait n'avait jamais été signalé à l'appui de ces objections même par les adversaires les plus convaincus du chloroforme.

Il n'en est pas de même pour l'ictère neo-natorum, ce qui n'est pas surprenant, vu la fréquence de cet accident chez les enfants dont les mères n'ont pas été soumises à l'anesthésie. Au début de ses recherches Zweifel rencontra successivement deux cas d'ictère, puis il n'en vit plus qu'un seul et, dans ce dernier cas, l'enfant succomba. Ce fait semblait en faveur de la production de l'ictère par le chloroforme. Les travaux de Böttcher, d'Orth, de Tarchanof, apportèrent de nouveaux arguments à cette opinion. Böttcher avait en effet cherché à prouver que le chloroforme introduit dans le sang détruit les globules rouges et fait cristalliser l'hémoglobine. Par suite de l'anesthésie, les matières colorantes du sang deviennent libres et alors on se trouve ramené aux expériences de Tarchanoff (Archiv für physiolog. von Pfluger, B. IX, p. 62). Tarchanoff ayant fait des injections d'hémoglobine dans la circulation sanguine, remarque que les urines renferment des sels biliaires. Leyden (Archir für klinische medic., t. XII, 1874, p. 32) trouve également des sels biliaires dans l'urine des gens chloroformés. Il y avait donc là une certaine analogie de cause, étant donné que Orth (Ueber das Vorkommen von Bilirubin Krystallen bei neugebornen Kindern. Archir de Virchow, vol. 63, 1875) avait trouvé constamment du pigment biliaire, des tables rhomboïdales de bilirubine dans le sang des nouveau-nés. Mais Tarchanoff constate lui-même l'absence de réaction biliaire dans l'urine d'un chien qu'il avait chloroformé. Vogel dans son mémoire sur la Théorie des Icterus à la 45e réunion des naturalistes allemands à Leipzig, rapporta des expériences analogues. Il fallait donc vérifier cliniquement cette théorie, en vertu de laquelle le chloroforme mettant en liberté les pigments sanguins, par la destruction des globules rouges, l'ictère des nouveau-nés résultait du passage dans les vaisseaux de la peau de ces mêmes pigments.

Zweifel pendant l'année 1874-1875 dans la clinique du professeur Gusserow à Strasbourg constata 22 cas d'ictère chez des enfants dont les mères avaient été chloroformées et 16 autres cas chez des enfants dont les mères ne l'avaient pas été. Sur 31 enfants nés sous l'influence du chloroforme 22 seulement présentèrent une teinte subictérique, 9 n'offrirent aucune trace d'ictère; la proportion était donc de 2 : 1. Kehrer (Osterreiche Jahrbuch für Pädiatrik, 1871, B. II, § 73) de son côté sur 690 nouveau-nés observés à Vienne, constate 68,7 0/0 de cas d'ictère. Mais il remarque en même temps que le chloroforme semble n'avoir aucune influence étiologique sur la production de cette affection. Le sexe de l'enfant et la durée du travail sembleraient avoir une influence plus grande; l'ictère est plus fréquent chez les garçons dans la proportion de 6,6 0/0 et chez les enfants de primipares 4,2 0/0. Ce fait se rattache sans doute à la durée ordinairement plus longue du travail chez les primipares. — Lorsque en effet le travail dure 6 heures, la proportion d'ictère est de 62 0/0; avec une durée de 12 heures, cette proportion devient égale à 74 0/0 avec une durée de 30 heures, elle est de 74,6 0/0.

A l'hôpital Saint-Antoine pendant l'année 1881, bien que le chloroforme eût été employé nombre de fois pour des opérations obstétricales et même pour des accouchements naturels, je n'ai pas constaté dans ces cas de fréquence plus grande de l'ictère des nouveau-nés. Les deux cas d'ictère le plus prononcé que j'ai rencontrés cette année-là eurent même lieu chez des enfants dont les mères n'avaient pas inhalé le chloroforme (entre autres chez l'enfant du n° 6 de la salle Barth, jeune phthisique du service de M. le Dr Duguet). Wernich dans le Berliner Klinische Wochenschrift, 1873, p. 565, a signalé l'ictère à la suite de l'emploi de l'hydrate de chloral. Or Kubassow ayant admis que l'hydrate de chloral ne se décomposait pas dans l'organisme en chloroforme (underdette dekomponeres ikke Kloral hydratet i Kloroform), nous ne voyons pas quel argument on pourrait tirer de ce fait en faveur de la théorie que nous avons mentionnée. Enfin Porak dans ses observations constate que l'ictère, loin d'être exagéré à la suite de la chloroformisation, offre une fréquence moindre que normalement. « Dans un cas, dit-il, où tous les enfants d'une salle de pavillon étaient atteints d'ictère intense, un seul était préservé: c'était l'enfant d'une mère chloroformée». C'était là sans doute une simple coïncidence, mais cette coïncidence suffit pour montrer le peu d'influence que l'anesthésie obstétricale doit exercer sur l'ictère neo-natorum.

L'ictère des nouveau-nés est si fréquent, son étiologie est encore si obscure et si complexe, que l'influence du chloroforme est bien douteuse. Franck n'a-t-il pas invoqué l'action du méconium sur sa production ? Quelle influence aurait dans ce cas le chloroforme sur la résorption des pigments biliaires du méconium? A l'heure actuelle, nous pouvons donc conclure que rien ne prouve l'influence de l'anesthésie obstétricale sur l'ictère des nouveau-nés.

CHAPITRE III.

Avant de terminer l'étude de l'action du chloroforme sur le fœtus, nous pouvons constater que l'immunité que le fœtus semble avoir contre le chloroforme n'est pas un fait isolé et qu'elle s'étend sur l'enfant jusqu'à un certain âge. Ce fait a été démontré par Giraldès, Guersant, Morel-Lavallée (Société de chirurgie, 7 sept. 1853), par Bouchacourt, de Lyon, par Nagel, de Vienne (Wiener medizinische Wochenschrift, 30 octobre 1869, n° 80, p. 1285. Das Chloroform in der Kinder-Praxis), par Yvonneau, Bardeleben, par Saint-Germain (De l'anesthésie chez les enfants, France médicale, 30 nov. 1878, p. 757), Kallenthaler (anesthésie sans accident sur des enfants de 5 à 30 jours), Nordmann (sur des enfants de 8 mois), Heyfelder (de 10 mois). Un enfant de 2 mois a même absorbé en inhalations 16 onces de chloroforme en 60 heures (1853). Barr, en Amérique (4 déc. 1880), rapporte des cas d'anesthésie chloroformique prolongée sans inconvénients pour l'enfant (dans un cas elle dura 48 heures). Enfin l'on connaît la rareté des cas de mort par le chloroforme dans les hôpitaux d'enfants: notre maître, M. le Dr Lannelongue, n'en aurait jamais vu et c'est cette rareté qui faisait dire à Albert Bergeron (thèse 30 déc. 1874) que si l'anesthésie devait être abandonnée, il faudrait la conserver dans la pratique de la chirurgie chez l'enfant. Ce fait est contraire à la théorie résultant des expériences d'Amussat (Académie des sciences, 1847) et de Thomas Wackley (1848), mais ces expériences ont été réfutées depuis longtemps par Nunneley, Spiegelberg et Renault d'Alfort (26 janv. 1847), toutes leurs expériences démontrant que les fœtus des animaux peuvent vivre plus longtemps sous l'influence du chloroforme que les animaux adultes. Aussi n'est-il pas étonnant que les cas de mort par le chloroforme soient très rares chez les enfants (cas de Freidberg, de Berlin ; Berliner klinische Wochenschrift, mars 1866). Ce cas a été rapporté par Bouvier à la Société de chirurgie, 23 mai 1866. Sabarth n'a pu trouver dans sa statistique que deux cas de mort chez des enfants. (V. à ce sujet Casper's Wochenschrift, 7 sept. 1850 et Delore, Gazette de Lyon, 2 juin 1867, et Fieuzal et Gauran, Gazette obstétricale de Paris, 1875, p. 331. — Mort apparente d'un enfant de 6 ans causée par le chloroforme, rappel à la vie.)

En présence de cette rareté d'accidents chloroformiques chez l'enfant, l'on peut se demander à quelles causes tient cette immunité du fœtus et de l'enfant. Ces causes seraient multiples. — Ce sont 1° l'absence d'émotion morale, l'immunité contre le chloroforme cesse dès que l'enfant devient raisonnable (Perrin) ; 2° la vascularité plus grande du cerveau du fœtus et de l'enfant (Naranjo) ; 3° la rapidité de la circulation (Haller, Sœmmering, Trousseau croyaient que pendant la première année le cœur battait encore 130-140 par minute (Snow) ; 4° la rapidité des échanges utéro-placentaires et plus tard la rapidité de la respiration chez l'enfant coïncidant avec une perspiration cutanée plus abondante (van Marum) ; 5° la faible quantité de chloroforme que laisse traverser le placenta, quantité trop faible pour être reconnue dans le sang du fœtus (Fehling et Porak), mais que l'on reconnaît cependant dans l'urine.

A cette immunité contre le chloroforme commune au fœtus et à l'enfant, ne peut-on pas comparer la nocuité des opiacés commune également aux deux. Adams (Edinb. med. journal, nov. 1867), Ahlfeld et beaucoup d'accoucheurs américains ayant démontré l'action nuisible sur le fœtus, de la morphine et des opiacés ?

De cette étude sur l'influence qu'exerce le chloroforme sur le fœtus nous pouvons donc conclure :

1° Le chloroforme pénètre par endosmose à travers le placenta dans la circulation fœtale.

2° Il ne se trouve jamais dans le sang fœtal qu'en très petites quantités.

3° Il n'exerce sur les contractions du cœur fœtal qu'une très légère influence (excitation temporaire au début de l'anesthésie).

4° Il ne cause pas la mort du fœtus. On ne peut pas lui attribuer la production de ces états de mort apparente, de somnolence que l'on rencontre dans certains accouchements ; il paraît n'avoir aucune influence sur la production de l'ictère neo-natorum.

5° Après la naissance, l'enfant conserve quelque temps cette immunité contre le chloroforme.

IV. PARTIE CRITIQUE

Après avoir étudié l'influence de l'anesthésie obstétricale sur la mère et sur l'enfant, il nous reste à examiner les diverses objections qui ont été formulées contre l'emploi de cette méthode dans les accouchements naturels. Dans le cours de notre travail nous avons eu déjà l'occasion de présenter et de réfuter quelques-unes de ces objections. C'est ainsi que nous avons déjà vu la négation de l'anesthésie obstétricale, son inutilité, ses inconvénients et ses dangers, l'inertie utérine, l'hémorrhagie, la rupture du périnée, l'absence de contractions abdominales, l'augmentation de la durée du travail, la nécessité de terminer l'accouchement au forceps, les syncopes cardiaques et respiratoires, l'action nuisible sur le fœtus (mort, mort apparente, ictère, etc.). Il ne nous reste plus qu'à rechercher la valeur de quelques autres objections qui n'ont pu rentrer dans le cadre de la précédente partie. Objections religieuses, morales, idiosyncrasie. Rêves érotiques, manie, éclampsie, accidents divers, mort subite.

CHAPITRE Ier.

OBJECTIONS RELIGIEUSES.

Les objections religieuses qui furent faites surtout en Angleterre contre l'emploi des anesthésiques en obstétrique constituent l'un des chapitres les plus curieux de l'histoire du chloroforme. En France, nous ne pouvons comprendre toute l'importance de cette objection, car la lecture et l'interprétation de la Bible ne sont pas dans nos mœurs comme en Angleterre et il est probable que la condamnation de l'anesthésie par l'Ancien Testament n'aurait pu. comme dans la Grande-Bretagne, empêcher les femmes et les médecins mêmes d'avoir recours à cette méthode. L'antique anathème de Jéhovah «tu parturies in dolore» serait sans doute chez nous passé complètement inaperçu. Il n'en fut pas de même en Angleterre. Aussi n'est-il pas étonnant de voir Protheræ Smith chercher tout d'abord à résoudre cette question : l'anesthésie obstétricale est-elle justifiable des principes chrétiens? « Si cet essai, dit-il, de soulager les angoisses de l'accouchement pouvait être contraire à la volonté de Dieu, la discussion de toutes les autres questions devrait être aussitôt abandonnée, » Gream de son côté, s'appuya sur des autorités théologiques pour montrer que la douleur est un mal nécessaire que nous devons subir avec patience, avec une soumission passive et que nous devons considérer comme une bénédiction de la providence. Denman ajouta : «Le mieux qu'une parturiente puisse faire, c'est de se soumettre aux nécessités de sa condition, la résignation diminuera ses souffrances, elle doit penser qu'elle est confiée aux soins de la providence. » Ashwell traite l'anesthésie de pratique irreligieuse et criminelle. Barnes se joignit à ces adversaires du chloroforme : « C'est outrager, dit-il, la loi fondamentale de l'adaptation que de prétendre qu'un Créateur bienfaisant a associé la douleur au processus de la parturition autrement que dans un but sage et nécessaire. » Cela rappelait les paroles de J.-J. Rousseau : « Tout est bien, sortant des mains de l'auteur des choses, tout dégénère entre les mains de l'homme. » Ces objections furent telles qu'à Londres, Simpson put constater que ces protestations mettaient seules obstacle aux progrès de l'anesthésie. Des femmes catholiques s'étant fait anesthésier, se firent absoudre de ce pêché. Le clergé s'éleva aussi vivement contre l'anesthésie : un écrit traita le chloroforme de « piège tendu par Satan lui-même à la femme (a decoy of Satan) » ; des professeurs (lecturers) d'obstétrique de Londres et de Dublin adoptèrent les mêmes arguments, la même ligne d'opposition. Simpson reçut des lettres des théologiens de toutes les églises, presbytériens, indépendants, épiscopaliens, etc., etc. C'en était fait de l'anesthésie, elle allait disparaître sous l'anathème religieux. Heureusement Simpson, appuyé par Protherœ Smith, Bainbridge, Channing, etc. put détourner cet orage ; ils publièrent tous des ouvrages ou brochures pour montrer l'inanité de ces objections. Dans la brochure de Protherœ Smith se trouvait une lettre de Simpson complétant ses premières réponses.

Discutant tout d'abord la traduction du verset 16 du chapitre III de la Genèse : « In sorrow thou shalt bring forth », Simpson chercha à prouver que le mot *sorrow* ne devait pas être traduit par *douleur*. Nous voyons, en effet, que le mot hébreu est « *itztzabhon* ou *etzebh* », mot ayant la même racine que le mot « *atzabh* », et le professeur Gesenius (Tragelle's transaction of Gesenius Hebrew and chaldee Lexicon, p. DCLVI, traduit ce dernier mot par travailler, former, façonner. *Etzebh* devra donc se traduire par *travail*, *fatigue*, *ouvrage* (*labour, toil, work*). Gesenius ajoute que le mot *atzabhim* pluriel d'*etzebh* signifie *travaux, choses faites avec fatigue.* Dans d'autres passages hébreux, dans les prophéties, les souffrances de la mère sont désignées par les mots *hhil* ou *hhebel*, douleur, angoisses « pain, pangs » (Jérémie XXII, 23, et Isaïe). On peut donc avec Simpson traduire le mot sorrow par efforts et lutte (efforts and struggle). Cependant la traduction de Sorrow par douleur a été admise par les latins « in dolore tu parturies », et les autres peuples n'ont fait que traduire dans leur langue le mot dolore. Ex. : tu partorirai figliuoli con dolori (Genesi : primo libro di Moïse, cap. III, 16). — Tu enfanteras dans la douleur — in Schmerzen sollst du Kinder gebaren, etc. Il est vrai que Kalisch, dans la traduction de la Genèse, remplace sorrow par pain (douleur, travail) et que nous trouvons dans le Dathe's pentateucus. « Augebo tibi graviditatis *molestias.* »

Faut-il d'ailleurs prendre ce texte à la lettre? Ne trouvons-nous pas aussi dans la *Holy bible* le verset 18 : « La terre ne produira que ronces et chardons (thorns and thistles) — tu ne mangeras ton pain qu'à la sueur de ton front (in the sweat of the face shalt thou eat bread) et tu es poussière et tu retourneras dans la poussière (durst thou art, in to durst shalt thou return). Si nous prenions tous ces textes à la lettre, à quoi serviraient la cuisine, l'agriculture, la médecine? Murphy n'a-t-il pas rappelé que l'homme continuait à dîner aussi confortablement que ses moyens le lui permettaient, bien que la terre ait été maudite à cause de lui? Les agriculteurs ne cherchent-ils pas à produire tout autre chose que des épines et des chardons, et les médecins à retarder le plus possible ce retour dans la poussière. Si l'on admettait ces textes, disait Charles Waller, on ne pourrait rémédier aux maux de l'humanité, aux « *ills which flesh in heir too* », on tomberait dans le fatalisme des musulmans. Les accoucheurs et les chirurgiens, répondirent les partisans de l'anesthésie, ne doivent pas oublier que tout l'art, toute la science de l'obstétrique a pour but essentiel de calmer, de supprimer la douleur, l'anesthésie obstétricale concourt au but de la religion : améliorer l'homme au point de vue physique et moral. Ne voyons-nous pas les évangélistes dire : « for every creature of God is good, and nothing to be refused, if it be received with thanksgivings.» (Timothée, IV, 4), et « therefore to him that Knoweth to do good and doeth it no, to him it is sin, James, IV, 17). M. Blot a traduit ces pensées dans sa phrase. « Je serais tout disposé à croire qu'on offense bien plus le créateur quand on ne met pas à profit toutes les ressources que notre intelligence peut nous fournir pour le soulagement de nos semblables. »

Dieu, pour enlever à l'homme la côte dont il fit la première femme, n'a-t-il pas employé l'anesthésie ? Deus gravem immisit soporem, ut nihil doloris sentiret» (Version latine du Pentateuque de Dathe, Genèse II, 21). Calvin a traduit ce fait par les termes : notandum Adam profundo sopore fuisse demersum ut nihil doloris sentiret (Johannis Calvini in librum Geneseos commentarius, édition d'Hengstenberg, p. 36). Ici le mot hébreu Tardemah a été traduit par les mots καταφορα, Sopor, deep Sleep, sommeil profond. Ætius a traduit le mot Tardemah par état d'insensibilité et d'inconscience totale, coma, léthargie des médecins. Luther, dans la bible allemande, le traduisit aussi par tiefen Schlaf. Le mot hébreu pour sommeil ordinaire était « *Schenah* ».

La Bible ne défendait donc pas l'anesthésie, Dieu en ayant donné lui-même l'exemple. Il est vrai qu'Ashswell apprenant cette idée de Simpson s'écria : « En mettant de côté l'impiété de faire de Jéhovah un chirurgien opérateur et l'absurdité de supposer que l'anesthésie puisse être nécessaire dans ses mains, Simpson oublie que ce profond sommeil eut lieu avant l'introduction de la douleur dans le monde, pendant l'état d'innocence d'Adam. » N'insistons pas davantage sur cette discussion. Simpson, bien qu'approuvé par Noyes de Cambridge (lettre à Channing, 3 févr. 1848), aurait, s'il avait vécu deux ou trois siècles plus tôt, fait le plus bel ornement de quelque auto-da-fé.

Simpson enfin rappela que ce n'était pas la première fois que de pareilles objections religieuses se produisaient en Angleterre. En 1588, un prêtre d'Acosta disait que percer l'isthme de Panama c'était agir contre la volonté de Dieu, qui avait entassé rochers et montagnes pour séparer la fureur de deux océans. Cette considération n'empêche pas aujourd'hui des catholiques fervents de souscrire les obligations du percement de cet isthme. Lors de l'invention des appareils d'optique, Disraeli et autres ont appelé les microscopes et télescopes, inventions athées, destinées à pervertir l'organe de notre vue et à nous faire voir tout sous un jour nouveau et faux (atheistical inventions which perverted our organs of sight and made everything appear in a new and false light). On sait encore aujourd'hui ce que pense la plupart des membres du clergé sur le microscope et sur ceux qui se livrent aux études microscopiques. Simpson a rappelé aussi que lors de l'introduction de l'usage de la fourchette sous les derniers Stuarts, l'on disait « ne pas toucher notre viande avec nos doigts, c'est insulter la divine providence ». Enfin, lors de la découverte de la vaccine, Moreley, le collège des médecins de Londres, la Antivaccinarian Society prétendirent que la vaccine était une violation grossière de la religion, de la morale, de la loi et de l'humanité. Rowley alla plus loin : « La petite vérole est une punition de Dieu, et provient de l'homme ; mais la vaccine est produite par des impies, des présomptueux. (Small pox is a visitation from God and originate in man but the cow-pox is produced by présomptuous, impious men). Contre la vaccine, Delafaye (Inoculation ; an indéfensible practice) et le révérend Maney (Sermon against the dangerous and sinful practice of inoculation) firent de vrais sermons ; ils affirmèrent que c'était une opération diabolique, une découverte envoyée dans le monde par les pouvoirs de l'esprit du mal (a diabolic operation, and a discovery send into the world by the Powers of Evil). De même. lorsque l'on inventa les machines d'agriculture (fanners) la secte des Dissenters (dissidents) cria contre cette invention qui allait empêcher de cultiver la terre « à la sueur de son front ».

Par suite des réponses de Simpson, l'anesthésie finit par triompher des scrupules religieux. Protheroe Smith put affirmer que loin d'être « a presomptnous contravention of the divine wills », l'anesthésie répondait aux vues du créateur qui voulait que l'on ne négligeât aucun moyen de soulager les souffrances de la femme, ce que l'on avait déjà tenté en provoquant, pour sauver la mère, l'accouchement prématuré qui dans l'utérus tue le fœtus vivant. C'était là l'opinion émise en France par Virey, qui ne comprenait pas que la providence pût vouloir que la femme éprouvât toujours les douleurs de l'accouchement, d'autant plus que le crime d'Eve, si c'en est un, est depuis longtemps expié et même bien durement, comme le constate Piachaud.

Aujourd'hui, heureusement, nous n'en sommes plus au temps où l'on craignait de « disturbare la volonta del creatore che volle il dolore necessario. » L'on connaît les différences entre « la teologia fondata in cose non materialmente di mostrabili, e la scienzia che ha apposti e ben piu saldi fondamenti, » comme dit Romiti. Entre les deux il n'y a pas d'hésitation possible, et « la science fait bien de suivre sa rive, d'autant plus qu'il n'y a ni chemin, ni physique, ni astronomique, ni biblique. » (Béchamp, conférence sur la circulation du carbone dans la nature.)

CHAPITRE II.

OBJECTIONS MORALES.

Quelques auteurs ont prétendu que l'emploi de l'anesthésie déterminait la suppression du sentiment maternel, objection que Gubler se refusait à admettre comme sérieuse. Dans l'*Union médicale* de 1851, M. Chailly Honoré publia un cas dans lequel la femme qui n'avait pas souffert n'éprouvait pour son enfant aucun sentiment maternel. Ramsbotham (1851) insista sur la tendance que l'accouchement pendant l'inconscience de la mère avait à détruire ce sentiment. Dufay, s'appuyant sur Tyler Smith, chercha à démontrer la nécessité de la douleur pour la production de ce sentiment. Nous trouvons enfin à ce sujet les vers suivants :

> La mère qui pour nous a souffert sans faiblesse,
> Avec moins de tourments aurait moins de tendresse.

En opposition avec ces faits, Bigley publia à son tour un cas dans lequel la mère, à la suite de douleurs trop vives, n'éprouva que de l'antipathie pour son enfant. Chailly Honoré aurait vu le même fait. Nous ne croyons donc pas que ces anomalies du sentiment maternel aient quelque relation de cause à effet avec le degré de douleur ressentie pendant l'accouchement. Ne voyons-nous pas dans les familles les derniers enfants, résultat d'un accouchement souvent moins douloureux que les premiers, être pourtant les préférés des parents? Chez les animaux qui accouchent sans douleur, le sentiment maternel n'est-il pas aussi le plus souvent poussé à l'extrême?

Nous n'admettrons donc pas cette objection pas plus que celle faite à Channing, de l'habitude de s'énivrer avec de l'éther, contractée après un premier emploi de cette substance, le chloroforme se prêtant bien moins que l'éther à cette habitude. D'ailleurs, ce fait de l'ivresse éthérée, de l'éthérisme observé parfois en Angleterre, est pour ainsi dire inconnu en France. Nous ne voyons pas en quoi l'on pourrait incriminer l'anesthésie obstétricale, en rapportant le fait signalé par Channing.

CHAPITRE III.

RÊVES ÉROTIQUES.

L'influence du chloroforme sur les phénomènes psychiques a été surtout étudiée par M. Lacassagne (Mémoires de l'Académie de médecine, 1869, t. XXIX). C'est lui qui a examiné les modifications de l'intelligence, qui a signalé la disparition successive de l'association des idées, de la comparaison, du jugement et enfin de la mémoire, et l'apparition possible, à ce moment, de rêves dont quelques-uns pourraient avoir le caractère érotique.

Cette existence possible de rêves érotiques a été parfois observée, et les adversaires du chloroforme se sont emparé de ces faits rares, les ont réunis et s'en sont servi pour traiter l'anesthésie de pratique immorale. Magendie caractérisa en effet cette méthode d'immoralité et prétendit la frapper de proscription à cause de ces rêves érotiques. Tyler Smith, dans son mémoire (On parturition and obstetrics), constate que chez tous les êtres il est une loi générale, celle par laquelle les ovaires, au moment de la parturition, sont propres à être fécondés de nouveau, et regarde ces actes immoraux comme les manifestations extérieures de cette loi ; mais, s'il est vrai que la femme peut changer les angoisses de l'accouchement pour les sensations du coït, il faut renoncer à l'anesthésie, car ces actes sont si honteux qu'il est préférable de supporter la douleur, même portée à ses extrêmes limites. Lucine, dit Tyler Smith, divinité née sans douleur, était un titre que l'antiquité donnait à la sévère Junon, à la froide et chaste Diane, mais jamais à la reine de Paphos.

Ces reproches furent formulés en des termes tels qu'ils furent bientôt connus du public non médical. Forbes dit : Grâce à cette merveilleuse découverte de l'anesthésie, les mères des générations futures n'enfanteront plus dans les tortures du travail, sur une couche où elles ne donnent souvent la vie qu'au péril de la leur, mais au milieu des songes élyséens, sur un lit d'asphodèle. Barthélemy, l'auteur de la Némésis, traduisit également cette pensée dans les vers suivants :

> Là, c'est donc le repos, l'extase, le plaisir ;
> Les spasmes de l'amour, quand l'éther hallucine
> La jeune femme en proie aux tourments de Lucine.
> Ah ! d'un double mystère ineffable pouvoir,
> Au moment qu'elle enfante elle croit concevoir.
>
> Barthélemy, 1er mai 1847.

Peut-être même cette assertion arriva-t-elle jusqu'à Stamboul, car dans le courrier de Constantinople du 4 mars 1848, nous voyons que le sultan commande en Angleterre un quart de baril (quarter cask) de chloroforme pour les dames de son harem, bien qu'il prétende que ce soit pour remplacer le sac et la corde.

Sur quelles observations était basée l'existence de ces rêves attribués à l'anesthésie ? Tyler Smith avait appris que Dubois, à la Maternité de Paris, avait observé, dans un cas, des gestes et des paroles érotiques. Duncan avait assisté à ce cas et il en parla à la Société obstétricale d'Edimbourg, le 14 février 1849. Ce fait s'était présenté chez une femme de mœurs douteuses. Tanner rapporta aussi une observation dans laquelle une opération avec anesthésie sur le vagin d'une prostituée provoqua des rêves lascifs. Hancock signala quelques cas semblables. Cela suffisait pour que Tyler Smith, craignant de voir l'excitation sexuelle qui accompagne l'exaltation de sensibilité des organes génitaux pendant et après l'accouchement, dégénérer en érotomanie, protesta contre la transformation possible des mystères de Lucine en orgie de Vénus. En 1849, Courty constatait que quelques personnes éthérisées éprouvaient des rêves et de véritables sensations érotiques. Gerdy, Amussat en avaient déjà observé des cas; des aliénés de Moreau à Bicêtre, soumis à l'éthérisation, avaient eu des émissions spermatiques.

Gream, à cette époque, encore adversaire acharné du chloroforme, partit de là pour essayer de faire rejeter l'anesthésie obstétricale; il envoya à tous les médecins une circulaire, les priant de lui communiquer tous les accidents et surtout les faits immoraux qui, à leur connaissance, se seraient passés dans les cas d'accouchement avec anesthésie. Cette conduite de Gream fut dénoncée à la Société obstétricale d'Edimbourg, le 14 février 1849, par Cumming. Cumming affirma pour sa part que dans 70 cas d'accouchement, il n'avait jamais observé rien de pareil. Loin de là, il a vu des sentiments religieux se manifester chez des malades anesthésiées. Voulant d'ailleurs être fixé sur ce point important, il demanda l'avis des membres de la Société sur la fréquence de cet accident. Simpson répondit que dans des milliers de cas, en Ecosse, il n'avait vu rien de semblable, et selon lui, si cela se présentait, c'était la faute des chirurgiens. C'était là aussi l'opinion de Duncan, qui attribuait ces rêves lascifs à la mauvaise administration du chloroforme et aux questions posées à la femme, questions qu'il qualifiait « d'improper ».

Simpson, d'ailleurs, rappela que ce n'était pas là une objection nouvelle. Il cite l'observation de Chambers, qui constatait qu'à la fin du siècle passé on ne voulait pas manger de pommes de terre sous prétexte que « it was a provocative to incontinence ». Simpson sur 40,000 cas en Ecosse et sur 2,000 cas personnels n'a jamais rencontré ces songes voluptueux. Il fit enfin la remarque que, dans sa lettre aux médecins, Gream ne cherchait à connaître que les mauvais effets du chloroforme, c'est-à-dire « only one side of the picture ». Aussi son mémoire sera-t-il « cum grano salis per Magnum ».

Bennet, contre qui, en 1850, devait s'élever une sorte de croisade à propos de l'emploi du spéculum, à l'appui des faits de Simpson, rapporta ce fait que, loin d'avoir observé des discours indécents, il avait remarqué que le chloroforme pouvait produire et avait produit une amélioration passagère dans des cas de nymphomanie. Cette observation de Bennet pouvait se rapprocher de celle de Dumont de Monteux qui, chez un prêtre, avait employé avec succès le chloroforme contre le satyriasis « provenant des émotions ressenties dans l'exercice, souvent si scabreux et si difficile, des fonctions pénitentielles ». (*Union médicale*, 4 juin 1850, p. 272.)

Gream ne se tint pas pour battu ; dans son mémoire sur la « misapplication of anœsthesia in childbirth exemplified by fact », il prétendit de nouveau que ces accidents étaient assez fréquents et il donna les caractères suivants aux degrés d'anesthésie : 1er degré, ivresse ; 2e degré, rêves lascifs, etc. Ramsbotham qualifiait ainsi le premier degré en disant : « cet état n'est pas le sommeil, mais l'ivresse » (not sleep but drunkeness), et Gream ajoutait que si l'on employait ce mot d'ivresse au lieu des mots charmants de « soporization », etc., une femme bien élevée au point de vue moral n'hésiterait pas à repousser cet état caractérisé par une telle immoralité.

Murphy, Snow, Bennet, Danyau, Simonin, Spiegelberg, Romiti et bien d'autres ont affirmé comme Simpson n'avoir jamais observé des faits de cette nature. Quelquefois cependant les femmes ont été soumises évidemment à des sortes de rêves, d'hallucination érotique. Laborie en aurait observé un cas en 1854. La même année, un médecin de Philadelphie fut accusé par une jeune fille de l'avoir violée pendant l'anesthésie ; elle était sans doute sous l'empire d'hallucinations mentales. L'accusation ne fut pas prouvée. Ce fait se représenta quelque temps après chez un dentiste et l'on connaît cet autre cas dans lequel une femme anesthésiée pour une opération légère reprocha ensuite à tort à son mari qui l'accompagnait de s'être livré sur elle à l'accomplissement de ses devoirs conjugaux en présence des autres personnes ; persuadée d'avoir éprouvé toutes les sensations de cet acte (on ne put la convaincre du contraire), elle ne le lui pardonna jamais. Dans un autre cas, une jeune fille anesthésiée semblant se livrer au même acte, fut réveillée par la dame qui l'accompagnait et avoua qu'elle croyait que son rêve était une réalité palpable. D'autres faits ont été encore signalés et des condamnations qui récemment frappèrent des personnes sous le coup de la même accusation donnèrent lieu à de vives discussions. (V. à ce propos, influence des anesthésiques sur les impressions sexuelles chez les femmes, Union médicale, 1874 ; t. XVIII, p. 759, et, même titre, Gazette obstétricale de Paris, 1874, p. 259 et Association medical Journal, 1854, p. 26.) De la connaissance de ce fait résulte le conseil de ne jamais anesthésier de femmes sans qu'elles soient accompagnées de quelque membre de leur famille.

En 1858, Normand Dufié a prétendu qu'« un danger bien plus grand pour la tranquillité des familles serait dans la divagation sur des sujets que la femme a dans certains cas le plus grand intérêt à tenir caché. » Pinard, qui rapporte cette assertion de Normand Dufié, a remarqué qu'une loquacité extraordinaire se montre parfois et que les femmes font souvent des confidences les plus intimes et les plus inattendues. Il a vu de pauvres filles qui lançaient à haute voix le nom du père de l'enfant et racontaient la durée et la nature de leur relation. (Voy. 3e série, observat. V., p. 127.) Fancourt Barnes (1878) ne croit pas au danger des révélations compromettantes.

Cependant, nous croyons que dans certains cas l'on a pu observer des manifestations érotiques; mais ces observations sont extrêmement rares. Simpson n'en avait pas entendu parler sur quarante mille cas environ. Leurs causes sont de divers ordres ; elles ont été ainsi désignées :

1° Irritation du cervelet par suite de la chloroformisation ; 2° Excitation provoquée par la manipulation des organes génitaux de la femme ou par le passage de la tête fœtale (Tyler Smith) ; 3° Délire transitoire des parturientes. Les cas de rêves lascifs signalés par Gream pourraient rentrer peut-être dans ce genre de délire, si bien décrit par Montgomery, dans le Dublin quaterly Journal of the medical science, mars 1834, et par Grilly, del Délirio duranta il puerperio, (l'Imparziale, n° 5, 1877), et par Cazeaux (femme qui chante Lucie de Lamermoor); 4° Caractère et Education des femmes. Snow a prétendu que les femmes respectables ne se serviraient jamais d'expressions immorales et que le « in vino veritas » pouvait aussi s'appliquer dans ce cas au chloroforme. Simonin a constaté en effet que, sous l'influence du chloroforme, les rêves portent surtout sur les habitudes et le caractère du sujet (trahit sua quemque voluptas). A Cornac, en Suisse, les habitants étant très religieux rêvaient de sujets religieux. Rogers, chez des femmes pieuses, a pu remarquer aussi que ces femmes chantaient des psaumes et des hymmes « in an angelic straim ». Nous pensons donc que chez les femmes auxquelles on peut dire « the very ice of chastity is in them » on n'observera pas sous l'influence du chloroforme des propos indécents, immoraux dans le strict sens du terme. Aussi, Barnes n'avait-il pas raison de dire que le sentiment moral des femmes de l'Angleterre est trop correct, trop élevé pour leur permettre de formuler une question « so improper ». Quelques années plus tard, la reine Victoria, « première dame du pays », devait lui infliger un démenti formel.

Notons enfin qu'en présence d'un rêve érotique, il est facile d'arrêter toute manifestation immorale en augmentant légèrement la dose. C'est ce qu'à Lille j'ai vu pratiquer, au début de mes études, chez une femme qui, anesthésiée pour une opération sur les parties génitales, se livrait à des révélations compromettantes.

CHAPITRE IV

MANIE PUERPÉRALE.

En l'an 1532, Canappe, dans le traité du Guidon à l'usage des barbiers, disait à propos de ceux qui se faisaient anesthésier : « J'ai ouï qu'ils encourrent manie ». Le reproche fait à l'anesthésie obstétricale de favoriser la production de troubles cérébraux n'était donc pas nouveau. Ce reproche fut formulé surtout par Wesbter, comme l'objection précédente l'avait été par Gream. Parmi le grand nombre de femmes soumises à l'anesthésie, il n'était pas étonnant de rencontrer des cas de manie, il n'était pas étonnant non plus de voir les adversaires du chloroforme s'emparer de ces faits et en vertu du « post hoc ergo propter hoc » les attribuer à l'emploi du chloroforme. Webster, à la Westminster medical Society, se fit le défenseur de cette opinion. (Insanity from the use of chloroform during parturition, 27 oct. et 3 nov. 1849.) Il y signala trois observations de manie puerpérale survenue à la suite d'une anesthésie. Le 26 juin, à la London medical Society, il rapportait un quatrième cas qu'il avait observé dans un asile d'aliénées à Edimbourg. Les premières observations furent publiées dans le Psychological journal, 1850, et à Paris, dans les Archives générales de médecine, octobre 1859, et reproduites par Marcé.

Dans le premier cas, la femme accouchée pendant l'anesthésie passa les trois premiers jours qui suivirent l'accouchement en divaguant continuellement; elle devint ensuite maniaque et fut transportée dans un asile d'aliénées dont elle sortit guérie au bout d'un an. Dans le deuxième cas, la femme ne put se remettre complètement de la stupeur où elle avait été plongée; au bout d'une semaine elle devint également maniaque et resta dans cet état pendant dix-huit mois. Dans le troisième cas, le trouble cérébral produit par l'anesthésie ne se dissipa pas entièrement, l'insomnie persista la nuit, des hallucinations se montrèrent (femme qui veut la tuer); trois semaines après, manie, délire gai, chante, perd la mémoire, se conduit comme une enfant : cet état dura cinq mois. Dans le quatrième cas, à la suite d'inhalation de quelques gouttes de chloroforme, la malade pâlit et perdit connaissance, elle revint bientôt à elle, mais l'accouchement fut long et douloureux, et dans les jours qui le suivirent, elle fut très agitée, sa manie devint telle qu'il fallut employer la camisole de force; la guérison eut lieu au bout de quelques mois. Dans un cinquième cas, rapporté par Marcé et attribué à Webster, la femme qui avait été anesthésiée pendant son accouchement resta près de six mois sans pouvoir dormir, elle devint d'une irritabilité et d'une excitation nerveuse voisine de la folie.

A la suite de cette communication, Grenser approuva les conclusions de Webster, Gream (deux cas). Merriman, Tyler Smith, Siebold, Ramsbotham, Robert Johns (cas de Sinclair), Sutherland, Parks signalèrent aussi des cas de folie puerpérale. Robert Lee, dans son réquisitoire contre le chloroforme, signale quatre ou cinq cas de troubles cérébraux et de folie (cas 3, 4, 5, 10, 14, 16). Plus tard, Bernardy (1880) et Goodell publièrent chacun un cas de manie puerpérale.

D'autres accoucheurs répondirent à cette objection. En 1856, David Skae fait observer à Webster qu'à l'asyle royale d'Edimbourg, sur quarante-quatre cas de manie puerpérale admis dans cet asile depuis l'emploi de l'anesthésie obstétricale, un seul cas aurait pu être attribué au chloroforme, car dans ce seul cas il avait été administré à à la femme. A Edimbourg, ville où le chloroforme est le plus employé en obstétrique, en sept ans on n'observa qu'un seul cas de manie; aussi les praticiens d'Edimbourg croyaient-ils plutôt à une diminution de la manie sous l'influence de cette méthode. (V. Annual report of the royal Edinburg asylum, 1854.) Harnier, de Cassel, se refusa aussi à admettre l'opinion de Webster et de Grenser, car sur plusieurs milliers d'accouchements avec anesthésie, il n'avait jamais observé, ni éclampsie, ni apoplexie, ni aucun trouble cérébral. John Snow constata que dans le cas de Ramsbotham, on ne dit pas si c'est une heure ou un mois après que survint la manie. Dans le cas de Merriman, ce fut six mois après l'accouchement que débuta une folie à caractère religieux. John Snow fit remarquer aussi que dans l'un des cas signalés, la femme en proie depuis longtemps à l'épilepsie et à des troubles cérébraux prenait depuis longtemps du chloroforme en cachette. Sinclair répondit à Johns que, dans son cas, la manie se présenta six jours après l'accouchement et fut guérie par l'emploi du chloroforme. Dans un des cas de Robert Lee, la manie ne se montra que dix jours après la délivrance.

Aucun de ces faits n'est donc bien probant; aussi n'a-t-il pas empêché les partisans du chloroforme d'employer cet agent pour essayer de calmer l'agitation excessive observée dans certains cas d'accouchement. Hall Davis et Murphy (1848) signalèrent les bons résultats fournis par le chloroforme dans des cas d'excitation nerveuse produite par une extrême souffrance. Fordyce Barker a affirmé aussi son utilité dans ce cas. Delannégrie rapporte dans sa thèse des cas analogues. Channing cita l'exemple d'une folle qui présentait une telle excitation qu'on fut obligé de calmer cette agitation par le chloroforme pour pouvoir l'accoucher. Le Dr Le Breton (Revue scientifique) rapporta l'exemple d'une jeune femme délirant depuis plusieurs heures, à qui on fit inhaler du chloroforme; à partir de ce moment, le délire cessa et l'accouchement se termina heureusement. Beatty a remarqué aussi un cas de délire calmé par le chloroforme.

En présence de ce calme apporté par le chloroforme dans les facultés intellectuelles surexcitées par la douleur, Simpson se demanda si l'anesthésie n'avait pas une action préventive sur la production de la manie puerpurale; il répondit à cette question le 14 janvier 1852 à la Société obstétricale d'Edimbourg, en résumant les observations de trois femmes qui avec le chloroforme eurent les suites de couches les plus heureuses, tandis que dans les accouchements antérieurs, elles avaient toutes trois subi des attaques de manie, l'une d'elles avait même à chaque accouchement éprouvé ce trouble cérébral. Déjà Ebenetzer Skae (1849) ayant à accoucher une femme qui avait eu u n attaque de manie dans un premier accouchement employa le chloroforme et n'eut point à combattre cette complication.

Quelques auteurs enfin sont allés plus loin, ils ont rapporté des cas de manie guérie par l'emploi du chloroforme. Protheroe Smith, Moore (Medical Times and Gazette, 1849, p. 1043), Bennet, constatent des cas de guérison. Reid reconnaît son utilité pour produire un sommeil calme et réparateur dans la manie. Blot, en 1876, conseilla le chloroforme contre la folie qui débute pendant ou après l'accouchement. C'est là également l'opinion de Bini d'après Romiti. « Rien ne semblant prouver les assertions de Webster, » Marcé ayant résumé le pour et le contre, conclut en disant. « Bien que le chloroforme soit loin d'être par lui-même un médicament inoffensif, je serais porté à croire qu'en enlevant les douleurs si vives du travail de l'accouchement, il doit faire disparaître l'une des causes qui amènent l'explosion de la manie et être plutôt utile que nuisible, à moins de prédispositions exceptionnelles. Je range donc cette cause parmi celles dont l'influence est au moins contestable. » Ces conclusions furent admises dans plusieurs ouvrages et thèses. L'on pourrait, il est vrai, objecter que l'anémie étant une cause prédisposante énergique de la folie puerpérale, les anesthésiques en déterminant temporairement cet état d'anémie cérébrale (Claude Bernard) pourraient prédisposer à cette affection. Mais avec leur peu de durée les anesthésiques font disparaître l'ébranlement nerveux, les obstacles à l'accouchement et tout ce que Marcé a indiqué comme cause prédisposante; ils ne peuvent cependant empêcher tous les cas de se produire. Blot et Kidd ont observé des cas de folie puerpérale sans anesthésie. Deane, 1853, indique le cas d'une femme à qui dans un accouchement il avait refusé l'anesthésie parce qu'elle souffrait d'un bronchocèle et qui est devenue folle cinq mois après. J'ai pu moi-même faire la même constatation. Il n'est donc pas surprenant que le comité du chloroforme ait reçu 26 réponses négatives sur 29 : dans une seule réponse on avait signalé plusieurs attaques de manie puerpérale. Aussi pourrons-nous conclure par ces paroles de Blot, 1859 : « Quant à la folie, l'anesthésie, loin d'y prédisposer et surtout de la produire, semble avoir pu dans certains cas calmer ou même faire cesser complètement les troubles intellectuels survenus sous l'influence de douleurs vives et longtemps prolongées. »

Nous devons aussi rappeler que le chloroforme a été employé dans le traitement de l'aliénation mentale. Cazenave, à Pau, Falret, à la Salpêtrière, Moreau, de Tours, Puech (Gaz. méd., Montpellier, 1847), Ackerly (Lancet, 1848), Jobert, de Lamballe, Bouvier ont tenté de combattre par ce moyen l'insommie qui tourmente les fous. Mac Gavin (Report of the Montrose lunatic asylum, 1848) a signalé des tentatives de ce genre. Enfin, dans un rapport lu au meeting de l'Association of medical superintendents of American institution for insane (Lancet, 16 déc. 1865, p. 617), Bell, Kirkbride, Walker, Wolf ont rappelé des cas de folies après chloroformisation pour des avulsions de dents. Tyler, Hills, au contraire, croient que cette folie peut tenir à l'opération elle-même. Ils ont vu des cas de folie guérie par l'extraction de dents.

CHATPIRE V.

ÉCLAMPSIE.

Etant donnés les rapports entre l'éclampsie et la manie puerpérale, rapports signalés dans la thèse de Léon Fritz, de Wilwisheim (Strasbourg, 1870), nous pouvons comprendre l'accusation qui a été portée contre le chloroforme, de provoquer des attaques d'éclampsie. L'observation de Wood fut citée jadis dans ce but, par tous les adversaires du chloroforme. Wood (Case of puerperal convulsions following delivery where the vapours of sulphuric ether has been inhaled during Labour. Dublin Medical Press, 14 juillet 1847, et Lond. med. Gazette, juillet 1847), après avoir anesthésié une femme en couche pendant trois quarts d'heures, de onze heures un quart à midi, fut appelé vers dix ou onze heures du soir, pour venir combattre des accès d'éclampsie qui venaient de se déclarer; la femme échappa à la mort. D'après Yvonneau, Denham aurait signalé trois cas d'éclampsie avec le chloroforme. (Dublin quaterly journal, août 1849), et Gream, deux autres cas. Dans le rapport du comité du chloroforme de la Société médico-chirurgicale de Londres, on trouve une réponse dans laquelle l'auteur, resté inconnu, aurait indiqué quelques mouvements convulsifs qui cessèrent avec l'anesthésie. A la question posée à ce sujet par le comité, 14 réponses proclamèrent les bons résultats du chloroforme employé seul 13 autres reconnurent la nécessité d'y adjoindre d'autres moyens de traitement. Quelques accoucheurs cependant se refusent encore à admettre l'utilité de l'emploi des anesthésiques. Pour Tyler Smith, l'éther causerait des congestions rénales dangereuses dans l'échampsie. Chailly Honoré regarde même l'éclampsie comme une contre-indication de l'anesthésie et se base à ce propos sur l'opinion de Piorry, qui croyait que le chloroforme augmentait cette névrose. D'autres accoucheurs de leur côté prétendent que l'anesthésie ne peut être employée que comme un adjuvant, un accessoire; malheureusement nous ne pouvons développer ici la discussion de ces opinions : nous nous contenterons de publier les indications des principaux matériaux que nous avions réunis dans ce but.

Citons d'abord les observations dispersées dans les travaux de Scanzoni, Martin, Sabarth, Aloïs-Valenta, Elliot, Dowler, Cottman, Spengler, Denham, Hasme, de Neuchâteau, Valleix, Yvonneau, Liégard, de Caen.

En France, nous trouvons les observations de Brouzet (voy. bibliogr., éther), de Colrat (Union méd., 19 déc. 1848), de Barrier (Union méd., déc. 1848), de Richet (Rev. médic.-chirurg., 1848), de Gros, de Sainte-Marie-aux-Mines. (Bull. génér. de thérap., janv. 1849), de Dubois (5 janv. 1849), puis celles de Bessems (Rev. médic.-chirurg., 1851, t. X, p. 303), de Chailly-Honoré (Union méd., 1853, p. 267), les thèses de Paris de 1853, de Baron, Boucard, Davau, les observations de Macario (Gaz. hôp., 15 avril 1854, p. 178), de Bouchacourt (Gaz. méd. de Lyon, 1855), de Timmermans (Gaz. méd., 1855, p. 782), les thèses de Frémineau (Paris, 1856, an. Bull. thérapeut., 1856), de Toutain (Paris, 1857), les observations de Charrier (Bull. génér. de thérapeut., 15 oct. 1857), de Dupan (Gaz. méd. de Toulouse, 1859), la thèse d'Aubrée (Paris, 1861), l'opinion d'Hergott (Bull. génér. de thérapeutique, 1862), la discussion de Fillette, de Divonne et de Liégard, de Caen (Gaz. hôp., 1865, p. 218), l'observation d'Horand (Gaz. médic. de Lyon, 1866), la thèse de François (Paris, 1868, et Gaz. des hôpit., 1869), l'observation d'Alling Edward (Bull. thérapeutique, 30 avril 1870), la thèse de Spire (Paris, 17 août 1871), l'article de Verrier (Gaz. obstétric. de Paris, 20 août 1872), les observations de Pifteau (Bull. génér. de thérap., 15 août 1874), de Bidard (Union médic., n° 10, 1874), la thèse de Jules de Soyre et la thèse d'agrégation de Charpentier, les observations de Mandillon (Bordeaux médic., 1878), de Rodier (Lyon médic., 1879), de Pilat (Bull. médic. du Nord, 1879), de Reuss (Journal de thérapeut. de Gubler, 1879), de Gaye (Pau médical, 1880, 2), de Traire (Arch. tocolog., 1880).

En Angleterre, les documents sur cette question ne sont pas moins nombreux. Kite (On the use of chloroform in puerperal convulsions, Lancet, 1847), Clifton (Medic. Times, t. XVII, p. 335), Fearne (Lond. medic. Gaz., 5 fév. 1848), Cumming (Abstract. of the proceeding of the obstetric Society of Edinburg, 1848, meeting VII), Norris (Edinb. Monthly journ. of med. scienc., mai 1849, vol. III, N. S., p. 657), Sedgwick (Medic. Times, 1850, et Bull. génér. de thérapeut., 1850), Keith (Edinb. Monthly journ. of med. science, 1850), Rudge Henry (Association medic. journal, 1853, 12 août, p. 706), Beatty (Dublin quart. J. of M. S., 1854), Skekleton (9 observat.), Simpson (Monthly j. of med. sc., 1855), Atthill (Dublin obstetrical Society, 3 fév. 1855), Keiller (Edinb. obstetr. Society, 8 avril 1857), John M'nab (Edinb. med. journ., sept. 1863, p. 229), Lansdown (Lancet, 1861), Holms (Medic. Times and Gaz., 3 août 1867, p. 117) Townsend (Trans. of the Cork pathologic : and med. Society 5 déc. 1870), Swayne (British med. journal, 30 déc. 1870),

Whidborne (Medic. Times and Gaz., 1871), Sedewitz (Lond. obstetr. Societ., 1871), Milligan (Lancet, 1872), Grellot (Medic. Press and circular, 1878), ont rapporté de nombreuses observations d'éclampsie dans lesquelles le chloroforme a été employé avec plus ou moins de succès.

En Amérique, Harding (Boston medic. and surgic. journ. et London med. Gaz., 1849), Channing (10 observ.), Turner, de Mansfield (Buffalo med. and surg. journ., sept. 1848, Dublin medic. Press, 1849, et Americ. journal of medic. science, 1849, t. XVII, N. S., p. 362), White (mêmes journaux, 1848), Van Buren (New-York, medic., a. Surgic. Society, 1852. Monatsschrift fur Gebortskunde, t. IV, 1854), Elliott (American journal of med. s., 1853), Richardson (New-Orléans medic. and surgic. journal, mai 1858 et Gaz. hebdom., 1859, p. 49), Prentniss (Proceedings of the clinico-pathologic Society of Washington, 20 fév. 1859, Americ. journ. of med. sc.), Roden (Philadelphia medic. and surgic. report, XX, p. 118, 1869), Hurd (même journal, 2 déc. 1871), Sanders de Carrolton (Mississipi, 1872), Tacket (The clinic, 1874), Getz (Philadelph. med. Times, 2 oct. 1874), etc., ont reconnu l'utilité du chloroforme.

En Allemagne, outre le travail de Braun, nous voyons les observations de Varentrapp à Francfort, de Baumgarten, Helbing, Schmidt, Meisinger (Wiener mediz. Wochensch., 1854, n° 40, p. 628), de Kiwisch (Med. Zeitung von dem vereine fur Heilkunde in Preussen, 1856), de Riese (Monatsschrift fur Geburtskunde. Bd. XII, S. 161, 1858), Halbertsma (Med. Centralblat, 1871), de Sickel (Schmidt's Jahrbuch, t. 147, p. 157, 1870), de Schall (Allgem. Wiener Med. Zeitsch, 1871), de Jacobs, à Cologne) (Berliner, Klinische Wochenschrift, 1873), etc.

En Scandinavie, les travaux d'Heyerdhal, analysé dans

le Dublin quaterly journal of medical science, 1860, de Schidlart, de Schwartz (Riga'er Beitrage), de Nissen (Norsk Magaz for lœgevid, 1871), reconnurent l'utilité du chloroforme.

Ce sont là les principales sources où l'on pourra puiser les documents nécessaires à la solution de la question de l'importance de l'anesthésie dans les convulsions. Dans toutes nos recherches nous avons pu constater que le cas de Wood était l'exception. Aussi pourrons-nous dire comme Romiti : « Questo fatto poi e unico e percio a mio credere merita poca considerazione. » Au contraire, l'immense majorité des accoucheurs semble reconnaître son utilité dans tous les cas ou dans un certain nombre de cas d'éclampsie, comme Sansom par exemple. Ce dernier distingue, en effet : 1° les cas où le chloroforme seul guérit l'éclampsie (éclampsie réflexe, primiparité, douleurs vives, grossesses gémellaires) ; 2° les cas où il est un adjuvant utile d'un autre traitement ; 3° les cas dans lesquels il serait nuisible (urémie, anémie, état avancé des lésions rénales). Quelle que soit l'opinion que l'on admette, il n'en reste pas moins vrai que le chloroforme, loin de provoquer l'éclampsie, est encore comme le reconnut Spiegelberg (1857) un de ses meilleurs moyens de traitement.

CHAPITRE VI.

IDIOSYNCRASIE.

Simpson dans les premiers temps de l'anesthésie avait remarqué que le degré que peuvent supporter certaines femmes sans que l'utérus en soit affecté était extrêmement variable. Ces particularités individuelles furent signalées par Murphy (toutes les femmes ne sont pas également susceptibles), par Sinclair et Heslop, par Robert à la Société de chirurgie de Paris, par Tyler Smith, Nunneley, par le comité du chloroforme, 1864, et enfin par Blot (il est bien positif qu'il existe chez les différents individus une disposition, une aptitude particulière à être influencés de telle ou telle manière par le chloroforme). Récemment encore M. Lucas-Championnière a attiré l'attention sur ce phénomène et démontré l'existence d'une idiosyncrasie particulière qui se développe lorsque le chloroforme renferme certains éléments étrangers encore inconnus aujourd'hui.

L'idiosyncrasie chloroformique se manifeste de deux façons distinctes. Tantôt elle est constituée par une sorte d'état réfractaire à l'influence anesthésique ; tantôt, au contraire, elle est révélée par une susceptibilité excessive, les moindres doses suffisant à la production d'accidents plus ou moins sérieux.

1° *La nécessité de doses considérables de chloroforme.* — Ce fait a été constaté par Simpson, par Clémens, de Frankfort, qui lui a donné le nom de faim chloroformique; il a été signalé aussi par un grand nombre d'accoucheurs et de chirurgiens. M. Lucas-Championnière a montré (mai 1882) que ce phénomène était souvent lié à l'impureté du chloroforme. Cette idiosyncrasie existe peut-être aussi chez certains animaux, la Dublin medical presse (1855, t. XXXIV, p. 110) rappelant que pendant trois heures on avait employé des doses excessives pour tuer un éléphant sans pouvoir y réussir.

2° *Susceptibilité extrême.* — Ce fait est bien plus important que le précédent, car il peut entraîner rapidement la production d'accidents graves. Dans le premier cas, le principal inconvénient consiste dans une dépense plus grande de chloroforme et dans les dangers possibles selon Blandin si l'on insistait trop longtemps. Dans le second cas, on peut voir des syncopes et même la mort résulter de quelques inhalations, ou bien le chloroforme semble agir spécialement sur la motilité et non plus sur la sensibilité utérine. C'est ainsi que Rigsby a vu, à la suite de l'inhalation de 50 à 60 gouttes de chloroforme de Hooper, le travail s'arrêter, et les contractions disparaître. Montgomery aurait constaté le même fait, mais dans son observation les contractions diminuèrent alors que la sensibilité et l'intelligence persistaient encore. Tyler Smith aurait également constaté des syncopes avec de très faibles doses de chloroforme. Legroux, dans une amputation de cuisse, remarqua que 12 grammes de chloroforme avaient amplement suffi pour produire et maintenir l'anesthésie. Bien d'autres effets de ce genre ont été signalés, bien des cas de mort ont été indiqués comme en étant le résultat. Or, comme il n'existe aucun moyen de reconnaître d'avance si la personne que l'on va soumettre à l'anesthésie est plus ou moins susceptible, il faut, comme le conseille Heslop, commencer par de très faibles doses. C'est ce qui a fait rejeter la méthode de Simpson. (V. Heslop, Rapid superinduction of sleep under the influence of chloroform, with remarks on the influence of idiosyncrasy. London medical Gazette, juin 1849.) Peut-être aurait-on raison d'appliquer constamment ce conseil dans les opérations chirurgicales, c'est-à-dire dans les cas où le plus souvent on cherche à obtenir l'anesthésie le plus rapidement possible.

Quant à la nature de cette différence dans les effets du chloroforme, elle est inconnue. Tient-elle à la rapidité plus ou moins grande d'absorption? On serait tenté de le croire depuis qu'Ancelon a déclaré que les doses nécessaires pour produire l'anesthésie étaient en rapport avec l'appétit habituel des patients. Tient-elle à quelques dispositions anatomiques particulières, soit pulmonaire, soit cérébrale Jobert de Lamballe croyait que l'idiosyncrasie était due à ce que de larges communications médiates, qui peuvent être établies exceptionnellement chez certains individus entre les bronches et les vaisseaux pulmonaires, favorisent instantanément l'anesthésie. Ne pourrait-on pas attribuer un rôle plus ou moins important dans les différences signalées par Duret dans les artères des centres encéphalo-rachidiens? Tient-elle enfin à la race de l'individu? Rawdon Macnamara a remarqué pendant la guerre de Crimée que chez les blessés, les effets anesthésiques du chloroforme variaient avec la race. Les Turcs, les Russes et les Tartares restaient impassibles sous le chloroforme. Le soldat anglais, type saxon aux yeux bleus, et le Sarde demeuraient immobiles. Le Français et l'Irlandais, type celte, vif et actif, montraient une excitation nerveuse qui atteignait son summum chez le zouave.

Quoiqu'il en soit, il faut avouer que la question de l'idiosyncrasie est très complexe ; il faut tenir compte du mode d'administration, de l'état physique et moral du malade, de la possibilité de l'alcoolisme, de l'hystérie (Kidd), en un mot, d'une foule de circonstances qui peuvent venir modifier l'action du chloroforme et rester cependant inconnues. M. Lucas-Championnière en montrant il y a quelques jours l'importance de la pureté du chloroforme a diminué beaucoup le domaine de l'idiosyncrasie, car sous ce nom l'on range le plus souvent toutes les modifications de l'action thérapeutique dont la cause ne peut être connue. L'idiosyncrasie ressemble à la classe des Vermes de Linné, dans laquelle on mettait pêle-mêle une foule d'animaux distincts dont le seul caractère commun était de n'être pas connus faute d'études suffisantes.

CHAPITRE VII.

ACCIDENTS DUS A L'ANESTHÉSIE OBSTÉTRICALE.

Bien des accidents ont été reprochés au chloroforme à tort ou à raison. Jamais le « port hoc ergo propter hoc » n'a été appliqué avec plus de rigueur à tout phénomène irrégulier survenant dans les accouchements avec anesthésie. Nous avons examiné quelques-uns de ces accidents. Il ne nous reste plus qu'à étudier les autres, ce que nous ferons sans toutefois parler des convulsions, du delirium tremens, etc. (Waller, Mittchell, etc.), reprochés au chloforme dès le début de son histoire, accidents qui n'étaient autres que la période d'excitation alors encore inconnue.

1° *Nausées, vomissements.* — Ce sont là des accidents assez fréquents et de peu d'importance. Nous n'admettrons cependant pas la proportion de 32,86 0/0 de Walter Rigden (On the after effects of the inhalations of chloroform and ether, Lancet, 31 octobre 1874). Les nausées et les vomissements sont plus rares; il vrai que souvent surtout aujourd'hui on ne les signale plus. Nous voyons pourtant Channing prétendre n'avoir eu qu'un seul cas de vomissement après l'emploi de chloric ether (eau, alcool, chloroform) et un ou deux cas de nausées. Kidd, Nevins, Murphy, Parks (un cas de vomissements pendant huit heures), Simpson (4 ou 5 cas) ont observé des faits analogues. Pour Kidd, ils seraient dus à ce que la patiente est excitée, « les intestins négligés, ou l'estomac irrité par la présence de la nourriture.» Les vomissements persistants sont les prodromes, disait Kidd, d'une complication, érysipèle ou fièvre puerpérale: nous ne croyons pas qu'il en soit ainsi toujours. Nous avons vu, notamment, l'année dernière dans le service de M. Périer une jeune fille atteinte de vomissements qui persistaient longtemps après chaque chloroformisation. La pureté du chloroforme joue, d'ailleurs, dans la production de cet accident un rôle considérable. Riley a conseillé de prévenir les nausées en faisant absorber vingt minutes avant l'anesthésie quelques gorgées de bonne eau-de-vie. Lorsque l'accident se produit, Bidder, de Saint-Pétersbourg, conseille de le combattre en poussant l'anesthésie plus loin. Purdie a pu, par ce moyen, guérir deux fois des vomissements sérieux et des crampes d'estomac.

2° *Céphalalgie.* — Accident signalé par Merriman, Murphy (distressing sickness and headache), Lee (céphalalgie et hystérie trois jours après, cas 5), Rigden, Murphy, Peironnet, Pinard. Rigsby, au contraire, a vu dans un cas la céphalalgie disparaître à la suite de l'emploi de l'anesthésie. Snow a constaté aussi cette disparition de la céphalalgie. Selon cet auteur, la céphalalgie ne s'observerait que dans les opérations chirurgicales.

3° *Attaques d'hystérie.* — Snow a dit, en 1849 : « Chez les patientes sujettes aux attaques d'hystérie, un paroxysme est parfois produit par les vapeurs, mais il peut toujours être calmé par la continuation des inhalations. » Danyau aurait observé un accès hystériforme léger; le même fait fut signalé dans une réponse au comité du chloroforme. Nous ne parlerons pas du cas de Lee (attaque trois jours après). Nous pensons que dans ces cas il n'y eut qu'une légère augmentation de la période d'excitation due à la nature particulièrement nerveuse de ces femmes, fait d'autant plus probable que le chloroforme a été employé parfois avec succès contre l'hystérie (Ossieux, Journal des connaissances medico-chirurgicales, octobre, 1848. — Pigeolet, Gazette médicale, 1848. — Wilkinson, Lancet, 1847).

4° *Attaques d'épilepsie.* — Snow et Fix ont cru à la possibilité de production d'attaques épileptiques par les vapeurs de chloroforme. Sinclair, Barnes, Baumgarten (Berliner klinische wochenschrigft, 27 juin 1880) en ont signalé des observations. Kay et Naranjo ont rapproché de ces faits des cas d'agitation extrême, de mouvements désordonnés. Ces observations n'ont pas empêché d'employer le chloroforme avec succès dans le traitement de l'épilepsie à l'exemple de Brown-Séquard. (Voyez, à ce sujet, Moreau de Tours et Lemaitre, Gaz. médic., 1848.)

5° *Délirium tremens.* — L'observation de Banner dans laquelle une femme, après avoir été plongée dans un sommeil profond, eut du délire et des hallucinations (elle voyait des personnes étrangères qui remplissaient sa maison et venaient la persécuter), pourrait peut-être passer pour une preuve de la possibilité de cette complication. Cette observation serait même plus probante que celles de

Waller, de Mitchell et de Bernard Holt (Westminster medical Society, 27 novembre 1847, convulsions violentes); mais en France l'alcoolisme poussé jusqu'à ce degré est assez rare chez les femmes pour pouvoir expliquer l'absence d'observation. — Cette complication d'ailleurs se comprend peu, étant donné que le chloroforme est employé avec succès contre le delirium tremens. — Warwick, Hooper, Hyde (Lancet, 1847-1849), Bocarny (Gazette médic. de Montpellier, 1847), Prat à Baltimore, William Tagert Dublin, 1852), Anderson (Annales de la Société méd. de Roubaix (nord). —

6° *Collapsus.* — Dans un cas de Bennet, l'anesthésie fut suivie pendant plusieurs jours d'une extrême débilité musculaire et d'irritabilité nerveuse. Brudenell-Carter a vu aussi cette prostration après une présentation de l'épaule Rigden, Sinclair ont remarqué des cas analogues. Le collapsus dura même trois heures dans une observation et huit jours dans une autre observation de Barnes. Mais cette prostration, que l'on observe très bien après des accouchements laborieux sans anesthésie, semble être bien plutôt le fait de l'accouchement lui-même que du chloroforme comme cela a été indiqué par Baart de la Faille (Nederl. Tijdschr, von Geneesk, VIII, janv. 1864, collapsus post partum).

7° *Accidents nerveux divers.*—D'après le Denham's report, Johns mentionne un cas de coma. Dubois, suivant le même auteur, aurait observé une fois de l'engourdissement des doigts et une autre fois un engourdissement des jambes ayant duré vingt-quatre heures. — Dans un cas de céphalalgie, Hartmann a vu la femme devenir ensuite paralysée. La paraplégie (Waller, un ou deux jours après) l'hémiplégie (six à sept jours après, Reid), la paralysie partielle (Vogler), les symptômes cérébraux (Lee, dix jours après), ont même été attribués au chloroforme malgré le laps de temps qui s'était écoulé entre l'anesthésie et l'apparition de ces accidents. — Dans le cas de Reid, la femme fut trois mois très malade (dreadful invalid). Snow a raconté l'histoire d'une hystérique qui resta un ou deux jours sans conscience. Gubler dans ses commentaires résume l'observation d'une autre femme qui conserva quelques temps une absence de mémoire, un certain vague dans les idées et un affaiblissement de la volonté. Enfin Ramsbotham a signalé une femme qui pendant plusieurs jours ne put se débarrasser de l'odeur persistante du chloroforme Cette même persistance de sensation fut aussi constatée par Aveling chez une femme qui pendant un an ne voulut plus entendre parler d'anesthésie.

8° *Sécrétion vaginale.* — Fairbrother en 1848 signale la « deficient secretion of vagina », fait d'accord avec la physiologie qui croit à la diminution des sécrétions par le fait du chloroforme (Dastre). Mais Channing, Hildreth, Sankey, Murphy ont constaté plutôt une augmentation de sécrétion. — Dans un cas de Nevins, le vagin qui était « hot, dry and smollen » devint « soft and humid ». Barwell sur 180 cas n'a rien vu de ce genre.

9° *Accidents divers.* — La rupture de l'utérus (Gream), une légère irritation trachéo-bronchique au début des inhalations, la bronchite grave et même fatale (Ringland, 1863, attribuée par Révillout à l'action sur le pneumo-gastrique), l'œdème de la glotte chez une femme qui avait beaucoup crié : vingt-quatre heures après, mort (Nevins) attaque de dyspnée (Lee, cas 17), ont été signalés.

10° *Phlébite, métrite, péritonite puerpérale.* — Dubois dans ses premières expériences perdit deux femmes de fièvre puerpérale. Dumontpallier et Pinard en perdirent aussi chacun deux. Grenhalg en vit succomber une. Kidd vit une femme dans ces conditions mourir de phlébite. Sinclair et Johnston virent les mêmes accidents se produire à la suite de dyspnée. Lée (cas 7, 8, 11) s'est trouvé en présence de péritonite, de phlébite dangereuse ou fatale. Dans le cas 13, une péritonite se déclara trois jours après l'anesthésie. Ces faits poussèrent Johns, Banner, Sachs à croire à l'influence du chloroforme sur la production des affections puerpérales. Blot dans sa thèse disait à ce propos : « Si d'ailleurs il pouvait rester encore quelque doute à ce sujet, les faits rapportés par M. Simpson lui-même et par Paton, de Dundée, ceux observés en France par M. Paul Dubois à la Maternité seraient là pour convaincre les plus sceptiques». Bien plus, Johns s'est appuyé sur le Report of Dublin Lying in hospital pour prouver que les inflammations puerpérales étaient plus fréquentes à la suite de l'emploi des anesthésiques. Du temps de Collins et Johnson, c'est-à-dire avant l'usage du chloroforme, le nombre des cas d'affections puerpérales fut de : Collins 97, Johnson 62, donnant les proportion de 1/169 dans le premier cas et de 1/107 dans le second. Lorsque Skekleton prit la direction de cette maternité, le chloroforme fut employé et l'on eut 150 cas d'affections puerpérales donnant une proportion de 1/91. En tenant compte des cas survenus après les inhalations de chloroforme et la statistique de Denham (56 cas), on aurait la proportion de 11/6 1/2. Ce sont là des statistiques un peu fantaisistes, car si l'on prend par exemple les 15 cas de P. Dubois dont deux avec accidents puerpéraux, on arrive à la proportion 1|7 1/2. Kidd a réfuté ces statistiques de Johns. En 1858 Arnott s'est appuyé sur la mortalité de quelques amputations (sans chloroforme, mortalité 22 pour cent; avec le chloroforme, mortalité, 30 pour cent) pour affirmer que le chloroforme prédispose à la pyémie (Medical times and gaz., 1858).

Est-ce l'anesthésie qui cause cette augmentation dans le nombre de cas d'affections puerpérales? Évidemment non, et les auteurs qui ont signalé ces cas l'ont reconnu eux-mêmes, bien que laissant à dessein un certain doute planer sur leur affirmation. Cette augmentation tient à la présence d'épidémie puerpérale. Dubois l'avoua lui-même en 1847 et Simpson ayant perdu deux de ses clientes d'affections puerpérales vit pendant la même épidémie un médecin de son voisinage perdre vingt femmes de la même affection, bien que n'ayant pas employé le chloroforme et bien qu'ayant fait un nombre moindre d'accouchements. Pajot a constaté aussi ce fait: «Nous n'avons jamais, dit-il, observé d'accidents raisonnablement attribuables au chloroforme, nous n'avons jamais constaté non plus, chez les femmes anesthésiées, une immunité plus grande contre les accidents puerpéraux ». Stromeyer aurait signalé l'influence peut-être bienfaisante de l'anesthésie sur les inflammations puerpérales. Courty enfin a reconnu que, d'après ses cas, la majorite des accidents puerpéraux doit être diminuée, presque annihilée par l'intervention de l'anesthésie. Ce fait s'expliquerait aisément. Il semble, en effet, prouvé aujourd'hui que les affections puerpérales sont dues à des microbes et comparables aux affections septiques (voyez thèse Doleris). Or il semble également presque certain que le chloroforme jouit de propriétés antiseptiques, bien que Feltz à l'Académie des sciences, 6 août 1877, ait prétendu que le chloroforme n'avait aucune action ni sur la septicite, ni sur les vibrioniens des sangs putréfiés. La propriété antiseptique du chloroforme a été reconnue par Augend de Constantinople (Académie des sciences, 11 nov. 1850; voy. Edinburg med. journal, 1851, p. 87; et Gazetta medica italiana, janv. 1851, p. 27), et par Lepage (Action antiseptique du chloroforme, Journal de chimie médicale, 1851, août, p. 450). Clemens a constaté aussi ce fait (chloroform als antisepticum, Deutsche Klinik, n° 33, 1852). — Édouard Robin a publié en 1852 le résultat de ses recherches sur la conservation des tissus par le chloroforme. Lex, en 1872, a constaté que le chloroforme est « ein Gift fur Bacterien» (Deutshe vierteljahresschr. fur offentl. Gesund heitsflege, IV, 1 heft, p. 47). Muntz en 1875 (the influence of chloroform on ferments, Lancet, 10 juillet) a démontré que le chloroforme n'agit pas sur les ferments chimiques de Dumas, mais empêche la fermentation alcoolique de se produire. Enfin Gerrard à l'university College (Lancet, 29 octobre 1881, chloroform as an antiseptic) a étudié aussi les propriétés antiseptiques de cet agent. Ces propriétés pourraient être rapprochées des propriétés fébrifuges et anti-périodiques signalées par Spengler (Gaz. médicale, 1848), par Delioux de Savignac (Union médicale, 27 octobre 1857, p. 526) et Hildebrand (Union médicale, 1858, p. 129). Comment donc un agent qui détruit ou paralyse les microbes et qui se trouve en nature dans le sang pourrait-il aider au développement, dans le sang, de ces mêmes microbes? Aussi à la question 8 du comité du chloroforme: « Le chloroforme prédispose-t-il aux affections puerpérales », sur 29 réponses 26 furent négatives, quelques-unes même signalèrent le résultat contraire (precisely contrary effect).

II. *Syncope cardiaque et syncope respiratoire.*— En 1848, Selby a signalé une syncope grave après l'inhalation de 40 minimes de chloroforme. Tyler Smith a rapporté deux cas dans lesquels quelques gouttes de chloroforme produisirent des syncopes répétées; il aurait vu ainsi une syncope après l'inhalation de 5 gouttes de chloroforme. Sinclair, dans un cas, vit la face devenir tout à coup pâle en même temps que le pouls cessait. S'il n'avait pas eu le doigt sur le pouls, il est probable que la femme serait morte. Brown a constaté aussi la pâleur fréquente de la face, mais Snow ne l'aurait jamais rencontrée. En 1855, Mac-Clintock, chez une primipare, le chloroforme à la reine étant resté sans effet anesthésique, ni soporifique, augmente la dose (environ un drachme à la fois comme pour une opération obstétricale), tout à coup, la pupille tourne en haut (turned up), le pouls cesse, la respiration s'arrête pendant le temps de 3 ou 4 inspirations, un peu d'écume aux commissures labiales : on cesse le chloroforme ; l'air pur, les aspersions d'eau froide, l'ammoniaque font revenir la malade à elle. En 1856, Clémens a publié les deux cas suivants: 1° chez une femme accouchée qui souffrait de temps en temps de douleurs violentes, il fait appliquer du chloroforme sur le bas-ventre; la femme demande à changer de lit; à peine est-elle changée qu'elle pousse un cri et perd connaissance ; 2° de douleur violente avec rétention placentaire, 2 drachmes de chloroforme à l'extérieur; dix minutes après, la contracture n'ayant pas cessé, il en donne 6 drachmes, hémorrhagie sérieuse, syncope. Denham, à son tour, a observé l'affaiblissement du pouls, et une syncope chez une femme qui mourut quatorze jours après d'entérite grave, à forme septique. Hartmann, 1864, a vu aussi un cas très inquiétant. Après une vive excitation, arrêt complet de la respiration et du pouls, pâleur de la face, chute de la machoire supérieure. Au bout de deux minutes, la femme revint à elle, par suite du traitement approprié. En 1877, Lusk a rapporté trois autres cas. 1° Primipare : chloroforme pendant l'expulsion; pendant les contractions, anesthésie durant depuis deux heures et demie quelques gouttes à la fois ; tout d'un coup la femme fait une demi-douzaine d'inspirationss profondes, aussitôt après, arrêt du pouls. Le Dr Joel Foster emploie la méthode de Marshall et la rappelle à la vie; on avait à peine employé une demi-once de chloroforme. 2° Même femme, deuxième grossesse. Elliot donne le chloroforme : même phénomène, même résultat ; on termine l'accouchement sans anesthésie. 3° Présentation de l'épaule, chute du cordon, dix heures après rupture des membranes ; chloroforme de Squibb, pour pratiquer la version ; la femme se débat, on lui applique l'appareil, la respiration et le cœur s'arrêtent aussitôt, on la rappelle à la vie ; mais à la plus petite inhalation de chloroforme, symptômes alarmants. M. Lucas-Championnière a signalé aussi des cas de syncopes respiratoires dont nous parlerons à propos de la pureté du chloroforme.

Tels sont les accidents dont on a reproché au chloroforme de favoriser la production. Quelques-uns tiennent évidemment à l'emploi de cet agent, mais la plupart n'ont avec l'anesthésie aucune relation et ne sont que le résultat de simples coïncidences. Pourquoi, disait Fergusson, attribuer au chloroforme des accidents survenant des jours, des semaines et même des mois après l'anesthésie? Snow a démontré qu'au bout d'une demi-heure le chloroforme inhalé était éliminé et Lavigerie fixe à quatre heures au plus la durée de l'influence des anesthésiques. Comment alors expliquer ces faits d'action dite tardive du chloroforme? Et d'ailleurs l'acte lui-même de l'accouchement n'est-il pas une cause perturbatrice de l'économie bien plus puissante que quelques minutes d'anesthésie le plus souvent légère? Ne pourrait-on pas avec raison attribuer à la plus puissante des deux causes la production de l'accident? Il en est de même en chirurgie : l'opération par elle-même peut produire la syncope et cela bien plus fréquemment que l'anesthésie. Comment donc expliquer la syncope survenue une demi-heure après l'anesthésie chez une femme opérée pour ablation d'une aiguille dans le sein et rapportée par Poizat, d'Avignon? Ce sont là des faits dont l'interprétation est difficile et qui nécessitent une étude sérieuse avant que l'on puisse en déduire la culpablilté certaine du chloroforme. Quant aux accidents produits véritablement par le chloroforme, nausées, vomissements, etc., ils sont légers et dus fréquemment au mode irrégulier d'administration de cet agent; nous verrons en outre l'influence considérable qu'exerce sur eux l'impureté du chloroforme.

CHAPITRE VIII.

MORT SUBITE PENDANT L'ANESTHÉSIE.

L'un des plus grands arguments en faveur de l'anesthésie obstétricale étant son innocuité, les adversaires de cette pratique ont essayé maintes fois de réunir des preuves pour leur permettre de nier cette innocuité. (C'était la tactique de Rowley et Lipscomb contre la vaccine.) Souvent, dans des discussions, ils ont avancé ce fait que le chloroforme avait pu déterminer la mort des femmes en couches. Il est donc intéressant de rechercher les preuves de cette assertion et de réunir les différents cas de mort publiés dans les journaux français et surtout étrangers et attribués à l'anesthésie obstétricale. C'est ce que nous avons fait en négligeant toutefois quelques cas survenus quatre mois et plus après l'anesthésie.

1° Tyler Smith. Cas de mort après opération césarienne, 1847; 2° Barnes, le 22 avril 1848, affirme qu'il y aurait eu des cas dans lesquels l'anesthésie obstétricale aurait eu des suite fatales (in which it proved fatal); mais les médecins qui ont assisté à ces faits n'ont pas voulu les publier.

3° Reid, le même jour, à la Société médicale de Westminster, rapporte le cas suivant : femme accouchée récemment, névralgie, chloroforme, mort, sans autres détails.

4° Craig, 1848, 22 septembre. — Beaucoup d'insuccès n'auraient pas été publiés : dans son voisinage une femme est morte de péritonite dix à douze jours après l'anesthésie;

5° Gream, en 1849, signale un certain nombre de cas de mort aprés l'accouchement et qu'il attribue au chloroforme, malgré l'affirmation contraire de plusieurs auteurs; ces cas sont les suivant : 1° grossesse gemellaire, mort après l'anesthésie, pas de détail; 2° cas d'accouchement naturel, la femme meurt vers la fin de la deuxième semaine sans s'être jamais relevée des effets du chforoforme; 3° 2 cas de rupture de l'utérus, un dans une version, un dans une application de forceps; 4° mort à la suite d'eschares; 5° 2 cas d'éclampsie : dans l'un, début des convulsions six heures après la délivrance, mort six jours après; dans l'autre, début vingt-six heures après la délivrance, mort trente-huit heures après; 6° 6 cas de fièvre puerpérale, dont 2 de Simpson et 2 de Dubois; 7° 1 cas de péritonite à la suite de rupture du pédicule d'une tumeur sous-péritonéale; 8° 2 cas de manie puerpérale, dont l'une meurt neuf jours après délivrance et l'autre quinze mois après.

6° Banner (1849), primipare de 23 ans, très nerveuse, chloroforme, délivrance très satisfaisante ; peu de temps après, agitation, insomnie, difficulté à la maintenir dans son lit, puis, au bout d'une heure délire analogue au delirium tremens. Cet état persiste trois heures; troisième jour péritonite, mort au cinquième jour. Selon Banner, le chloroforme est cause de cette agitation qui a produit lui-même la péritonite qui a tué la patiente.

7° Ramsbotham, 1851 (Principles and practice of obstetric médecine, 3e édition, p. 189). Après la délivrance, l'utérus se contracte bien et l'état de la parturiente est satisfaisant, lorsque une heure ou une heure et demie après éclatent tout d'un coup : dyspnée, lividité de la face, tous les signes d'un engorgement pulmonaire et cardiaque. Au bout de quelque temps, la respiration redevient normale et dure ainsi trois heures et demie; à ce moment nouvelle dyspnée terrible, convulsion, mort, pas d'autopsie.

8° Murphy (Lecture on parturition, p. 447) publie un cas analogue, mais ne l'attribue pas au chloroforme; la mort, selon lui, serait due au mal de Brigth, mais cette mort a été attribuée au chloroforme, malgré l'opinion de Murphy par Blot, Johns, Sabarth, etc.

Accouchement avec anesthésie: état satisfaisant pendant

deux heures, sommeil paisible, puis toux, dyspnée progressive et mort vingt-quatre heures après; autopsie, poumons très congestionnés, reins en dégénérescence granuleuse très avancée (pretty advanced stage of granular degeneration.

9° Wolf de Chester (Massachusset). — Wolf ayant été appelé avec les Drs Smith et Freiland auprès d'une femme qui voulait être anesthésiée, une consultation eut lieu, pendant laquelle la femme s'empara d'une bouteille de 40 grammes de chloroforme que le Dr Smith avait oubliée près d'elle. Elle en respira une quantité telle que lorsque Wolf intervint, il constata une absence totale de contraction, les extrémités étaient refroidies : pouls fuyant, sueur froide, respiration sifflante, regards sans expression, en un mot, tous les phénomènes avant-coureurs de la mort; les frictions, les applications chaudes, les stimulants actifs ne purent modifier cet état. Bien que mourante, elle avait conservé sa pleine connaissance et demanda à être délivrée; elle mourut dix minutes après. Selon Wolf, cette mort ne peut être imputée qu'à l'abolition de la force vitale par la fréquente répétition d'une anesthésie incomplète.

10° Lee, à la Medical and surgical Society, le 13 décembre 1853, attribue au chloroforme 4 cas (cas 7, 8, 11 et 13) de péritonite et de phlébite dangereuse ou même fatale.

11° Le 14 aout 1855, dans le Medical Times and Gazette de Londres, nous trouvons la narration d'un cas de mort produit par les inhalations de chloroforme pendant l'accouchement. Le chirurgien, dans la pratique duquel ce fait s'est passé, ne s'est pas fait connaître. La femme dont il s'agit voulait être endormie, mais son médecin se refusait à accéder à sa demande. Elle prit donc du chloroforme à son insu, elle en prit en une demi-heure environ ʒ V (cinq drachmes), mais l'on n'est pas sûr de la quantité, la bouteille ayant été jetée dans les latrines par la nurse qui dans ce cas joue d'ailleurs un rôle assez suspect. Quoi qu'il en soit la nurse crut longtemps la femme endormie ; inquiète enfin de ne pas la voir sortir de ce sommeil, elle courut chez le chirurgien et lui dit que sa cliente n'était pas très bien (was not very well); à son arrivée le chirurgien croit également la femme endormie, mais il la trouve froide et sans pouls. Dans l'enquête à laquelle il se livra, il parvint à savoir après plusieurs contradictions de la nurse que la femme avait respiré elle-même du chloroforme et ses conclusions furent: « Je suis convaincu que cette mort n'a pu avoir d'autres causes que les inhalations chloroformiques » (after some considération, was convinced she could not have died from any other cause than the inhalation of chloroform), pas d'autopsie.

12° En novembre 1858, Robert Lee, chirurgien de l'hôpital Saint-Georges (de Londres), ayant entendu dire qu'un cas de mort par l'anesthésie obstétricale s'était produit à Wemyss-Bay, près de Largs (comté d'Ayr, Ecosse), dans la clientèle du Dr Campbell, écrivit à ce médecin pour avoir l'observation de ce cas, et publia la réponse de Campbell dans le Medical Times and Gazette. La femme en question, dans une première grossesse, en 1850, avait eu des hémorrhagies pendant tout le mois de février, par suite d'un placenta prœvia. Le travail débuta le 2 mars 1850, et s'accompagna d'hémorrhagie ; on pratiqua la version pendant l'anesthésie chloroformique; l'enfant fut mort-né. Depuis ce jour, cette femme accoucha six fois, mais toujours avec le chloroforme, le travail étant laborieux. En juillet 1858, dans une nouvelle grossesse, elle eut un accès de fièvre, et un début de travail prématuré s'accompagnant d'écoulement sanguinolent. Dès lors le pouls resta plein et fréquent. Le jour de l'accouchement, Campbell fut appelé, la tête de l'enfant était à la vulve ; on donne du chloroforme pendant les douleurs expulsives. A la quatrième inspiration, elle se rejeta violemment en arrière, fit un ou deux soupirs, l'on entendit un léger glouglou (gurgle) dans sa gorge, et aussitôt la respiration et le pouls cessèrent. On n'avait pas donné plus de deux drachmes de chloroforme sur un mouchoir. Campbell ne songea pas à sauver l'enfant ; il n'y eut pas d'autopsie.

13° Le 20 novembre 1858, Mathews Duncan (d'Edimbourg) ayant appris ce fait, écrivit à Robert Lee pour lui en faire connaître un second. « Votre cas de mort, dit-il, par le chloroforme pendant l'accouchement n'est pas, je crois, le seul en Ecosse. J'ai été appelé pour un cas dans lequel la femme mourut subitement, pendant qu'elle prenait du chloroforme en petite quantité. Mais, par suite de quelque erreur, le messager me rencontra trop tard. »

14° Le professeur Faye (de Christiana), dans le Norsk-magazin for Lœgevidenskaben, publie en 1859 le cas suivant. Femme de 35 ans, réglée abondamment depuis l'âge de 16 ans ; a toujours été d'une santé délicate ; cinq ans auparavant a eu une courte attaque d'hématémèse, semble actuellement bien portante ; elle se présente à la clinique après la rupture de la poche des eaux. A ce moment, les contractions sont faibles et peu fréquentes, mais les douleurs sont assez vives, la dilatation du col se fait progressivement ; le pouls est lent ; les douleurs devenant plus vives, on donne le chloroforme à faibles doses : la tête s'engage vite, puis, en dépit de contractions vigoureuses, reste stationnaire ; on se décide alors à appliquer le forceps ; l'anesthésie est poussée plus loin, mais elle est de courte durée, et la femme reprend vite connaissance ; elle accouche ainsi, vers trois heurs du matin, d'une fille pesant 8 1/2 pfund (livre allemande), puis elle sommeille pendant une heure. A quatre heures du matin, elle se plaint de céphalalgie, de frissons, de sensation de chaleur; elle n'éprouve point de douleurs dans le ventre, le pouls est à 120 ; sommeil profond; vers sept heures et demie, la respiration s'embarrasse tout d'un coup, elle devient difficile et stertoreuse ; l'aspect est livide, la face cyanosée, les pupilles contractées; on n'entend que le deuxième bruit du cœur ; pas de convulsions, ni de douleurs abdominales ; l'urine renferme de légères traces d'albumine ; saignée de 8 onces, mais le sang coule lentement; applications froides sur la tête, sangsues derrière les oreilles, etc.; vers le milieu du jour, la connaissance est revenue, la femme répond aux questions, et indique le nom qu'elle veut donner à l'enfant; la respiration est libre, mais courte, l'état satisfaisant ; auscultation ; râles sibilants en arrière ; le deuxième bruit du cœur est seul clair et distinct. Elle meurt presque subitement huit heures après, c'est-à-dire environ dix-sept heures après être accouchée. L'autopsie eut lieu vingt-deux heures après la mort; rien d'anormal dans le cerveau, aucune hémorrhagie. Dans le thorax, adhérences pleurales anciennes. Quelques ganglions bronchiques en dégénérescence caséeuse, poumons normaux ; pas de caillot dans les artères pulmonaires; le cœur est flasque, les valvules sont saines, dans le ventricule droit petit caillot noirâtre et mou; sang noir et liquide. L'utérus est rétracté normalement; gros corps jaune dans l'ovaire gauche ; extravasation sanguine dans la grande lèvre droite ; rien dans le foie, les reins, etc.

15° 1859. Dans l'ouvrage du professeur Balocchi, on signale le fait d'une femme à qui le professeur Balocchi ayant refusé le chloroforme, se serait rendue à Vienne pour accoucher, et y serait morte en couche sous l'influence du chloroforme. Disons de suite que Romiti, ayant fait faire à Vienne des recherches à ce sujet, n'a pu avoir aucun renseignement, le fait y étant inconnu.

16° A la Société obstétricale de Londres, le 5 décembre 1860, Rogers dit qu'il a connu à Camden-Town un cas dans lequel « la mort eut lieu apparemment en conséquence de l'emploi du chloroforme pendant l'accouchement. » Graily Hewitt a connu aussi le cas de Rogers : c'était trois ans auparavant (1857); la femme était une alcoolique, et après sa mort on trouva une bouteille de gin sous son oreiller.

17° Pomeroy aurait publié dans le New-Yorck medical Times de 1863 un cas de mort par le chloroforme, survenue quelque temps après l'accouchement; mais il nous a été impossible de nous procurer ce journal.

18° A la Société obstétricale de Londres, le 6 mai 1863, dans le cours d'une discussion sur le chloroforme, Routh cita un cas d'application de forceps dans lequel le chloroforme aurait produit la mort. Le chloroforme était donné par une nurse très expérimentée; la mort eut lieu subitement, aussitôt après l'extraction du fœtus. La rapidité de cette mort fut, pour Routh, la preuve que cet accident était attribuable au chloroforme (the suddeness of the death especially appeared to him to prove that the fatal issue was due the chloroform).

19° Johns Robert (mai 1863) rapporte un certain nombre de faits contraires à l'anesthésie; il signale un cas de Denham, mort quatorze jours après l'anesthésie, d'entérite puerpérale, deux cas de Sinclair et Johnson, ayant la même valeur (Sinclair, le 1er août 1864, affirma que ces cas n'étaient pas dus au chloroforme), le cas de Ramsbotham, de Rogers, etc.

20° A la Société obstétricale de Londres, le 7 février 1866, Barnes communique deux cas de sudden death during labour : 1er cas. Primipare, excitation maniaque pendant la dilatation du col, chloroforme à doses modérées pour application de forceps ; tractions douces ; délivrance au bout d'une demi-heure ; pouls normal ; le délire se calme ; mort dix heures après la délivrance. Selon Barnes, lui-même, ce cas pourrait être le résultat du shock nerveux et non de l'anesthésie. 2° cas. Convulsions ; respiration stertoreuse ; syncope avant expulsion du fœtus ; enfant mort-né ; femme meurt vingt minutes après ; petit caillot récent dans le thalamus opticus gauche, et deuxième caillot de forme disséquante dans le crus cerebri.

21° Dans un article de Tourdes, nous trouvons un cas de mort pendant l'anesthésie pour application de forceps ; extrait de Sabarth. Mais Sabarth, dans sa chloroform-kasuistik, ne signale que deux cas, ce sont ceux de Ramsbotham et Murphy. Quant au cas de Tourdes, il le dit très douteux (sehr Zweifelhaften, p. 268).

22° Sansom, en 1868, a fait des recherches sur ce sujet ; il n'a trouvé que deux cas de mort signalés dans un rapport américain ; mais ces cas sont ceux de Lee.

23° En 1874, M. Depaul affirme qu'il connaît deux cas malheureux à Paris ; mais, ajoute-t-il, il est si facile de mettre la mort sur le compte d'une autre circonstance !

24° Dans l'American journal of obstetrics, de juillet 1874, se trouverait aussi un cas de mort par le chloroforme. Dans ce cas mentionné par M. Depaul, la mort aurait eu lieu vingt-quatre heures après la délivrance, et, dans ce cas, l'anesthésie fut faite pour une application de forceps, et pour une délivrance artificielle. Dans un deuxième cas, il n'y aurait eu qu'une syncope grave. Nous n'avons pu, non plus, nous procurer les détails de ces cas.

25° Le 23 mars 1876, entre à la Maternité de Lyon une multipare de 25 ans.

Le 24, à 7 heures du matin, la poche des eaux s'étant rompue, on constate une présentation de l'épaule ; la sœur administre alors le chloroforme d'elle-même, sans prévenir, ni appeler le chef de service ou l'interne ; la malade ne se réveillant pas, on envoie chercher l'interne de garde, qui reconnaît que le pouls est filiforme, la face est cyanosée, les inspirations rares ; le traitement resta sans résultat, et la femme expira dix minutes après (Lyon médical, 9 avril 1876, et Gazette obstétricale de Paris, 20 avril 1876, p. 128).

26° Lusk, en 1877, à la Société gynécologique, signale deux cas de mort produits par le chloroforme. Premier cas. Primipare, 22 ans, accouchée par le Dr Catting : — tête à la vulve, légères convulsions ; on donne le chloroforme pendant chaque contraction, tremblement, arrêt du pouls, mort ; on ne trouve pas d'autre cause de cet accident que le chloroforme (no cause of death found except the giving of chloroform). — Le deuxième cas n'est que la traduction en anglais du cas de Lyon.

27° Le 4 décembre 1879, dans une discussion à la Société obstétricale de Philadelphie, le Dr R.-G. Curtis cite deux cas de mort qui lui ont été rapportés par d'autres médecins. — 1° A. T., primipare, 26 ans, chloroforme pour une application de forceps ; la femme est gaie et dans de bonnes conditions ; environ un drachme de chloroforme, la patiente devient tout à coup livide, la respiration cesse ; la vie est terminée. — 2° Chloroforme donné modérément (sparingly) pendant les contractions ; après quelques inhalations la femme meurt presque subitement.

Les cas de mort attribués au chloroforme donné pendant l'accouchement seraient donc au nombre d'une quarantaine d'après les auteurs ci-dessus. Mais il convient de les examiner. Aujourd'hui, en effet, tout le monde sera d'accord pour en éliminer un certain nombre, car l'on ne peut admettre que ce soit le chloroforme qui ait produit la mort dans le cas de Tyler Smith (1), dans ceux de Craig, de Gream, de Banner, de Lee (10), de Denham, de Barnes et de Balocchi, cas dans lequel la mort est survenue quelques heures, quelques jours et même quinze mois après l'anesthésie. Nous rejetterons également les cas qui n'ont pas été publiés et qui sont restés à l'état de vagues assertions, car il faut regarder, comme le dit Murphy, « all rumours and vague assertions as quite inadmissible in an argmentative discussion ». Aussi ne pourrons-nous pas tenir compte des cas de Barnes, de Reid, de Craig, de Mathews Duncan, de Rogers et de Depaul, les auteurs n'ayant pu ou voulu fournir aucune observation qui puisse permettre de juger de la valeur des faits.

Quant aux autres cas, il faut encore choisir parmi eux, la plupart ne soutenant pas un examen sérieux ; les cas de Ramsbotham et de Murphy peuvent être aussi bien le résultat d'un mal de Bright, la congestion pulmonaire étant un fait assez commun chez les brightiques (Snow) et la présence des convulsions étant un argument de plus en faveur de cette opinion. Le cas de Routh ne prouve rien non plus, la mort survenue après la délivrance est un accident qu'on observe parfois dans le cas où il n'y a pas eu d'anesthésie. Il en est de même des cas cités par Depaul dans l'Américan journal of obstetrics. « Ces cas, dit Piachaud, n'ont aucune valeur dans l'espèce, car il s'est agi d'opération, et par conséquent d'anesthésie chirurgicale dont nous ne contestons nullement le danger ; en outre, la mort survenue vingt-quatre heures après l'accouchement ne me paraît pas devoir être attribuée au chloroforme, elle ne se serait pas fait attendre aussi longtemps. »

Reste donc les cas de Wolf, le cas anonyme de 1855, le cas de Campbell-Lee, celui de Faye, de Lyon, 1876, celui de Lusk et les deux cas de Curtis. Examinons ces cas. — Dans l'observation de Wolf, l'on attribua la mort au chloroforme non d'après les symptômes, mais faute de trouver une cause autre que celle-là; les symptômes de cette mort ne ressemblent guère d'ailleurs à ceux d'une mort par le chloroforme, comme on le voit en chirurgie. L'on ignore d'ailleurs ce qui s'est passé avant l'intervention médicale. Il en est de même pour le cas publié en 1855, par le Medical times and Gazette : la femme était morte ou du moins mourante quand le médecin vint. Nous ne nions pas qu'on puisse mourir par le chloroforme. Avec des doses et un temps suffisant on peut tuer n'importe quel individu. Skey et Glover ont succombé ainsi ; mais il n'en est pas de même, lorsque l'on se borne à l'anesthésie obstétricale, c'est-à-dire lorsque l'on ne pousse point l'anesthésie jusqu'à atteindre les centres respiratoire ou circulatoire. Le même raisonnement peut s'appliquer au cas de Lyon; M. Pinard fait observer lui-même que les détails manquent et ne permettent point de juger le fait : « Que s'était-il passé pendant l'anesthésie ? Quelles précautions avaient été prises? Ce sont là des questions qu'il est impossible de résoudre scientifiquement. ..... Le fait ne doit donc pas être mis au passif du chloroforme, puisque celui-ci a été administré dans des conditions inouïes et impossibles de préciser, le fait ne relève pas de la critique scientifique. » Ce n'est pas d'aujourd'hui que M. Pajot a pu constater, comme il le disait dans son cours du 27 mai 1877, « que les sœurs de charité sont de mauvaises gardes-malades qui ont reçu une instruction batarde et qui se croient tout permis ; ayant quelques connaissances plus ou moins médicales, elle croient ne pouvoir en faire qu'à leur tête et ne pas exécuter les ordres qu'on leur donne. »

Dans le cas de Campbell, le chloroforme fut donné par un médecin, 2 drachmes (8 grammes) en quatre fois, dose déjà un peu forte; l'observation est d'ailleurs incomplète, l'autopsie ne fut pas faite et l'état de la femme avant l'anesthésie n'est révélé que par l'indication du pouls qui avait une fréquence et une plénitude peu normale. Aussi n'est-il pas étonnant de voir Alfred Sharpe, le 20 novembre 1858, demander, dans le même journal, si l'on avait pris toutes les précautions et protester contre l'absence de renseignements importants.

L'observation de Faye est beaucoup plus complète, elle n'en est pas plus probante ; la mort se montrant dix-sept heures après l'emploi du chloroforme, et précédée de céphalalgie, de frissons, de fièvre, d'élévation du pouls, fait penser bien plutôt à quelques complications puerpérales. D'autre part, l'embarras de la respiration et les autres symptômes qui apparaissent et disparaissent, l'absence du premier bruit du cœur, les râles sibilants pourraient indiquer la présence de quelque coagulum, de quelque embolie, malgré l'absence de lésions constatées à l'autopsie ; seuls, les cas de Lusk et de Curtis ont présenté des symptômes qui se rapprochent de ceux observés en chirurgie dans de pareilles circonstances. Dans ces trois cas, la mort a été brusque et a eu lieu pendant l'anesthésie. Il est vrai que dans ces trois cas il y a absence de détails sur la manière dont on a pratiqué l'anesthésie et surtout absence d'autopsie.

A tous ces faits d'ailleurs il est une objection sérieuse, objection prouvée par de nombreux faits, je veux parler de la possibilité de morts subites dans l'accouchement, lors même que l'on n'a pas employé le chloroforme. Sur le grand nombre de cas d'accouchements avec anesthésie, ne se peut-il pas que quelque cas de ce genre ne se soit présenté ?

La mort subite dans l'accouchement, étudiée en 1814 par Ramsbotham (Medical repository), a été l'objet de recherches plus nombreuses depuis l'emploi des anesthésiques en obstétrique. Des faits de ce genre ont été signalés le 10 janvier 1849, à la Société obstétricale d'Edimbourg par Me Cowan, Drummond, Denman, Clarke, Blundell (Edinb. Monthly journal of medic. sc., may 1849, vol. III, N. S.) D'autres ont été publiés par Cormak (London journal of med., 1850, p. 928), et par Buchanan (p. 489), par Berry (Provincial medic. and surgic. journal, 27 novembre 1850, et Union médicale, janvier 1851); par Mac Clintock. (Dublin medical Press, 10 may 1852, et Union médic. 1852); par Danyau et Villeneuve (Union médic., 1852), par Dehous (thèse 1855) et par Hecker (Union médic., 1855, t. IX, p. 154 — Churchill a rapporté 50 cas de mort subite, pendant l'état puerpéral, dont 24 dus à des syncopes, 4 attribués au shock nerveux, 12 à l'introduction de l'air dans les sinus utérins et 10 à la formation de caillots dans l'artère pulmonaire. Dubreuilh (Gazette hebdomad., 1857), et Schutzenberger (Gazette médicale de Strasbourg, 1857), Trèves (Union médic., n° 36, 1857). George May, 1857, British med. journal, n° 23), Mordret (Acad. médec. 1858), Moynier (1858, Paris) et Dawson (thèse inaug. 1859), ont augmenté encore le nombre de ces cas connus. — A la suite de la communication de Lee en 1858, Aveling, de Sheffield (Medic Times and Gaz., 18 décembre 1858, et Gaz. hebdom., 12 août 1859, p. 590) et Williamson, d'Aberdeen (Edinb. medic, and surgical journ., 1858), publièrent des cas dans lesquels les symptômes étaient les mêmes que ceux observés dans le cas de Lee; le cas de Williamson était dû à une hémorrhagie intra-ventriculaire. Enfin Alexandre Keiller, Simpson (Recovery from embolism cerebral and sudden death in a subsequent pregnancy, mai 1861), à la Société obstétricale d'Edimbourg; Worley (British medic. journal, 7 may 1870); Playfair (The Lancet, août 1867), Michaud, thèse Strasbourg, 1870, Jebson (American journal of obstetrics, 1872); Georges Myler, 1874 ; Phillips (Guys Hosp. Report, XVIII, 1873); Cordwent (Saint-George Hosp. Report, vol. VI, 1873); Barella (Bulletin Acad. méd. de Belg., nov. 1873); Santopadre (Pozzoli. il Raccoglitore médico XXIII, p. 499, etc., 1873) Armaingaud (Bordeaux médical, n° 35, 1876), Dubreuilh (Gaz. méd. Bordeaux et Gaz. hôpitaux, 1878), et Schwing (Centralblatt für Gynäkolog., 1880), ont rapporté de nouvelles observations.

Ces faits que l'on pourrait rapprocher des cas de mort subite en chirurgie, signalés par Simpson, Miller, Pattison, Syme, Argyll, Robertson, Gudwood, ont été attribués à des causes diverses : contracture réflexe du muscle cardiaque, paralysie du cœur (Drey, Snow, Jeffrey), arrêt de la respiration (Magendie, Pitha), spasme de la glotte (Stanelli), congestion cérébrale (Gruby, Magendie), pénétration de l'air dans le système circulatoire, etc. Mais quelle qu'en soit la cause, ils n'en existent pas moins, bien qu'à l'autopsie la lésion échappe souvent.

Considérant donc d'une part le peu de cas de mort qui peuvent avec quelque probabilité être attribués au chloroforme, et de l'autre, le peu de rareté des cas de morts subites sans anesthésie, l'on peut, vu l'analogie de leurs symptômes, nier la nocuité du chloroforme. C'est ce qu'ont fait presque tous les accoucheurs et médecins. Romiti a dit par exemple, « non esiste un caso sicuro di morte per causa, dell' anestesia nella practica ostetricia » : Ce fut aussi l'opinion de Fredet, Trousseau et du comité du chloroforme à l'unanimité ; car rien ne prouvait l'opinion de Barnes qui, s'appuyant sur la mortalité d'Edimbourg et de Londres, avant et pendant l'emploi des anesthésiques. (Edimbourg 1846, m. 1/116; 1847, m. 1/97; 1848, m. 1/91 et Londres 1846, m. 1/110; 1847, m. 1/118; 1848, m. 1/101), attribuait au chloroforme cette augmentation de mortalité. Johns s'était servi du même argument d'après le Dublin lying-in Hospital reports : avant l'anesthesie (Collins et Johnson); sur 13,406-133 morts, proportion 1/100 : pendant l'emploi des anesthésiques (Skekleton), sur 342-30 morts, proportion 1/11; Simpson, sur 645 cas ayant eu 5 morts. = 1/49 et Denham, 5 morts sur 56, = 1/11. On arriverait par ce procédé en ne tenant compte que d'un seul cas suivi de mort à la proportion 1-1. Carmichael a montré du reste le peu de confiance à attribuer à ces statistiques. On a par exemple accusé l'accouchement de la mort d'une femme survenue dix mois et demi après. Mais il faut rejeter toutes ces assertions qui ne reposent pas directement sur des observations et même, dans le cas de mort subite, il faut comme le disait Barlow à la Société médicale de Westminster, 3 novembre 1849, se demander dans quelles conditions était la malade, quel était le mode d'administration du chloroforme, quel était l'état de la respiration et de la circulation et ne pas se contenter de réponses vagues.

D'ailleurs, quand même le chloroforme aurait produit quelque cas de mort, serait-ce une raison suffisante pour ne pas l'employer? Spiegelberg a rappelé qu'en Angleterre il y avait eu, en 1844, 75 morts par l'opium et 242 par d'autres agents : faut-il pour cela ne plus faire de thérapeutique? Les cas de mort en chirurgie n'arrêtent pas les chirurgiens. Simpson a jadis répondu à Meigs que s'il en était ainsi, comme il est prouvé que l'on peut être tué en chemin de fer, il ne faudrait plus voyager ; de même Taylor, dans sa jurisprudence, ayant démontré par des exemples que l'eau froide peut tuer, il ne faudrait plus se désaltérer. Ces considérations de la possibilité de la mort n'arrêtent personne, et elles ne doivent pas arrêter non plus les accoucheurs en présence de ce fait qu'il n'est encore aucun cas de mort que l'on puisse avec certitude reprocher à l'anesthésie obstétricale, malgré le nombre immense d'accouchements dans lesquels on l'a employée.

CHAPITRE VIII.

CAUSES DE L'INNOCUITÉ CHEZ LES FEMMES EN COUCHES.

L'immunité de la femme en couches contre les accidents chloroformiques n'a plus aujourd'hui besoin d'être prouvée, bien qu'elle ait été niée par M. le Dr Pajot. « Quant à la prétendue tolérance spéciale des femmes grosses pour l'anesthésie, c'est une pure hypothèse ne s'appuyant sur rien. Ce ne sont pas les observations de simulacres d'anesthésie ou de prétendue demi-insensibilité avec plaintes et cris qui peuvent prouver quoi que ce soit à cet égard. » Étant donné le nombre considérable d'accouchements avec anesthésie, surtout à l'étranger, et étant donné aussi l'impossibilité où l'on se trouve presque de pouvoir citer des cas de mort pendant l'anesthésie obstétricale, l'on ne peut nier chez les femmes en couches l'immunité particulière qui est cause que l'on ne voit pas en obstétrique comme en chirurgie un cas de mort presque toutes les semaines (voy. statistiques des chirurgiens anglais), et pourtant si cette immunité n'était, comme le prétend M. Pajot, que le résultat de la légèreté de l'anesthésie, on devrait néanmoins voir encore survenir des cas de mort en obstétrique, puisque, sur une statistique de 102 cas de mort, 10 fois la mort est survenue au début dès inhalations, avant la production de l'anesthésie chirurgicale.

Il faut donc rechercher quelles sont les causes qui peuvent ainsi mettre la femme en couche à l'abri des accidents chloroformiques. Car les modifications de l'organisme, le malaise, le dégoût des aliments, les vomissements, la fatigue, l'impressionnabilité du système nerveux et les obstacles qu'apporte à la circulation abdominale le développement de l'utérus, ne semblent pas devoir mettre la femme en couche dans des conditions plus favorables au point de vue anesthésique que le malade que l'on opère.

Cette immunité peut tenir à deux causes, au mode d'administration de l'anesthésique, à la nature même de l'organisme pendant la parturition.

A. *Mode d'administration du chloroforme.*

1° *Faibles doses.* La petite quantité de chloroforme inhalé à chaque moment est pour Martin d'Iéna et Romiti la cause de l'innocuité du chloroforme en obstétrique.

2° *Le début lent et graduel* de l'anesthésie, permettant de reconnaître les idiosyncrasies et de cesser l'anesthésie au moindre signe suspect, avant qu'une quantité considérable de chloroforme ait pénétré dans l'organisme.

3° *L'intermittence* des inhalations. — Gosselin, en 1854, à la Société de chirurgie a dit : «Le moyen le plus sûr que nous possédons aujourd'hui d'éviter la mort par le chloroforme est l'intermittence dans les inhalations.» Ce fait a été reconnu par M. Dumontpallier (1878).

4° *Le faible degré* de l'anesthésie, n'allant que jusqu'à la perte de connaissance exclusivement, permet d'éviter les syncopes secondaires et tertiaires, et de négliger l'intoxication possible.

5° *L'horizontalité* a été indiquée par Hermann, à la réunion des naturalistes allemands à Leipsig, comme l'une des causes de l'absence de cas de mort.

B. *Conditions inhérentes à la femme.*

1° *Influence du sexe.* La femme est moins susceptible que l'homme (Sansom); Snow, sur cinq cas de mort, compta trois hommes et deux femmes ; Scoutteten, sur trois cas, deux hommes et une femme ; Kidd, sur cinq cas, quatre hommes et une femme; Sansom, sur trente-trois cas, vingt-trois hommes et dix femmes ; total trente-trois hommes et quatorze femmes ; sur quarante-six cas, le comité de chloroforme avait rencontré trente-deux hommes et quatorze femmes.

2° *La vascularisation cérébrale*. La femme sous ce rapport se rapproche de l'enfant, chez lequel l'usage des anesthésiques est, on le sait, beaucoup plus inoffensif que chez l'adulte. (Broca.)

3° *A l'état mental*, Galien a dit : « Il n'y a pas peut-être de disposition plus aggravante et plus fatale dans toutes les maladies que la pusillanimité. Combien de gens qui s'empressent de mourir par frayeur ! » Or, chez la femme en couche, la douleur existe, et la femme qui considère l'anesthésie comme un moyen de supprimer cette douleur ne peut éprouver de frayeur, ni de répulsion pour cet agent qui doit la soulager. Au contraire, chez l'individu que l'on va opérer, la douleur n'existe pas ; elle ne se produira que pendant la période d'anesthésie ; aussi ce malade éprouve-t-il une émotion causée par la crainte de souffrir malgré l'anesthésie, et aussi par la crainte de la chloroformisation elle-même. Cette émotion psychique qui déprime le système nerveux peut être une source d'accident. C'est à son absence que l'on avait attribué l'immunité des enfants (Perrin). Fordyce Barker et Bickersteht ont très bien développé ces différences entre la chirurgie et l'obstétrique.

4° *A la présence de la douleur*. La douleur est une cause d'excitation du système nerveux. C'est une loi reconnue en médecine (loi de tolérance), que les malades atteints d'affections très douloureuses coliques, péritonites, etc., supportent sans inconvénients des doses d'opium par exemple qui les feraient mourir s'ils étaient sains. Il semble que le système nerveux excité, stimulé par la douleur, résiste mieux à l'envahissement de l'influence narcotique. Hermann Kohler, Piachaud.)

5° *A l'état puerpéral.* En vertu peut-être de la loi précédente, ou grâce à l'hydrémie particulière du sang, les femmes en couche peuvent supporter des doses plus considérables de substance toxique. (Halla, 1847; Scanzoni, 1855, Druitt, 1860.)

6° *A l'absence de certaines complications que l'on peut rencontrer en chirurgie.* Les chances de mort en effet d'après Herm. Kohler augmentent graduellement en raison de la présence de ces accidents : 1° dégénérescence du cœur, surtout dégénérescence graisseuse ; 2° affections pulmonaires, hyperémie pulmonaire aiguë ; 3° commotions du système nerveux (shock) ; 4° empoisonnement du sang pyémie, urémie) ; 5° alcoolisme chronique, *delirium tremens.* Chez les femmes en couche, c'est-à-dire à la période d'activité sexuelle de la femme, ces complications se rencontrent très rarement ; les chances de mort sont d'autant diminuées.

7° *A l'absence d'hémorrhagie pendant l'accouchement.* Les hémorrhagies ont lieu après, tandis qu'en chirurgie elles auraient lieu pendant l'anesthésie.

8° *A la liberté des voies respiratoires.* Il n'en est pas toujours ainsi en chirurgie, car les opérations portent parfois sur la bouche ou sur les muscles respirateurs.

9° *A l'influence des contractions utérines.* L'utérus en se relâchant et en se contractant alternativement forme à côté du cœur et du poumon une sorte de 3e centre circulatoire, un troisième levier (dritten Hebel), qui renforce l'action du cœur et du poumon, les arrêts de la circulation sont moins à craindre et par suite l'asphyxie et la syncope se trouvent évitées (Spiegelberg, Hermann).

10° *A la synergie des contractions du diaphragme.* La persistance de l'effort abdominal empêche le diaphragme de s'arrêter, de se paralyser et, comme conséquence, met obstacle à la syncope respiratoire. Giraudet (Académie des sciences, 2 octobre 1854) a demontré que tout obstacle à la contraction diaphragmatique était une cause de mort.

11° *A l'effort obstétrical lui-même.* Théorie de Campbell. — Campbell, se basant sur les observations et les expériences physiologiques de Claude Bernard qui démontraient l'existence d'une anémie cérébrale pendant le sommeil chloroformique et constatant l'hyperémiation du cerveau pendant l'effort (Guyon), a considéré l'effort obstétrical comme un préservatif contre les dangers de l'anémiation des centres nerveux pendant le sommeil chloroformique des femmes qui accouchent. Campbell, à l'appui de cette théorie, a démontré l'influence sans cesse désanesthésiante de l'effort obstétrical. Le vomissement s'accompagnant aussi d'effort aura le même résultat. Les faits de ce genre ont été signalés. — Huchard, en 1874, a publié l'observation d'une femme qui, sujette à des syncopes presque incessantes, n'eut aucune syncope pendant l'accouchement. Budin a remarqué l'influence désanesthésiante de vomissements trois fois repétés pendant une anesthésie pour ovariotomie (Progrès médical, 1874). Bergeron enfin a constaté que les expériences faites avec l'émétine prouvaient que les vomissements provoqués chez les chiens chloroformés déterminaient brusquement le retour de la sensibilité (Le choloroforme dans la chirurgie des enfants). Ce fait avait déjà été signalé par G. French : « On vomiting as antagonist to syncop. » La théorie de Campbell semble donc devoir être acceptée, mais suffit-elle à elle seule pour expliquer l'immunité des femmes en couches? C'est peu probable, elle doit sans doute agir simultanément avec les autres causes. Quoi qu'il en soit, l'innocuité du chloroforme chez les femmes en couche, est un fait démontré par la pratique du monde entier en narcose obstétricale, et en vertu du primo non nocere, elle ne peut faire rejeter cette méthode qui, dans les accouchements naturels, simples, disait Danyau, n'est admissible qu'à la condition d'une complète innocuité.

V. PARTIE TECHNIQUE

Il nous reste à étudier dans cette partie le mode d'administration du chloroforme en obstétrique et toutes les questions qui se rattachent à l'emploi du chloroforme. Nous examinerons donc successivement l'importance de la pureté de cet agent, l'influence qu'exerce sur son action son mélange avec d'autres substances (éther, alcool ou opiacés), puis après quelques mots sur les appareils nous verrons à quel moment il faut commencer l'anesthésie, pendant combien de temps on peut la prolonger, et quelles sont pour cela les doses nécessaires. Nous terminerons par les indications et contre-indications de l'anesthésie obstétricale, par le modus faciendi, et enfin par la conduite à tenir en présence d'un accident chloroformique.

CHAPITRE PREMIER.

PURETÉ DU CHLOROFORME.

La pureté du chloroforme est une des conditions les plus importantes pour son emploi, la non-réalisation de cette condition pouvant être une source d'accidents plus ou moins graves. Dans les premiers temps de l'anesthésie, le chloroforme obtenu souvent par des procédés imparfaits fut loin d'avoir le degré de pureté de celui qu'on peut fabriquer actuellement. Aussi Barnes non sans raison traitait-il en 1847 le chloroforme de « Hazardous and doubtful agent», et Ramsbotham de « uncertain and capricious». En 1848, Dorvault signale les altérations du chloroforme. La même année, Lesueur et Rubbio, de Séville, constatent que parfois il leur est impossible de produire l'anesthésie même avec des doses élevées de chloroforme. La pureté du chloroforme fut aussi étudiée en 1848 en Angleterre (properties and test of the purity of chloroform Lancet, 1848, p. 47, a proposed test for the detection of impure chloroform, Letheby. Lancet, 1848, 2,293 et King. Lancet 1840), Morson, de Londres, dans le Pharmaceutical journal, affirme que le meilleur échantillon du chloroforme écossais se décompose par la lumière et met en liberté du chlore et de l'acide chlorhydrique. John Abraham de Liverpool et Christison remarquent la même facilité de décomposition du chloroforme préparé par le procédé de Gregory (poisonous nature of scotch chloroform) et cependant Clay (British record. of obstetric med., 15 mai 1848) prétend que ce chloroforme est encore le plus pur des chloroformes livrés par l'industrie. L'on connaît la réputation du chloroforme de Duncan et Flockhardt d'Edimbourg et de Hooper, de Bullock de Londres. En France, le chloroforme est préparé par le procédé de Soubeiran, et Miahle (Académ. de médec., 7 déc. 1848) signale l'action topique du chloroforme et les moyens de reconnaître sa pureté.

Simpson et Grégory regardèrent la mauvaise qualité du chloroforme de Londres comme une des causes de son peu de succès dans la City. Crisp même se convertit à l'anesthésie obstétricale après un séjour de 15 jours à Edimbourg en prétendant que son hostilité antérieure était due à ce fait « qu'il n'avait jamais vu à Londres l'effet du vrai chloroforme. » Channing en Amérique insiste aussi sur la pureté du chloroforme comme une des principales conditions de son emploi.

En 1852, Sédillot à Strasbourg signale les propriétés toxiques du chloroforme impur, il décrit avec soin, d'après Hepp, les conditions que doit remplir cet agent (Voy. Hepp Gaz. méd. de Strasbourg, sept. 1851). Le chloroforme pur, dit-il, et bien employé ne tue jamais. Adrian en 1863 (Gaz. hebdom. de médecine et de chirurgie pratiq., p. 679) fait du point d'ébullition du chloroforme le critérium de la pureté de ce liquide. En 1864 (Bulletin général de thérap., octobre 1864, sur la préparation du chloroforme destiné à l'anesthésie chirurgicale) il indique un procédé pour obtenir un chloroforme pur, c'est-à-dire privé de ces éléments étrangers dont quelques-uns ne peuvent être reconnus par l'analyse chimique. De son côté Personne à l'Académie de médecine (1864) signale la découverte faite par Maisch dans le chloroforme, d'alcool, d'éther chlorhydrique et surtout d'acide carbonique en grande quantité. Le chloroforme fabriqué en grand avec de l'alcool faible de première distillation renfermait aussi des éléments amyliques, butyliques, etc. En 1866, Bartschen d'Osnabruck appelle l'attention sur les impuretés du chlorofarme (üeber schlechte Chloroformnarkosen, Berliner klinische Wochensschrift, 13 août 1866, n° 33). Personne en 1870 constate dans le chloroforme de l'éther chloroxycarbonique provenant d'un alcool supérieur à la série éthylique et donnant lieu par sa décomposition à la production de gaz chloroxycarbonique d'où résulte en dernière analyse l'acidité du chloroforme et ses vapeurs irritantes— Wulfberg dans le Norsk magazin 1878 (farmakologische Strobemoerkninger), Rabuteau à la Société de biologie, 3 déc. 1878, 29 nov. 1879, M. Perrin à l'Académie de médecine 1878, Regnauld (Archives genérales de médecine, mars 1879), Lucas-Championnière, Société de chirurgie, 14 décembre 1881, Roux et Regnauld (Recherches sur la production de l'oxychlorure de carbone dans le chloroforme : journal de pharmacie et chimie, mai 1882) et Yvon (même journal, 1882) et enfin M. Lucas-Championnière (Revue de chirurgie, mai 1882) ont étudié de nouveau cette question si importante.

Il résulte de ces faits que le chloroforme renferme souvent des impuretés, surtout depuis qu'on le prépare en grand avec des alcools inférieurs. Quelques chimistes ont cherché des procédés qui puissent rémédier à ces inconvénients. Mais malgré les perfectionnements apportés à la fabrication du chloroforme par Waldie, Gregory, Soubeiran, malgré les procédés de Smith (indiqué par Taylor, 1849), de Hepp, de Hardy (Archiv. génér, de médec, 1862), de Weppen, de Bœttger (Union médicale, 1864), d'Adrian, de Damoiseau, d'Yvon (1882), l'on ne peut être sûr aujourd'hui de la pureté de cet agent que lorsque l'on connaît exactement la provenance. Simpson en 1867 conseillait dans ce but de l'acheter à la « best shop »; aussi ne semble-t-il pas inutile de rappeler rapidement les caractères du chloroforme et les principales réactions qui permettent de reconnaître sa pureté.

Chloroforme.

(*Chlorure de carbone de Liebig.* — *Perchlorure de formyle de Haynes Walton.* — *Trichlorure de formyle de Hampe.* — *Supercloridum formylicum.* — *Formylsuperchloride.*) —

Limpide, incolore, d'une odeur agréable que l'on a comparé à celle de la pomme de rainette, d'une saveur sucrée. Sa densité serait : pour Wilson (1848) 1,4909 à 60° Fahrenheit pour Soubeiran 1,496 à + 12 degrés centigrade; pour S. Remys (1876) 1,500 à + 15. Suivant Liebig, Adrian et presque tous les auteurs, sa densité à 18° centigrades est de 1,480; il bout à 60°,8 — Voy. sur le point d'ébulition Hager (Medic. press and circular, 1869, t. VIII, p. 498.)

Essai (1).

D'après Ludger Lallemand et Perrin, le chloroforme doit se volatiliser entièrement sans laisser de résidus, ni de traces odorantes persistantes, il ne doit pas rougir, ni blanchir le papier bleu de tournesol, il ne doit pas précipiter l'azotate d'argent. Sa densité est telle que dans un mélange à parties égales d'eau et d'acide sulfurique à 66 degrés il doit tomber au fond et non flotter (procédé de Soubeiran). Partant de là, M. Renauld conseille : 1° de verser et de faire évaporer un peu de chloroforme sur du papier blanc et sec : le chloroforme pur doit exhaler jusqu'à la fin une odeur suave caractéristique et laisser le papier absolument sec et inodore.

2° De tremper dans le chloroforme un morceau de papier de tournesol, ce papier conservant sa couleur dans le chloroforme pur.

3° D'agiter, dans un tube bien sec, égale partie de chloroforme et d'une solution de nitrate d'argent à 1 pour 100. On ne doit avoir ni précipité caillebоté ni même nuage blanchâtre;

(1) V. Sabarth. (Das chloroform, p. 4) Zeichen der Reinheit.

4° Un ou deux centimètres cubes de chloroforme chauffés jusqu'à ébullition avec quelques gouttes d'eau et un petit fragment d'hydrate de potasse ne doivent pas se colorer.

5° Un mélange à partie égale de chloroforme pur et d'acide sulfurique concentré et incolore ne doit pas se colorer (il se colore en brun avec les alcools butylique, propylique, amylique).

Outre ces moyens indiqués par Regnauld, il en est d'autres qui permettent de reconnaître la présence de certaines substances fréquemment mélangées au chloroforme. Dans the Lancet de 1848 l'on prétend que le chloroforme appliqué sur la peau ne doit produire qu'une simple rougeur sans cautérisation, ni vésication. L'action caustique est produite par l'alcool anhydre, fait soupçonné par Soubeiran et Gerdy.

Les composés méthyliques se reconnaîtront à leur odeur forte, désagréable, de même pour l'huile chlorurée particulière qui a une odeur empyreumatique. Cette huile donne un précipité graisseux noirâtre, lorsqu'on agite le chloroforme avec du chlorure de zinc, elle donne une coloration brune avec l'acide sulfurique ;

En chauffant le chloroforme dans une capsule, le chloroforme s'évapore et les composés chlorés, s'il en existe, restent les derniers: dans une solution de nitrate d'argent au 100°, ils donnent alors un précipité caillebοté de chlorure d'argent. On a la même réaction pour le chlore libre, l'acide chlorhydrique.

Traité par l'hydrate de potasse, le chloroforme contenant du chlorure d'élaïle exhale une odeur infecte due au chlorure d'acétyle (Robert).

Le présence de l'alcool se reconnaît de plusieurs manières. 1° Procédé de Catell. — Un ou deux cristaux d'acide chromique (ou bien de bichromate de potasse avec quelques gouttes d'acide sulfurique) dans 8 ou 10 grammes de chloroforme, donne un précipité de sesquioxyde vert de chrome en présence de l'alcool. Ce procédé ne serait pas sûr d'après Lepage, de Gisors.

2° Procédé de Soubeiran. — Agitez du chloroforme et de l'huile d'amandes douces. Le mélange devient laiteux lorsqu'il renferme au moins 5 à 6 0/0 d'alcool.

3° Procédé de Letheby. Le chloroforme ne coagule pas l'albumine comme le fait un mélange d'alcool et de chloroforme.

4° Procédé de Roussin. — Avec le binitro-sulfure de fer, récemment préparé, pas de coloration avec le chloroforme pur, coloration brune plus ou moins foncée avec le chloroforme contenant de l'alcool.

Le chloroforme contenant de l'alcool et de l'éther s'enflamme au contact de la flamme d'une allumette.

Le chloroforme pur donne une coloration violette très belle avec l'eau iodée. La coloration devient vineuse lorsque le chloroforme contient de l'éther.

Le gaz chloroxycarbonique se reconnaît à son odeur acide et à ce qu'il ronge les bouchons de liége.

Telles sont les principales substances que l'on peut rencontrer dans le chloroforme. Heureusement nous n'en sommes plus au temps ou Christison et Douglas Maclagan trouvaient de grandes quantités d'acide chlorhydique dans le chloroforme et où Letheby en constatait jusqu'à 53 0[0 dans le chloroforme des hôpitaux de Londres; mais actuellement il existe encore souvent dans le chloroforme des éléments étrangers dont on ne connaît ni la constitution ni les réactions. Deux procédés peuvent mettre sur la trace de ces substances.

1° Procédé d'Adrian. — Adrian a fait remarquer que lorsque le point d'ébulition du chloroforme est inférieur ou supérieur à 60°,8 le chloroforme contient des éléments étrangers. Cet agent, étant en effet purifié de nouveau, son point d'ébullition redevient normal.

2° Procédé d'Yvon. — Ce procédé consiste dans le mélange du chloroforme impur avec une petite quantité de solution alcaline de permanganate de potasse. Le chloroforme impur donne une coloration verte plus ou moins rapide.

Ces deux procédés permettent de faire soupçonner dans le chloroforme la présence de substances étrangères dont la détermination chimique est encore inconnue. — A M. Lucas-Championnière appartient lemérite d'avoir attiré et fixé l'attention sur ces substances et sur leur importance au point de vue clinique. M. Lucas-Championnière ayant observé des irrégularités d'action, des accidents plus ou moins graves, survenant coup sur coup avec le même chloroforme, fut porté à étudier cette question dès 1875. En 1881 il fit une premiere communication basée sur un certain nombre d'accidents, observés avec des chloroformes dont l'étude chimique avait été faite ensuite par M. Yvon. La plupart des accidents signalés par M. Lucas-Championnière l'avaient été déjà par des accoucheurs et des chirurgiens, mais personne n'avait rattaché à leur véritable cause ces irrégularités de l'action physiologique du chloroforme ou du moins ne s'y était suffisamment appesanti pour attirer l'attention. Tous ces phénomènes étaient rangés pêle-mêle dans la classe si vague et si étendue des idiosyncrasies. Seul peut-être le comité du chloroforme de Londres avail dit le 5 juillet 1864: «Les irrégularités apparentes dans l'action physiologique du chloroforme dépendent surtout de la qualité du chloroforme » (apparent irregularities in the action of chloroform mainly depend on the quality of chloroform). Syme en 1855 avait aussi soupçonné le fait.

Les accidents observés et signalés par M. Lucas-Championnière ont une grande importance en ce qu'ils nous expliquent un certain nombre de phénomènes que l'on peut remarquer parfois dans l'anesthésie obstétricale ; nous pouvons ranger ces faits de la façon suivante :

1° Difficulté pour endormir les malades. — M. Lucas-Championnière a constaté qu'il y avait des époques où le chloroforme des hôpitaux n'endormait plus, où il fallait des périodes énormes pour l'anesthésie. Ce fait a été indiqué depuis longtemps. Murphy, en 1848, disait qu'il y avait des cas où l'on continuait longtemps à respirer le chloroforme avant de produire l'anesthésie : Clémens de Francforth avait donné à ce phénomène le nom de faim chloroformique. Lévy, de Copenhague, Berger et Le Fort ont aussi rencontré des cas de ce genre. Les recherches de M. Champonnière jettent un jour nouveau sur ces différences parfois considérables dans les doses nécessaires pour déterminer l'anesthésie. Simpson a parfois employé jusqu'à 125 grammes. Halla, Scanzoni ont affirmé aussi la nécessité de doses parfois plus considérables. Lorsque M. Lucas-Championnière se servait de chloroforme dont il connaissait la provenance, il anesthésiait facilement les femmes en couches. Lorsqu'il prenait son chloroforme dans une pharmacie au hasard, au lieu de 40 ou 50 grammes, il lui en fallait 100, 150, 200 grammes pour n'obtenir qu'un résultat peu satisfaisant. MM. Gosselin et Hervieux ont aussi employé parfois 100 grammes de chloroforme pour ne déterminer qu'un sommeil incomplet. Le chloroforme pur a évidemment un pouvoir stupéfiant plus considérable, comme MM. Porak, Terrier, Périer, Berger ont pu le constater avec le chloroforme purifié d'Yvon.

2° Impossibilité d'obtenir la demi-anesthesie nécessaire pour les accouchements naturels. — M. Lucas-Championnière a constaté plusieurs fois que le chloroforme impur, bien que permettant tant bien que mal et grâce à des doses massives d'obtenir l'anesthésie chirurgicale, était incapable de déterminer ce degré intermédiaire, dit anesthésie obstétricale. Il cite à ce propos une observation très intéressante et très probante où l'on ne peut prétexter une idiosyncrasie, les deux chloroformes ayant été employés chez la même femme. Ce fait explique peut-être les échecs éprouvés par certains accoucheurs, qui se sont refusés ensuite à croire à l'anesthésie obstétricale, faute de pouvoir l'obtenir eux-mêmes. Ces échecs étaient dus, soit à la mauvaise administration du chloroforme, soit peut-être, toutes les conditions étant bien remplies, à une qualité défectueuse du chloroforme. Ex. : la conversion de Crisp. M. Pinard, qui n'a jamais pu obtenir l'anesthésie obstétricale, a reconnu que le chloroforme employé dans une partie de ses observations était impur. Il est probable que Campbell se servait toujours du même chloroforme, car il n'a pas observé ces faits.

3° Accidents pendant le cours de l'anesthésie. — Je ne ferai que signaler l'action caustique du chloroforme impur. Cette action a été reconnue par Hamilton (sensation de cuisson, de brûlure) et surtout par Prevost, interne à l'hôpital Saint-Antoine (Gaz. des hôpitaux, 11 juillet 1850, p. 339; note sur la pureté du chloroforme des hôpitaux. En 8 minutes le chloroforme appliqué sur la peau produisait une action vésicante. C'est de là que provient le conseil donné par Rigsby en 1858, de graisser le nez et la lèvre supérieure. C'est cette action caustique qui a pu déterminer ces irritations bronchiques rapportées par Druitt, les bronchites mortelles de Ringland et l'œdème de la glotte de Nevins. Dans ces cas, le chloroforme était évidemment impur, puisque dans le chloroforme pur, Adams, Simpson ont pu laisser leur main plongée pendant deux heures sans éprouver aucune action désagréable. Hervier et Bretin, de Lyon, avaient d'ailleurs nié déjà, le 24 mai 1849, l'effet irritant du chloroforme (Gazette des hôpitaux).

Mais dans ces accidents les éléments étrangers au chloroforme pouvaient être reconnus et déterminés. Il n'en est pas de même pour les accidents que l'on rencontre avec des chloroformes que les chimistes déclarent purs, accidents qui pourtant disparaissent dès que l'on se sert d'un chloroforme pur, celui d'Adrian ou celui d'Yvon.

A. *Toux, céphalalgie.* — Dans sa thèse, M. Pinard, sur vingt-trois cas, note cinq ou six fois de la céphalalgie. Or, il dit (p. 84): «n'obtenant pas plus après qu'avant, je pensai que peut-être le chloroforme, dont je me servais, qui était celui des hôpitaux, n'était pas très pur, d'autant plus qu'il provoquait des accès de toux dès les premières inspirations et que non seulement nos femmes se plaignaient pendant et après les inhalations de céphalalgie, mais encore parce que nous-même nous éprouvions tous à la fin de la journée une céphalalgie très vive. Je priai alors mon frère, M. J. Pinard, pharmacien, de me procurer du chloroforme chimiquement pur; le lendemain il m'apportait du chloroforme d'une limpidité parfaite, d'une odeur suave et fraîche, qui ne provoqua plus ni accès de toux, ni céphalalgie. »

Des faits analogues ont été publiés, mais sans que leurs auteurs en recherchassent les causes dans l'impureté du chloroforme. Murphy, Merriman, Rigsby, Parks, Rigden, Haartman, Simpson ont rapporté des cas de céphalalgie à la suite de l'anesthésie. La toux a également été indiquée par beaucoup d'auteurs. L'irritation des premières voies bronchiques aurait été étudiée par Dogiel, Holmgreen et Grade, Hering et Kratschmer, Krishaber, Franck et enfin Arloing. Cette irritation pourrait même causer la mort (syncope primitive).

B. *Nausées, vomissements.* — Quelques auteurs ont pensé que ces accidents pouvaient être attribués à des impuretés du chloroforme. Perrin a dit en parlant de ces impuretés : « Sans être dangereux par eux-mêmes, les chloroformes impurs provoquent très fréquemment des nausées ou des vomissements et pourraient devenir la cause prochaine de syncopes ». Perrin, Le Fort et Berger ont aussi reconnu la culpabilité du chloroforme impur. Enfin Miahle a constaté que ces accidents pouvaient être regardés comme le résultat d'une huile chlorurée particulière à odeur empyreumatique (Fuzzle oil des Américains).

C. *Apnée.* — Cet accident a été surtout indiqué par M. Lucas-Championnière qui a insisté sur la nécessité d'un traitement rapide, crainte de tuer la femme. M. Konig de Rostock a le premier rapporté cinq cas de mort apparente, les malades n'ayant été rappelés à la vie que grâce à la respiration artificielle. Ces accidents se produisirent lors de l'emploi d'un chloroforme impur dans lequel, il est vrai, on ne trouva que du chlore en excès, mais le chloroforme rectifié ne donna plus lieu à aucun accident. Snow a rapporté deux cas analogues. Il est en effet des femmes qui, sous l'influence de l'anesthésie pratiquée avec un chloroforme pur, par moment oublient de respirer, il faut les surveiller, et les exciter à respirer, dès qu'elles s'arrêtent. Mais chez ces mêmes femmes, si on emploie un chloroforme impur, l'on se trouve en présence d'accidents redoutables auxquels la respiration artificielle faite aussitôt remédie souvent difficilement. M. Lucas-Championnière a cité dans ses communications cinq ou six faits de ce genre, le 5 juillet 1881. Dans un cas à l'hôpital Cochin, l'anesthésie totale pendant l'application du forceps détermina un arrêt de la respiration. Dans d'autres cas, à l'hôpital Tenon (auxquels j'ai assisté), le chloroforme détermina les mêmes accidents. Dans tous ces cas la respiration artificielle pratiqué aussitôt empêcha la mort de se produire. D'autres chirurgiens n'ont pas été aussi heureux. MM. Delens et Le Dentu, par exemple, ont perdu récemment des malades par ce mécanisme. M. Vulpian (Union médicale, 1878, 8 juin, p. 882) a étudié ces arrêts brusques de la respiration, arrêts indépendants de l'asphyxie et de la syncope cardiaque, il leur a donné le nom de syncope respiratoire. C'était le « *apnœa from chloroform* » de Hunter (6 nov. 1858), la *syncopal apnœa* de Richardson (1870). Les cas de Lusk, Lee, Hartmann et Mac Clintock présentent une certaine ressemblance avec ces faits ; peut-être résultaient-ils d'un chloroforme impur.

D. *Phénomènes bizarres de refroidissement, frissons in-*

tenses. — Ce furent les premiers accidents observés par M. Lucas-Champonnière (plusieurs opérés furent réchauffés difficilement), ils disparurent dès que l'on changea de chloroforme. Ces accidents avaient été signalés, en 1847, par « la facultad de Madrid (ablation d'une tumeur du sein, nausées, refroidissement), par Sédillot (prostration) et par Pamard d'Avignon (nouveau genre d'accidents causés par le chloroforme, absence de réaction organique, Gaz. méd., 1852, p. 233). Enfin, MM. Berger et Lucas-Championnière ont attribué à l'impureté du chloroforme certains cas de réveil pénible. C'était la distressing sickness constaté au réveil par Johns.

Il faut remarquer ici que tous ces accidents signalés comme le résultat de l'impureté du chloroforme ne se montrent pas indistinctement chez tous les patients. Il y a là encore une question d'idiosyncrasie. A côté de la disposition individuelle, de la sensibilité spéciale pour les anesthésiques, il existe une autre idiosyncrasie, une autre susceptibilité pour les éléments étrangers et toxiques renfermés parfois dans le chloroforme. Le même chloroforme impur, qui chez l'un provoque des accidents redoutables, ne détermine souvent chez les autres aucun inconvénient appréciable. Aussi suivant M. Lucas-Championnière il est des femmes chez qui avec un chloroforme pur on n'observe que des troubles insignifiants de la respiration, hésitation, arrêt momentané, et chez qui avec un chloroforme impur l'on voit apparaître de formidables attaques d'apnée, lorsque le même chloroforme n'a produit aucun fait de ce genre sur d'autres femmes non prédisposées. Il est même à noter que les femmes en couches sont à ce point de vue plus susceptibles que d'autres ; elles constituent le réactif le plus sensible de la pureté du chloroforme.

En résumé, l'on peut dire :

1° La pureté du chloroforme est une condition capitale de son emploi. Des cas de mort par syncope respiratoire pourraient peut-être être le résultat de son impureté.

2° Chez la plupart des individus le chloroforme impur ne provoque pas d'accidents appréciables ; mais dans ces conditions :

3° L'anesthésie obstétricale est difficile et souvent impossible à obtenir. On ne détermine que l'anesthésie complète, chirurgicale et encore, seulement avec des doses massives.

4° L'on peut voir survenir des accidents divers: nausées, vomissements, toux, céphalalgie, refroidissement, frisson, etc.

5° Enfin chez certains individus prédisposés, surtout chez les femmes en couches, le chloroforme impur peut provoquer des accidents redoutables, des syncopes respiratoires. Chez ces individus le chloroforme pur ne déterminerait que des accidents insignifiants.

CHAPITRE II.

MÉLANGES ANESTHÉSIQUES.

Pensant que l'action des substances anesthésiques variait suivant la nature de la substance employée, quelques auteurs ont cherché à combiner ces substances de façon à obtenir un mélange qui réunissant les différentes qualités des anesthésiques n'en auraient point les inconvénients. De là la création des mélanges ou mixtures dont voici les plus connus en obstétrique :

1° Le *chloric éther* qui fut employé dans les premiers temps de l'anesthésie et qui n'était qu'un mélange de chloroforme, d'eau et d'alcool.

2° La *mixture prescrite* par le gouvernement autrichien, en 1848, comme une garantie de la sécurité des anesthésiques. Elle se composait de chloroforme une partie et alcool six parties. Le gouvernement suisse suivit le même exemple.

3° Les *divers mélanges*, préconisés par des accoucheurs anglais ou américains.

Mixture anesthésique de l'hôpital Chesterfield.

Chloroforme..........	2
Ether sulfurique......	3
Alcool absolu.........	1

Mixture de *Bigelow* et *Snow* (1857).

Chloroforme...	parties égales.
Alcool........	

Mixture chlorœthérine de *Brown* (1865).

Chloroforme..........	2
Alcool................	1
Huiles essentielles pour eau de Cologne.........	Q. S.

Mixture de *Barr* (Philadelphie, 1880).

Chloroforme..........	1
Ether sulfurique.....	3
Alcool................	2

Mixture dite de *Vienne*.

Chloroforme..........	2
Ether sulfurique......	6

Mixture de *Sansom* (1865).

Chloroforme..........	1
Alcool absolu.........	2

Mixture d'*Ellis* (1866).

Chloroforme..........	1
Alcool................	2

Mixture d'*Edis* (1872).

Chloroforme...	parties égales.
Ether sulfurique	

Outre ces mélanges, nous trouvons encore l'emploi du

chloroforme et de l'éther préconisé par Weiger (de ætheris sulfurici connubio cum chloroformio, 1851) et par Cellarier (nouvel agent anesthésique éthéro-chloroforme, *Gazette médic.* de Montpellier et *Revue médico-chirurgicale*, 1853, p. 293). Le mélange du chloroforme avec l'alcool a été étudié également par Wills Richardson (Description and illustration of an ether inhaler for the inhalation of ether as an anœsthetic, wih a few observations upon a mixture of chloroform and spirit of wine for producing anœsthesia, americ, journal of medic. science, 1873, p. 227). Enfin à propos de la mixture chlorœtherine de Brown, signalons la communication de Hugues à la Société de médecine et de climatologie de Nice et d'après laquelle l'action de l'eau de Cologne comme anesthésique serait due à son influence sur les nerfs olfactifs. (*Gaz. hebdomadaire de méd. et de chirurg. pratiq.*, 1876, p. 293.)

Tous ces mélanges reposaient sur l'idée de l'antagonisme de l'éther sulfurique et du chloroforme (sulfuric ether versus chloroform). Cet antagonisme fut le sujet d'une communication de Greenhalg à la Société obstétricale de Londres (le 7 février 1866). Déjà Fabre à l'Académie des sciences, le 28 juillet 1856, avait envoyé un mémoire sur l'emploi de l'éther comme antidote du chloroforme, mais une commission composée de Flourens, Jobert de Lamballe et Cloquet, constata que le fait de l'antagonisme de ces deux substances n'était pas vrai. Si ce fait, d'ailleurs, était réel, comment expliquer le cas de mort par inhalation d'un mélange de chloroforme et d'éther communiqué par Ludlow au *Medical Times and Gazette*, 1863, et celui de Crockett, de Virginie, 1865 (mort après inhalation d'un drachme de chloroforme et d'éther sur une éponge)? V. Turnbull, sur les mélanges (St-Louis med, and S. journal 1879).

A côté donc de cet avantage plus que douteux, nous trouvons des inconvénients plus réels. Durozier a, en effet, démontré que ces diverses substances ne s'évaporaient pas proportionnellement aux quantités mélangées. Kidd a constaté que l'éther se volatilisait six fois plus vite que le chloroforme, aussi, suivant Spencer Wells, la femme respire d'abord tout l'éther, puis le chloroforme. De plus, avec ce mélange, on ne peut suivre avec autant de certitude les effets anesthésiques que produit une substance. Pour Kidd, les mixtures occasionnent seulement de la confusion dans l'examen des symptômes de la chloroformisation ; il vaut mieux user alternativement de l'éther et du chloroforme. Quant au mélange d'alcool et de chloroforme, il n'y a pas de preuve certaine que l'évaporation du chloroforme soit ralentie et unie à une action tonique de l'alcool.

4° *Chloroforme et ergot de seigle.* — Les solutions de seigle ergoté et d'ergotine sont peu volatiles. Ce qui n'a pas empêché Beatty de préconiser ces mélanges dans le but d'éviter les hémorrhagies *post partum*. L'emploi simultané du chloroforme en inhalation et de l'ergot de seigle en potion a été conseillé et employé en 1848, 9 janvier, par Porris et Spitta dans un accouchement gémellaire, par Beatty (1850), par Dioste (simultaner Gebrauch des chloroforms und der mutterkorns. Deutsche klinik, 1853), par Hildreth (Ohio, 1866). Tyler Smith est un des rares physiologistes qui se soit opposé à cette union du chloroforme et de l'ergot de seigle. Il se refusait à donner un sédatif avec un stimulant du système nerveux ; il conseillait, dans ce cas, de remplacer l'ergot de seigle par le galvanisme ou l'irritation mécanique directe de l'utérus pour réveiller l'action peristaltique de cet organe. L'opinion de Tyler

Smith n'a pas prévalu, et aujourd'hui beaucoup d'accoucheurs emploient simultanément le chloroforme et les injections hypodermiques d'ergotine. (Pinard, Lucas-Championnière, etc.)

Je ne ferai que signaler, avant d'examiner la question de l'emploi simultané du chloroforme et des opiacés, la communication de Beigel Hermann (ueber inhalation von chloroform ammoniumdampfe in statu nascendi, 1865).

5° *Chloroforme et opiacés.* — Maitre Jehan Canappe, constatait, en 1532, que pour produire l'anesthésie, on faisait, outre les inhalations, absorber des « médecines abdormotives » à l'intérieur. En juin 1846, le Dr E. R. Smilie, dans le Boston Medic. and surgical journal, affirme que l'éther combiné à l'opium produit l'état anesthésique. Le 1er mai 1847, Protheroe Smith se demande si l'on ne peut utiliser cette combinaison de l'éther et des opiacés. La même année, cette question fut examinée par Saint-Genez à propos de l'emploi de la morphine contre les accidents produits par l'éther.

Hampe, élève de Scanzoni, le 21 nov. 1853 à Wurzbourg, dans le cours d'une anesthésie chloroformique, constate les bons effets de l'acétate de morphine (Einige Gaben von Morphium Aceticum Gr : 1/6 pro dosi milderten die Schmerzen etwas und brachten die Kreisende in Schlaf). En 1853, à la Newcastle and Gateshead pathological society, l'on étudia l'usage du chloroforme et de la morphine dans l'éclampsie (chloroform and morphia in puerperal convulsion). En 1861, Pitha n'ayant pu chloroformer un homme, remarque qu'après l'emploi d'un lavement de belladone, l'anesthésie s'effectue facilement (Med. Zeitung des Preussische Arztle-Vereins, n° 43, 1861). En 1863, Nusbaum étudie la question de la prolongation de l'anesthésie chloroformique par la morphine (andauernde Anästhesie mit Beibelhaltung des Bewussteins erziehlt durch Einahme von Opium genommen in progressiver Dosis. — Intelligenz-blatt für baïerische Aerzte, oct. 1863, Wiener medizinische Wochenschrift, 1864 et Gaz. médic. de Strasbourg, 1864). Taule, chirurgien militaire, voulut même ériger ce fait en méthode générale d'anesthésie (chloroforme et 5 centigr. de morphine en injection hypodermique. — Gaz. Hôpitaux, n° 77, 1864).

En 1866, Lebert reprit cette étude (ueber die subcutane Anwendung des Morphium's Injection als mittel, um die Schmerzen des Geburt und die Krampfwehen zu mildern (Berliner, Klin, Wochenschrift, 1866, n° 11). Il fit des recherches à la clinique obstétricale de Betschler et ses conclusions furent adoptées par Pletzer, Poppel, Auer et Hecker qui employèrent surtout cette méthode dans les accouchements anormaux (contractures, contractions spasmodiques). La même année, Ritter, de Stuttgard, après avoir résumé les travaux de Lebert, conclut en disant : « l'expérience a démontré que l'on peut prolonger la narcose chloroformique, grâce aux injections hypodermiques de morphine et que l'on peut pareillement anesthésier plus rapidement un individu à qui préalablement on aurait fait une de ces injections de morphine (die Erfahrung hat nachgewiesen dass, gleichwie man die Chloroformnarcose durch hypodermatische Injectionen von Morphin verlängern kann so auch Individuen, welche zuvor der Morphininjection ausgesetzt gewesen, um so schneller von Chloroform narcotisirt werden). En 1860, Bernatzig a étudié l'action des solutions de chloroforme et de morphine (ueber die wirksamkeit chloroform-haltiger losungen von morphin und Coffein.wiener mediz : Presse). Enfin Drozda a publié dans les deutsche Archiv fur Klinische med. vol. XXVII, p. 339, 1880, ein Studien ueber das wesender Narkose.

Parmi les travaux publiés récemment en Allemagne sur cette question, nous ne ferons que citer celui d'Albert Eulenberg. (Die hypodermatische injection der Arzneimittel, Berlin, 1875) et les cliniques de Bardeleben à Greiswald (voy. Spiegelberg, 1878).

En France, la Société médicale de Versailles consacra ses séances à l'étude de cette question. Les résultats des expériences entreprises furent consignés dans « anesthésie supplémentaire ou anesthésie chloroformique continuée par la morphine. Rapport de Rabot, 28 janvier 1864 (*Union médicale*, 1864, I, p. 359), et dans « morphine injectée dans le tissu cellulaire sous-cutané pendant l'anesthésie, produite par le chloroforme. Société méd. de Versailles, 26 avril 1864. Medical times and Gazette, may 1864). V. Cl. Bernard, des effets physiologiques de la morphine et de leur combinaison avec ceux du chloroforme, Bulletin, génér. de thérap., 30 sept. 1869, t. 77, 241. Plus tard, le 8 mars 1872, M. Guibert, de Saint-Brieuc, réclama l'ouverture d'une lettre cachetée déposée à l'Académie des sciences, et par ce moyen revendiqua la priorité de l'emploi de cette méthode dans les accouchements (Académie des sciences, Bul., 18 mars 1872). Il avait communiqué ses premiers essais à Cl. Bernard en 1869, mais nous avons vu ce qu'il fallait penser de cette priorité. Ses observations furent publiées plus tard dans la thèse de M. Pinard avec d'autres de Thierry, Basset et Pignard. En 1872, Labbé et Goujon communiquèrent à l'Académie des sciences un mémoire : « de l'action combiné de la morphine et du chloroforme. » (*Gaz. des Hôpitaux*, 1872, p. 251.) Le 19 août 1872, Demarquay publie des conférences sur l'association de la morphine et du chloroforme et sur un nouveau mode d'administration de cet agent. (*Union médicale*, 1872, p. 770.) Poncet écrit sur le même sujet une lettre à la *Gazette hebdomadaire de médecine et de chirurgie pratiques*. Les observations faites par Rigaud et Sarrazin, de Strasbourg, furent publiées par Grosjean. En 1875, Claude Bernard, dans son livre « sur les anesthésiques et l'asphyxie », étudia longuement cette question de l'anesthésie mixte (huitième leçon, p. 224). Dans la thèse de Baudelocque (Paris, 1875), nous trouvons aussi quelques recherches intéressantes sur ce sujet. La même année, à la Société de chirurgie (5 et 12 mars 1875), Chauvel fait une communication sur l'anesthésie par l'emploi combiné de la morphine et du chloroforme ; il conclut que l'anesthésie mixte ne présente pas d'avantage, sa durée est courte et elle offre plus de dangers que l'anesthésie par le chloroforme. En 1878 (17 août), parut la thèse de de Brinon (l'anesthésie chirurgicale par l'emploi combiné de la morphine et du chloroforme). De Brinon donne à tort à l'anesthésie mixte le nom de narcose de Nusbaum. En 1879 (28 mai), parut la thèse de Bossis (de l'analgésie chirurgicale obtenue par l'action combinée de la morphine et du chloroforme). Enfin cette question fut reprise à l'association française pour l'avancement des sciences (Montpellier, 1er septembre 1879), par Hortolès, Chalot, Masse, etc. (Comparaison des éthérisations simples et mixtes). V. Broch., Hortoles (Paris, 1881.)

En Angleterre l'anesthésie mixte fut étudiée par Wheelhouse (Bristish medical journal, 1869), par William Marshall, de Mortlake (Surrey) (on the combinaison of chloroform with opiates for the relief of pain. Glascow med. journal, N. S. I., p. 351, 1869), par Mavor (Morphia plus chloroform. Med. times and Gazette, 30 mars 1872), par un anonyme (Chloroform and Morphia, cautions on administering (même journal, 1875, II, p. 368), et par Crombie (on the combined use of morphia and chloroform in producing and maintaining surgical anœsthesia. The practictionner, déc. 1880 et New-York, 1881).

En Amérique, J.-C. Reeve, de Dayton (Ohio), a publié dans l'American journal of medic. science, 2e série, t. 71, 1876, une étude intitulée « On the modification of anœsthetic process, by hypodermic injection of narcotic. »

Cette méthode de l'anesthésie mixte aurait, pour Duret, Sarrazin, Poncet l'inconvénient de transformer la stupeur en sidération mortelle, mais Dastre ne croit pas cette opinion fondée. Rigaud et Sarrazin, à Strasbourg ; Labbé et Goujon, à Paris ; Aubert, à Lyon ; et Molow en Russie : ueber das anästhesie nach der methode von Bernard. Moskauer pharmacol, untersuchung, I, p. 20, 1869), en ont fait ressortir les avantages. Selon les auteurs, il y aurait : 1° absence de la période d'excitation, l'irritation du chloroforme sur les premières voies respiratoires serait atténuée, d'où disparition du danger de la syncope primitive, de la syncope laryngo-réflexe ; 2° diminution de la quantité de chloroforme absorbé ; 3° facilité plus grande pour obtenir le degré d'anesthésie nécessaire à l'accouchement naturel. Ces avantages s'ils étaient réels devraient évidemment donner à cette méthode une plus large expansion, mais cette question demande encore des recherches au point de vue obstétrical.

6° Nous ne ferons que signaler l'emploi du « chloral uni au chloroforme ». — Forné, en 1874, a conseillé de donner 2 à 5 grammes de chloral quelque temps avant les inhalations du chloroforme. (V. Société de chirurgie, nov. 1874.) Verrier a étudié ce procédé au point de vue obstétrical (De l'action physiologique du chloral et du chloroforme combinés, démontrée par un accouchement laborieux. Gazette obstétricale de Paris, 1875, p. 65.) Mais Dolbeau et Guyon ont reproché à ce procédé de supprimer la réaction et de plonger le malade dans un état de somnolence prolongée avec tendance au refroidissement progressif. Chuquet a prétendu au contraire que ce danger de mort était dû à des doses toxiques de chloroforme. — Périer (1880) tâte auparavant par des doses graduées la susceptibilité du malade.

7° *Chloral, morphine, chloroforme.* — Trélat, 1879, conseille 4 à 9 grammes de chloral pour 20 à 40 grammes de sirop de morphine dans 120 grammes d'eau, à prendre en deux fois à un quart d'heure d'intervalle.

8° *Alcool, chloroforme, éther,* préconisé par Stephani et Vachetta. « Sopra un importante modificazione ai metodi, communi d'anestasia. » (Annali universali di medicina, juin 1880).

9° *Ether, chloral, chloroforme,* essayé par Kohler. Annales de la charité de Berlin, 1878.

Signalons enfin les procédés de Stœss (influence de la morphine sur la durée de l'anesthésie produite par le protoxyde d'azote, déc. 1869; de Clover, protoxyde d'azote et éther (Bristish medical journal, 1868-1876); mais le protoxyde d'azote et l'éther formeraient un mélange détonnant.

En présence de ces nombreux procédés, encore si peu étudiés, surtout en obstétrique, nous ne pouvons que constater l'impossibilité dans laquelle nous sommes de montrer une préférence quelconque; nous reconnaîtrons cependant que l'utilité des mélanges anesthésiques ne nous semble guère démontrée, la somme de leurs avantages devant être compensée par la somme de leurs inconvénients. Du moment que leur antagonisme n'est point prouvé, ces mélanges ne nous semblent être que le résultat de la tendance générale à la polythérapie de la pharmacopée anglaise. Quant aux autres procédés, préparation de l'anesthésie par les injections hypodermiques ou par l'absorption d'un autre narcotique, leur étude est trop peu avancée pour que l'on puisse avec raison les préférer à la méthode ordinaire des inhalations.

CHAPITRE III.

APPAREILS.

Au début de l'emploi des anesthésiques, les médecins croyant sans doute qu'une même dose produisait toujours un même effet, éprouvèrent le besoin de se servir d'appareils, leur permettant de doser pour ainsi dire la quantité de substance inhalée. Il leur sembla que l'usage de ces appareils était une garantie de plus contre tout accident. Plus tard, lorsque l'emploi de la compresse et du mouchoir fut entré dans la pratique médicale, beaucoup d'accoucheurs, surtout à l'étranger, persistèrent dans cet emploi des appareils. Chaque accoucheur eut son inhalateur, comme autrefois il avait son forceps. Cette richesse en appareils ne servait comme toujours qu'à cacher l'absence d'un appareil exempt d'inconvénients. Ces appareils ont été rangés par Lallemand et Perrin en trois classes : 1° appareils à air libre ; 2° appareils à courant d'air régulier : 3° appareils à air confiné. Comme nous ne nous servons pas d'appareils pour l'anesthésie obstétricale, je n'entrerai point dans l'étude de ces innombrables appareils, étude qui nous entraînerait d'ailleurs beaucoup trop loin ; je me contenterai donc de citer les noms des principaux d'entre eux.

En France, pays où fut décrit le premier appareil (Nysten, 1816), nous eûmes d'abord pour employer l'éther, puis le chloroforme, les appareils de Charrière et de Luer (Académie de médecine, 26 janvier 1847), de Robierre et de Blanchet (9 et 16 février 1847), de Maissiat (23 mars), de Luer, 13 avril), de Guillon et Amussat fils (30 nov. 1847), puis les appareils de Lazowski, de Doyère, de Pomiés, Diday, de Roux, d'Elser (de Strasbourg), et enfin l'appareil si simple de Raimbert, de Châteaudun (Gaz. médicale 1848, p. 116, et Revue médico-chirurgicale, 1848). Plus tard vinrent les appareils de Bouchacourt et de Bonnet, l'appareil de Nélaton (Gaz. des hôpitaux, 1854), de Rigal (14 nov. 1856). Le 21 juillet 1857, l'Académie de médecine, à la suite d'une discussion assez longue, conclut qu'elle ne pouvait donner son approbation à l'emploi des appareils et des instruments ; le comité du chloroforme de Londres devait formuler la même conclusion en 1864. Aussi ne citerons-nous après cette époque que l'appareil de Ferrand, de Reynaud (de Rochefort) et l'appareil de Legroux. Ce dernier appareil ayant été recommandé par Bailly fut l'objet de vives critiques de la part du professeur Pajot.

En Angleterre, le nombre des appareils fut encore bien plus considérable qu'en France. Nous y trouvons en effet l'appareil de Protheroe Smith, approuvé par Richard Phillips, l'appareil de Tracy, de l'hôpital Saint-Bartholomew, de Hooper (Lancet, 1847), de Squire, Snow, Higginson, Murphy (1847), de Whitlock, de Salisbury, de Erasmus Wilson (Lancet, 1848), de Robinson, de Cornwall (Société obstétric. d'Edimbourg, avril 1848). Plus tard vinrent les inhalateurs de Pretty (Lancet, 1856), de Todd et Weise (Med. times and Gaz., 1859), de Skinner (Société obstétric. de Londres, 7 mai, 1862), de Sansom, Armstrong, Townley (Lancet, 1862), de Robert Ellis (1864), de Beatty (construit par Coxeter), de Flemming, etc. Nous voyons enfin comme pour le forceps, des inhalateurs de poche. — Murray (pocket chloroform-inhaler) Transact. obstetr. Society London, tome X, p. 95), et Crombie (2 fév. 1876) donnèrent la description d'appareils de ce genre. D'après Bontock, l'appareil de Crombie serait inférieur à celui de Junkers. A côté de ces appareils se trouvent les bouteilles graduées de Maw son and Thomsom, de Bloxam (Lancet, 1871), de Heavies (1872), de David Thomas (Lancet, 1872, de Hime (1873), de Mills (1878), Clover (1881), etc.

En Allemagne, l'usage des appareils fut moins répandu qu'en Angleterre. Nous ne ferons que citer celui de Linhart (Wiener mediz. wochenschrift, 1850), de Nagel, de Vienne (ueber eine, Methode behufs regulirung der Dose rucksicklich des Prozent Gehalter der Luft an Chloroform und Messung der verbrauchter mange. Wiener mediz. Presse, 1869, p. 826). En Suisse, le flacon gradué de Ernst Stizenberger, de Constance (Einfacher apparat zur dosirung des Chloroforms bei Inhalationen, 1854. Wiener mediz. wochenschrift).

En Amérique, celui d'Hérapath, de Boston. En Scandinavie, celui d'Heiberg. Norsk magaizn, R. 3., B. 3., 1874-75.

Aujourd'hui ces instruments ne sont guère plus usités. En France, on ne se sert plus que de la compresse, et parfois du cornet de Raimbert, surtout dans la marine. Le procédé de la compresse aurait suivant Stimson les inconvénients suivants :

1° D'être dispendieux, par suite du chloroforme qui se trouve perdu. (Snow évaluait cet excès de dépense à un shilling (1 fr. 25) par heure.)

2° D'empêcher l'évaluation de la quantité de chloroforme absorbé.

3° D'incommoder les assistants par suite du chloroforme qui se répand dans la chambre,

4° De produire sur les lèvres et le nez un action caustique.

A ces objections il est facile de répondre. Le chloroforme est produit aujourd'hui à bien meilleur marché. Il n'est pas nécessaire de connaître la quantité absorbée, car il faut juger d'après les symptômes de l'anesthésie et non d'après les quantités ; l'aération de la chambre permet aisément de se débarrasser du chloroforme évaporé. Enfin, l'action caustique comme nous l'avons vu n'est que le résultat d'un chloroforme impur. Il faut d'ailleurs tenir la compresse à une légère distance du visage et l'on peut graisser au préalable la lèvre supérieure avec du cold-cream.

Les inconvénients des appareils sont bien plus réels : que la soupape, qui laisse entrer l'air atmosphérique cesse de fonctionner, et cela s'est vu, le malade n'est pas longtemps à mourir asphyxié. Ces instruments coûtent cher, sont peu transportables et ne fonctionnent pas toujours bien. D'ailleurs, la vue de tous ces tubes, soupapes, flacons, masques, etc., agissant sur l'imagination de la femme, peut être cause que la femme épouvantée se refuse à l'anesthésie. C'est là même pour l'appareil si simple de Legroux la meilleure objection que l'on ait faite.

L'on éprouve enfin de la répulsion en pensant que l'on se sert de ces appareils les uns après les autres, et Kidd a prétendu même que ce pouvait être là un moyen de transmission, de contagion de la fièvre puerpérale. Ajoutons que les appareils nécessitent souvent la présence d'un aide, car les mouvements de la femme rendent difficile le maintien sur le visage des appareils.

Aussi la plupart des accoucheurs ne se servent-ils plus que de la compresse comme le conseillait Simpson. Quelques-uns emploient encore une éponge concave dans laquelle on verse quelques gouttes de chloroforme, ou même les inhalations à la bouteille (Chailly). Porta, de Milan (Annali universali di medicina, 1853), Constantini, de Rome (Essai sur la clinique chirurgicale de l'Université de Rome), et Romiti, (1874) ont essayé de faire prévaloir en Italie l'usage du mouchoir, du fazolletto. En Allemagne, Martin (d'Iéna), Spiegelberg ; en Angleterre, Simpson, Beatty, Kidd, Greenhalg, Sansom, etc., ont fait prévaloir l'emploi du mouchoir ou de l'éponge. Enfin, en France, Gubler constate que les accoucheurs se refusent généralement à employer des appareils et Lucas Championnière fait à ce sujet la remarque suivante : « Je serais défavorable à tout appareil ; d'abord les pays du monde où l'on observe le plus d'accidents par le chloroforme sont ceux où l'on se sert des appareils très ingénieux du reste. »

CHAPITRE IV.

AIDES

A propos des appareils, signalons la question des aides. N'est-il pas nécessaire, lorsque l'on pratique l'anesthésie, de se faire aider par un ou plusieurs confrères? Peut-on surveiller de front l'anesthésie et l'accouchement? Cette question a été résolue négativement par Pajot et par les adversaires de l'anesthésie obstétricale. Nous sommes évidemment de cet avis lorsqu'il s'agit de l'anesthésie profonde, nécessaire pour les opérations obstétricales. Mais lorsqu'il s'agit de l'anesthésie intermittente, n'atteignant pas la perte de connaissance, cela ne nous semble pas utile.

Dans ce cas, en effet, l'on peut très bien commencer soi-même l'anesthésie, puis le degré voulu une fois atteint, donner la compresse à tenir à quelque sage-femme ou membre de la famille qui approche ou éloigne la compresse de la patiente à la volonté de l'accoucheur. Celui-ci a ainsi les mains libres, peut soutenir le périnée et se trouver prêt à toute éventualité. Nous ne conseillons pas de laisser la femme tenir la compresse elle-même, crainte de la voir la maintenir trop longtemps; tout au plus pour la tranquilliser peut-on la lui confier lors de la première inhalation. Le mieux serait évidemment, comme le conseille Simpson et Campbell, d'avoir avec soi une sage-femme expérimentée et dressée *ad hoc*. La question des aides a d'ailleurs été résolue entièrement par Campbell. (Considérations nouvelles sur l'anesthesie obstétricale, 1877, p. 200.)

CHAPITRE V

A QUELLE PÉRIODE DE L'ACCOUCHEMENT PEUT-ON COMMENCER L'ANESTHÉSIE?

Quelques accoucheurs (et ils sont rares) ont limité l'anesthésie obstétricale à la période d'expulsion. C'est ainsi que Campbell conseillait de ne jamais employer l'anesthésie pendant la première partie de l'acte puerpéral, excepté quand les douleurs étaient vives. — Simpson avait l'habitude de donner le chloroforme lorsque le col était dilaté (well dilated); Kidd, lorsque le col était un peu plus dilaté qu'une pièce d'un franc (dilated like a shilling).

Mais la plupart des partisans de l'anesthésie, tout en employant cette méthode de préférence pendant la période d'expulsion, ne se refusent nullement à l'employer dans la période de dilatation, lorsqu'elle semble indiquée. Murphy serait le premier qui l'aurait conseillée dans cette période. Simpson avoue que lorsque les douleurs sont très intenses, il a commencé l'anesthésie lorsque le col était encore très peu dilaté comparativement. Kidd, tout en reconnaissant que le chloroforme « n'est pas désirable dans la première période des tœdious labours » ni dans les accouchements sans force (powerless), déclare que même dans ces cas, il ne reculerait pas devant cet emploi (I would not be afraid of its use). Yvonneau déclare aussi qu'il n'y a pas de période du travail où il soit contre-indiqué d'en faire usage. En 1854, Danyau pense qu'on peut recourir au chloroforme à doses simplement atténuantes dans les cas où la dilatation est lente et très douloureuse, dût-on y renoncer plus tard, au début de la période d'expulsion. Snow conseille aussi de donner le chloroforme, surtout quand la dilatation est complète, mais, dit-il, on peut le donner plus tôt contre les douleurs de la période de dilatation. C'est là également la conclusion du comité du chloroforme de Londres (1864) : « donner le chloroforme à la terminaison du premier stage, mais on peut le donner plus tôt, s'il y a beaucoup de douleur ou si le col résiste à la dilatation ». Cette tendance à limiter l'anesthésie à la deuxième période de l'accouchement provenait de ce fait, que le narcotisme est plus marqué dans la première période et qu'à ce moment il allonge le travail, fait vrai souvent pour l'anesthésie complète, chirurgicale, selon Kidd, mais fait contesté pour l'anesthésie obstétricale.

Aussi Spiegelberg, Piachaud, n'hésitent-ils pas à employer l'anesthésie pendant la période de dilatation. Lucas Championnière à dit à ce sujet : « J'ai été surpris de voir conseiller le chloroforme seulement lorsque la période de dilatation est complète.... la période d'impatience est bien antérieure à la dilatation complète.... Si l'on veut se maintenir à des doses minimes, il est important de commencer avant que la femme ait beaucoup souffert. On verra bien facilement qu'en donnant le chloroforme de bonne heure, la somme totale de liquide inspiré est moindre que si l'on a tardé jusqu'à des douleurs excessives ». — Despiau, élève de M. Lucas Championnière, conseille aussi l'anesthésie dans la première période. C'est alors que le chloroforme empêche les suspensions de travail signalées par M. Depaul dans cette période, régularise les contractions, et leur fait reprendre leur type normal. « Lorsque la période de dilatation est très longue, le chloroforme, dit Despiau, permet à la femme, en lui supprimant la douleur, de supporter sans fatigue ces contractions qui pourraient, par leur intensité et leur durée, amener de graves accidents. C'est également dans la période de dilatation que l'on rencontre les douleurs de reins, rattachées par Mme La Chapelle à la dilatation même du col, et l'on connaît l'action remarquable du chloroforme sur ces douleurs.

En résumé la douleur étant pour ainsi dire l'indication capitale de l'anesthésie, on doit commencer à administrer le chloroforme dès que la douleur est vive, dès qu'elle est supportée difficilement, quelle que soit la période, quel que soit le degré de dilatation du col.

CHAPITRE VI

QUELLE PEUT ÊTRE LA DURÉE DE L'ANESTHÉSIE.

Les premières fois que l'anesthésie fut appliquée à l'obstétrique elle ne le fut que pendant quelques minutes, pendant la période d'expulsion ou même seulement pendant le passage de la tête (Hüter, par exemple ne l'employa qu'une demi-minute et une minute). Il est vrai qu'alors on ne se servait que de l'anesthésie complète, de l'anesthésie chirurgicale. — Le 18 février 1847, la plus longue anesthésie avait duré une demi-heure. — Simpson montra bientôt que l'on pouvait prolonger sans inconvénients la durée de l'anesthésie, à condition de ne pas dépasser le degré de l'abolition de la sensibilité. Il maintint ainsi sous l'influence du chloroforme des femmes pendant plusieurs heures Cet exemple fut suivi par Denham (3 heures), Beatty (5 h.), Snow 8 h.), Peter Young (10 h.), Lansdown (12 h.), Christison (13 h.), Simpson, Spiegelberg, Chaily-Honoré (14 h.), Homans à Boston (16 h.), et par Protheroe Smith (28 h.). Banner vit même dans un cas la chloroformisation durer 48 heures. En 1873. Macfie Campbell fit voyager une malade en la tenant endormie pendant toute la durée du voyage, pour éviter les douleurs que lui auraient causées les mouvements de la voiture. Il résulte de la connaissance de ces faits que l'on peut maintenir facilement une femme anesthésiée pendant toute la durée de l'accouchement. Renault, en 1847, à l'Académie de Médecine avait déjà affirmé que l'on peut prolonger longtemps l'anesthésie. Snow, en 1853, alla plus loin en parlant de l'anesthésie à dose obstétricale, il prétend que l'on peut continuer cette dose « daily for an indefinite period, without appreciable effects on the health ». La seule précaution à prendre, suivant les accoucheurs anglais, serait au bout d'un certain temps, surtout lorsqu'on observe un léger abaissement de la température, de faire prendre à la femme un léger stimulant (wine or a little brandy). — On n'a donc pas à craindre l'inertie utérine que Scanzoni croyait devoir survenir si l'on prolongeait l'anesthésie dans certains cas plus d'une demi-heure.

CHAPITRE VII

DOSES (1)

1° Quelle est la quantité de chloroforme que l'on peut verser à la fois sur la compresse ? 2° Quelle est la dose que l'on peut employer en un temps donné ? 3° Quelle est la dose totale pour un accouchement ? 4° Quel doit être le degré de solution des vapeurs chloroformiques dans l'air atmosphérique ?

Avant de résoudre ces questions, il ne faut pas oublier que malgré la densité du chloroforme, les gouttes de cet agent, étant très petites, sont par suite très légères, vingt gouttes ne pèsent que 0,370 (les gouttes de chloroforme étant obtenues avec un compte-goutte donnant 20 gouttes d'eau distillée pour un gramme), chaque goutte pèse environ 20 milligrammes, et le poids d'un centimètre cube à + 18° sera de 1 gr,48. Beaucoup d'accoucheurs semblent ignorer ces chiffres et par suite, au point de vue des doses, leurs observations contiennent des chiffres fort suspects. Ainsi, M. Pinard (observ. V. 2e série, p. 123.) donne vingt fois environ vingt gouttes de chloroforme (total environ 400 gouttes), et il dit que le total employé pesait huit grammes. — Dans l'observation II, 2e série (p. 131) il ad-

(1) Dans le cours de ce travail nous avons conservé les mesures anglaises. Nous croyons donc devoir donner leur valeur en grammes.

Mesure de capacité (fluides).

Un minime	=	0 gr. 0616
Un scrupule	=	1 — 232
Un drachme ou gros	=	3 — 696
Une once	=	29 — 571

Ces mesures étant des mesures de capacité, pour obtenir le poids du chloroforme qu'elles représentent, il faut multiplier les chiffres donnés par la densité du chloroforme, soit 1,48.

ministre cinquante-deux fois dix gouttes (total 520 gouttes qui, selon lui, pèseraient 16 grammes. Nous aurions donc comme conclusion, que 520 gouttes pèsent le double de 400 gouttes, et ce sont là presque les deux seules observations où il donne en détail le nombre des gouttes employées.

1° *La quantité de chloroforme que l'on verse en une fois sur la compresse* a été fixée assez différemment suivant les auteurs. Simpson dans sa méthode « a full dose » donnait tout d'abord une forte quantité de chloroforme, deux, trois, quatre drachmes. Selon Simpson pourtant 100 à 120 gouttes seraient nécessaires pour produire l'anesthésie. Une personne pourrait être anesthésiée par six respirations de 20 gouttes chaque. — Généralement dix à vingt respirations suffiraient. Cazeaux, Spiegelberg, Scanzoni ont approuvé la méthode de Simpson. Le 7 février 1866, John Smith à la Société médico-chirurgicale d'Edimbourg (Note on some points in the administration of chloroform) a même prétendu que c'était là le seul moyen d'éviter les dangers, le chloroforme doit toujours être donné de façon à produire l'anesthésie complète (Chloroform should in every case be given in such quantities as to produce complete anœsthesia). Mais cette assertion est démentie par l'expérience de tous les accoucheurs et la méthode de Simpson n'est plus guère employée. Snow, en 1849, a rappelé qu'une malade d'Henry Smith avait été en danger par suite de cette méthode et Budin, en 1874, a noté que dans l'anesthésie chirurgicale, le procédé le plus dangereux est celui qui consiste à donner le chloroforme à hautes doses dès le début. Aujourd'hui l'on est d'accord pour admettre qu'il est dangereux de donner plus d'un drachme à la fois. Cette méthode des petites doses a été préconisée en Angleterre par Murphy, Rigsby, Merriman, Snow; en

Amérique, par Hale, Homans et Mussey de Cincinatti; en France par Danyau, Rigsby, le 7 décembre 1847, débutait en employant 50 à 60 gouttes de chloroforme de Hooper.— Snow a conseillé de donner à la fois 10, 15, 20 minimes (2 minimes correspondant à 7 gouttes, 15 minimes correspondraient à 67,5 gouttes). Brown ne donna que 10 à 15 minimes, et Murphy, en 1855, réduisit ce chiffre à 30 gouttes à la fois. Quant à nous, nous conformant au précepte de Druitt (1860) « la plus petite quantité possible de chloroforme sera employée » (should be used in the minutest quantity) et nous rappelant les recherches de Baudelocque et de Paul Bert, nous n'avons autant que possible jamais dépassé la quantité de 20 gouttes à la fois. Il est vrai que pendant l'accouchement il est difficile souvent de compter exactement le nombre des gouttes que l'on verse Cette petite quantité d'ailleurs, n'est pas elle-même exempte de dangers. Mayer à Ulm a rapporté l'observation d'un cas de mort survenu à la suite de quatre à cinq inhalations de 20 à 25 gouttes de chloroforme (Wurtemberg medic. correspond. Blatt, numéro 27, 1851) de nombreux cas analogues pourraient être réunis; mais nous avons vu qu'en obstétrique la nocuité des faibles doses ne pouvait être démontrée.

2° *Quelle est la dose à employer en un temps donné*, ou, en d'autres termes, quelle quantité de chloroforme doit-on employer en une heure par exemple? Les chiffres que l'on trouve à ce sujet dans les auteurs sont très variables, et il est difficile de fixer un chiffre exact. Les différences des quantités nécessaires tiennent à plusieurs causes : à l'intensité de la douleur, à la période de l'accouchement, au moment du début, au nombre et à l'énergie des contractions, à la constitution particulière de la femme, etc. Plus la douleur sera intense, plus les contractions seront violentes et rapprochées, plus tard l'on commencera l'anesthésie, plus la quantité de chloroforme devra être considérable. Il est des femmes d'ailleurs, chez qui une faible dose agit aussi bien qu'une dose plus forte chez d'autres femmes moins susceptibles. Aussi, devant ces causes, n'est-il pas étonnant de trouver des chiffres très différents. Murphy dont l'exemple fut suivi par Bergès conseillait quatre à six grammes par heure, Simpson élevait ce chiffre à trente grammes et Malcolm à une once pendant le même laps de temps. M. Pinard, d'après les observations où il reconnaît avoir donné le chloroforme à dose fractionnée, aurait employé aussi en moyenne de dix-huit à vingt grammes par heure et environ un gramme par contraction; mais ce chiffre varie dans ses observations, dans les proportions de 6—7—45—56—60 et même plus par heure. Il nous semble difficile d'expliquer dans ces cas, la nécessité d'une dose dix fois plus forte que dans les autres cas. M. Pinard, dans sa thèse, donne d'ailleurs très peu de renseignements sur les doses employées. — Dans beaucoup de ces observations il a donné le chloroforme à doses massives, soit d'emblée, soit consécutivement. Aussi, n'est-il pas étonnant que, malgré les renseignements demandés par lui à M. Lucas Championnière, il n'ait pu obtenir le degré de l'anesthésie obstétricale; il ne se rappelait pas le proverbe anglais :

« He who would win the race, must guide his horse
Obedient to the customs of the course. »

3° *Quelle doit être la dose totale pour un accouchement?* — L'on comprend aisément que cette quantité doit être très différente suivant le moment où l'on a débuté, suivant la durée de l'anesthésie et suivant toutes ces causes que nous avons déjà vues. Simpson dans une de ses premières anesthésies employa quatre onces de chloroforme, et dans une autre six onces en 2 heures. Snow usa 80 grammes en huit heures. Mais, pour Kidd, une once doit aller deux ou trois heures; pour Popham, une heure et demie. Mann fixe également ce chiffre: le maximum qu'il a employé a été de trois onces et demie, maximum qui fut bien dépassé par Christison (huit onces). Houzelot et Piachaud admettent aussi le chiffre de 30 grammes de chloroforme; sur ces 30 grammes, 10 seraient absorbés d'après Houzelot; le maximum de Piachaud a été 75 grammes. Martin d'Iéna indique un demi-drachme, un drachme et demi. Pinard a employé jusqu'à 88 grammes en trois reprises et en cinq heures. M. Lucas-Championnière a vu 20 grammes suffire pour quatre heures et Despiau fixe le chiffre de 15 à 20 grammes et rarement 40 grammes comme étant suffisant. — Heer, enfin a publié un tableau des doses nécessaires suivant l'âge des sujets.

La meilleure règle à suivre pour fixer la quantité nécessaire est de se guider sur les symptômes et non sur la quantité déjà employée; cette règle a été indiquée par Simpson en ces termes. (I always judge by the effects, not by measuring the dose). Blot lui-même reconnaît qu'on ne peut fixer d'avance de limites à l'anesthésie, et Sédillot reconnaît l'innocuité des doses très considérables de cet agent anesthésique lorsqu'il est bien administré. Cette innocuité, reconnue aussi par Latour (Bulletin gén. de thérapeutique, 1851, p. 307), semble prouvée par les faits suivants. — Jackson a publié dans le Medical Times de 1849, p. 10, l'observation d'une femme qui absorba sans inconvénients cinq onces de chloroforme en cinq heures. Byford, d'Evansville, a rapporté le cas d'une femme qui pour des douleurs résultant d'une carie lombaire prit trente-six onces de chloroforme, (plus de 1,150 grammes) en quatorze jours, c'est-à-dire plus de 80 grammes par jour (Americ. Journ. of Med. Science, 1852, p. 279). Nous voyons aussi dans l'Association medical Journal, 1853, l'observation d'un enfant de deux mois, qui prit seize onces de chloroforme en soixante heures. Garner (Medical Times and Gazette, 22 novembre 1856) a rappelé l'histoire d'une femme qui prit soixante-deux onces de chloroforme en douze jours, pour calmer la douleur d'un tic de la face. Rawdon Macnamara, en 1868, celle d'une autre femmequi, pour un cancer de l'utérus, usait par jour douze à seize onces de chloroforme. Morelli, celle d'une femme qui, du 31 mars au 16 décembre 1865, usa 16 kilos 765 grammes de chloroforme (New-Yorck medical Journal 1871). Enfin Hergott, dans un cas d'éclampsie, a usé un kilogramme de chloroforme en seize heures.

Ce sont là, il est vrai, des cas exceptionnels fort rassurants au point de vue de la quantité que l'on peut employer, mais sur les quels il ne faudrait pas s'appuyer pour donner le chloroforme à doses massives. Car il faut toujours se rappeler que de faibles doses peuvent suffire pour produire des accidents (Ex. : cas de mort de Ross après vingt gouttes), et que la nécessité de doses considérables tient parfois à l'impureté du chloroforme.

4° *Quel doit être le degré de dilution dans l'air atmosphérique des vapeurs de chloroforme?* — Paul Bert a démontré que le chloroforme n'agit pas par la quantité qu'on respire, mais par la proportion qui s'en trouve dans l'air inspiré. (Voy. De l'emploi des anesthésiques mélangés, Académie des sciences, 1881, et Union médicale, p. 875.) L'étendue dela zone maniable, c'est-à-dire la différence entre la dose nécessaire et la dose mortelle était très restreinte, ce qui fit dire à Paul Bert que le chloroforme était plutôt un poison qu'un médicament. (Union médicale,

1880, p. 214.) Des expériences faites sur des animaux ont en effet démontré que l'air atmosphérique contenant plus de 10 0/0 de chloroforme était toxique. En 1875, Baudelocque dans sa thèse (Recherches expérimentales sur la chloroformisation par un mélange titré d'air et de chloroforme) étudia la composition du mélange d'air et de chloroforme nécessaire pour produire l'anesthésie; il examina également, dans le laboratoire de Paul Bert, l'influence des mélanges sur les différents animaux, pour savoir si le titre du mélange nécessaire peut varier avec le poids de l'animal, ou si au contraire il forme une quantité constante. Il reconnut que chez les chiens, quel que soit leur poids, le titre 3 90 0/0 produisait toujours l'anesthésie complète. C'était un titre à peu près invariable. Mais, d'après Snow, ce titre diffère avec l'espèce animale. « Il serait donc utile, dit Baudelocque, de déterminer quel est le titre du mélange qui, chez l'homme, produit constamment l'anesthésie », car il lui a paru que chez les animaux on pouvait, ce titre une fois connu, pratiquer l'anesthésie avec autant de sécurité que lorsqu'on employait un médicament parfaitement dosé. Mais ce titre n'est pas encore connu chez l'homme, malgré les recherches de Behrend, Snow, Ellis, etc. Behrend ne conseillait pour l'espèce humaine, que l'emploi de mélanges variant entre 5 et 8 0/0 au plus. Mais Sansom, considérant que ce mélange était toxique pour certains animaux, réduisit ce titre à 2 ou 4 0/0, le comité du chloroforme indiqua plus tard le titre 3 1/2 0/0. Or, Snow est arrivé à trouver qu'il suffit à l'homme que 24 minimes (près de 3 gr.) pénètrent dans son sang pour que la fonction de la respiration soit abolie. Il faut donc rechercher quelle est la quantité de chloroforme qui se volatilise lorsqu'on le verse sur une compresse.

Lister prétendit que la quantité de chloroforme qui s'évapore à la surface inférieure de la compresse imprégnée de chloroforme ne dépassait jamais 4 1/2 0/0, mais la constance de ce chiffre est peu soutenable. Snow, ayant démontré l'influence de la température sur la volatilisation du chloroforme, à 10°, l'air saturé de chloroforme en contient 8 0/0 ; à 21°, il en renferme environ 19 0/0 : la quantité maxima que renferme l'air atmosphérique varie donc avec la température ; à 60° Fahrenheit, elle est le double de ce qu'elle est à 40° Fahrenheit. (V. Richardson. On the vaporisation and condensation of narcotic vapour, Medic. Times and Gaz., 15 févr. 1868.) Snow a même donné le tableau du degré de saturation suivant la température, il est vrai qu'il ne tient guère compte de la grande quantité de chaleur que nécessite la volatilisation du chloroforme, quantité de chaleur qui abaissera la température de l'air et de la vapeur, et diminuera par suite le titre du mélange. D'autres conditions peuvent faire varier ces chiffres. MM. Perrin et Lallemand ont trouvé que la quantité plus ou moins grande de chloroforme versé sur la compresse faisait varier la quantité de vapeur chloroformique contenue dans l'air ; d'où le conseil de verser toujours sur la compresse une égale quantité de chloroforme. Il ne faut pas oublier non plus que les vapeurs du chloroforme étant quatre fois plus lourdes que l'air (un litre de ces vapeurs pèse, à 15°, environ 5 gr. 124 milligr.), elles tendent à tomber dans la bouche ouverte du malade et par suite à s'introduire en plus grande quantité. Enfin, il faut noter que l'activité du courant d'air augmente la quantité de vapeurs chloroformiques contenue dans cet air. Aussi Murphy croyait-t-il que les accidents dépendaient de l'administration trop rapide d'un chloroforme non assez dilué dans l'air, le sang étant capable d'absorber une grande quantité de vapeur, il pouvait se produire un spasme de la glotte, une sensation de suffocation, et enfin une influence fatale sur les nerfs réflexes, d'où la paralysie du cœur.

De ces faits résulte : 1° la nécessité d'une respiration calme et égale; 2° la nécessité de ne jamais verser sur la compresse une quantité de chloroforme telle que son absorption rapide puisse faire pénétrer dans l'économie plus de 2 à 3 grammes de chloroforme, fait contraire à la full dose de Simpson (le tiers du chloroforme versé étant absorbé, d'après Hougelot); 3° l'utilité de diminuer les doses lorsque la température est élevée.

Le problème de la sécurité de l'emploi du chloroforme dépend donc du pouvoir de limiter l'absorption, afin d'éviter l'introduction d'emblée dans l'économie de quantités toxiques. Notons que dans ce problème, il faut tenir compte aussi de l'élimination rapide du chloroforme qui met obstacle à l'accumulation trop grande du chloroforme dans le sang.

CHAPITRE VIII.

INDICATIONS DE L'ANESTHÉSIE.

La première indication, et pour ainsi dire l'unique est la douleur. Dans tous les accouchements où la douleur sera vive, il conviendra, sauf contre-indication, d'appliquer l'anesthésie. Mais la douleur présente des nuances très variées, et il faut chercher à établir quels sont les cas où l'on peut attendre que la femme réclame d'elle-même l'emploi du chloroforme, et ceux où il convient de le lui proposer et de le lui conseiller. Il est en effet des cas dans lesquels le chloroforme sera beaucoup plus utile que dans d'autres. Lorsque le travail marchera bien, que les contractions, leur durée, leur force et leur fréquence seront normales, lorsque les douleurs seront tolérables, l'on pourra attendre que la femme exige l'emploi du chloroforme. On peut au contraire le lui conseiller:

1° Lorsque les douleurs seront trop violentes, soit par suite de l'excessive sensibilité, surtout chez les femmes des classes intelligentes, soit par suite de maladies chroniques de l'utérus, d'endométrite, de vaginite (Martin, d'Iéna, Blot), de rhumatisme utérin (Gautier, de Genève);

2° Dans les cas de troubles nerveux ou vasculaires, folie, irritabilité nerveuse, agitation extrême, excitation mentale, congestions très fortes. —Bennet, dans ces cas, a toujours remplacé avec avantage la saignée par le chloroforme;

3° Lorsqu'il existe des douleurs anormales, péri-utérines, hors de la sphère génitale ; douleurs dans les régions sacrée et lombaire, douleurs de reins, douleurs sciatiques, douleur siégeant au sphincter de l'anus, névralgie intercostale violente (Liégard), cercle étreignant la base de la poitrine (Blot). crampes dans les gastro-cnemiens, (Deane), douleurs métastatiques de Power, myopathia, (John Power Treatise on midwifery, 1823, ch. VI), douleurs dans les articulations du bassin (Devillers), sensibilité insolite de l'anneau vulvaire, — Vaginisme, (Chailly-Honoré et Chrestien du Souchay), crampes de Meigs, crampes musculaires (Spengler). L'on sait en effet, d'après Campbell que l'influence anesthésique paraît atteindre surtout et d'abord les irradiations douloureuses dont les parturientes se plaignent si souvent et dont elles rapportent le trajet ou le siège vers des organes situés en dehors de la région, génitale ;

5° Lorsque les contractions utérines seront irrégulières, contractions lentes, partielles ou interrompues (*tœdious* ou *stammering labours*), soit qu'il existe un obstacle empêchant la partie fœtale de peser sur l'extrémité du col pour la dilater (Despiau), soit que la douleur trouble le travail, etc. (V. 13e observ. d'Houzelot) ;

6° Lorsque les contractions seront précipitées, violentes, sub-intrantes, ne laissant aucun repos à la femme, ou lorsque la douleur persistera dans l'intervalle des contractions. Dans ces cas le chloroforme ramènera les contractions à leur type normal;

7° Dans les cas de contractions spasmodiques du col ou du corps de l'utérus (tetanus uteri de Wigand), contraction de l'orifice externe du col (H. Kohler), rigidité du col ;

8° Dans les cas de rétention placentaire par contraction utérine (Hourglass) (Le Bêle, Wichmann, etc.) ;

9° Lorsque le périnée sera très résistant ou menacera de se rompre, périnée résistant des primipares (Naranjo), rigidité tétanique du périnée (Barker) ;

10° Dans les cas de contractions précoces menaçant de provoquer l'avortement;

11° Dans les cas de tranchées utérines (Houzelot, Scanzoni); Blot préfère les lavements laudanisés de Dubois;

12° Lorsque l'on pensera devoir intervenir plus tard, il est bon de commencer par pratiquer l'anesthésie obstétricale ; l'anesthésie complète sera plus facile au moment de l'intervention.

Telles sont les principales indications pour l'emploi du chloroforme dans les accouchements naturels, c'est-à-dire, suivant la définition de Baudelocque, dans les accouchements qui s'opèrent par les seules forces de la femme, quelles que soient la durée du travail et la manière dont l'enfant se présente. Martin, Montgomery et bien d'autres adversaires de l'emploi du chloroforme dans la presque totalité des accouchements, admettent l'anesthésie lorsqu'ils se trouvent en présence de quelques-unes de ces indications. Quant à nous, nous pensons qu'il est difficile, même dans les accouchements les plus naturels de ne pas accorder le bienfait de l'anesthésie aux femmes qui le réclament comme un moyen de soulager leurs douleurs, car nous pensons comme Bennet,«Firmly believing its careful inhalation to be innocuous in parturient women I do not see how I can object», « et comme Murphy, qui ne trouve » No valid objection to the use of this agent. »

CHAPITRE IX.

CONTRE-INDICATIONS.

Pour Harnier le chloroforme, est toujours contre-indiqué lorsqu'il n'est pas indiqué (chloroform ist immer dann contra-indicirt wenn es nicht indicirt ist). En prenant la douleur comme indication constante de l'anesthésie, nous admettrons cette opinion de Harnier.

1° *L'absence de douleurs,* ou leur faible intensité sera donc la meilleure contre-indication. C'est la seule admise par Barker, de New-York (lettre à Piachaud);

2° La présence de maladies organiques a été la grande objection faite à l'emploi de l'anesthésie, Kohler, Romiti, Esterle, (malattie polmonali o cardiache), et bien d'autres ont prétendu qu'en présence d'affections du cœur et du poumon on devait s'abstenir de toute anesthésie. Examinons ces opinions.

A. *Maladies du cœur.* — Valleix a rapporté un cas de mort par suite d'un anévrysme de l'aorte, mais c'est surtout en présence des cas de syncope cardiaque mortelle que l'on a cru à la nocuité du chloroforme dans ces cas; aujourd'hui l'on est revenu en partie de cette crainte, et la seule contre-indication tirée des affections cardiaques que l'on tende à admettre serait celle qui serait basée sur la dégénérescence graisseuse du cœur. Snow, en 1849, disait déjà «les maladies du cœur ont causé beaucoup de crainte depuis le cas de mort de M. Robinson; mais c'est une appréhension qui n'est point justifiée ». Snow, a vu lui-même le chloroforme donné dans des maladies du cœur et cet agent loin de produire un mauvais résultat, diminuait la dyspnée due à des lésions valvulaires. «Si un malade, dit-il atteint d'affections cardiaques doit subir une opération douloureuse, le chloroforme, loin d'être nuisible, sera de la plus grande utilité en prévenant l'émotion due à la douleur et à son anticipation. »

Bennet en effet a démontré les services que peut rendre le chloroforme dans les cas où il existe des troubles de circulation (disordered state of circulation) des congestions capillaires; le chloroforme remplace alors avantageusement la saignée. Dans les cas d'accouchements compliqués de maladies du cœur, le chloroforme tendra donc à empêcher les congestions, les troubles circulatoires, que les efforts et l'excitation nerveuse pourraient produire Aussi en 1878, M. Lucas Championnière, disait-il : « si je constatais une affection organique du cœur, sans complications pulmonaires, je serais plus porté à donner un peu de chloroforme qu'à laisser souffrir une femme », joignant l'exemplum principio, M. Lucas Championnière a donné avec succès le chloroforme dans de semblables circonstances. L'on sait du reste qu'à la Société médicale des hôpitaux (séance du 10 janvier 1879) M. Vergely de Bordeaux a fait une communication sur l'emploi du chloroforme dans les affections du cœur, communication dont voici les conclusions :

1° Les maladies du cœur ne sont pas une contre-indication à l'emploi des anesthésiques ;

2° Le chloroforme est un sédatif dans ces affections;

3° Il doit être administré avec prudence.

Barr, en 1880, a constaté aussi que si le cœur de la femme est malade, l'anesthésie a une influence sédative bienfaisante. Ce fait avait été enfin déja indiqué à propos du traitement par le chloroforme de l'angine de poitrine et pourtant l'on a voulu faire jouer un rôle assez important à cette affection dans les cas de production de mort subite en accouchement.

Il ne faut pas oublier non plus que Budin disait en 1874. « On aura bien rarement l'occasion de rencontrer ces affections, car dans ces cas ou bien la femme expulse le fœtus avant le terme ou bien il peut survenir avant l'accouchement ou à un moment de l'accouchement des accidents tels que toute idée d'anesthésie est naturellement écartée. Ces affections sont rares d'ailleurs à l'âge de l'activité utérine surtout chez les primipares. » Nous admettons aussi l'opinion de Budin, excepté sur la rareté des affections du cœur chez les femmes en couches, car nous croyons que la grossesse peut être une cause de production d'affections cardiaques plus ou moins durables. Voy. Lotz, de l'Etat puerpéral considéré comme cause d'endocardite. (Bull. de l'acad. médic. n° 16 1857) et Auguste Olivier : Etude sur les maladies chroniques d'origine puerpérale (Archiv. génér. de médec. janv. et mars 1873. Dans cette étude Ollivier, a rencontré des cas de dégénérescence graisseuse du cœur, d'où des syncopes fréquentes (V. aussi travail de Letulle).

Cette dégénérescence graisseuse du cœur semble être une contre-indication de l'anesthésie; du moins la plupart des auteurs l'admettent. Barlow (On the alleged danger arising from the use of chloroform in cases of disease of the heart, medic Times and Gaz, 1851), ne reconnaît qu'une seule affection cardiaque, la dégénérescence graisseuse comme capable de contre-indiquer l'emploi du chloroforme. C'est également l'opinion de Quain (Fatty disease of the heart (medico-chirurg Transact, tome 23), de Johns, de Delannegrie, de Perrin, de Dastre, etc. Mais il faut remarquer que les moyens de diagnostiquer cette lésion sont presque nuls. Marsh, d'après Canton et Paget, indique la coïncidence de l'arc sénile et Perrin, de l'obésité (cause elle même de gêne respiratoire) comme des présomptions en faveur de la dégénérescence graisseuse du cœur.

Nous ne pouvons donc pas admettre l'opinion de Thomas Wackley, (a Record of one hundred experiments on animals with ether and chloroform), de Gosselin, Hervieux. Tarnier, etc, qui regardent les affections du cœur comme des contre-indications impérieuses de l'anesthésie. La dégénérescence du cœur elle-même semble une contre-indication plutôt théorique que réelle, rien n'ayant en obstétrique prouvé sa nocuité, et rien d'ailleurs ne pouvant l'indiquer. La seule précaution à prendre en présence d'affections cardiaques sera de donner le chloroforme avec soin et de ne pas pousser ses effets trop loin afin de ne pas laisser ensuite de dépression (Snow).

B. *Maladies du poumon et de l'appareil respiratoire.* — Comme pour les affections cardiaques nous distinguerons les affections aiguës et les affections chroniques. Les affections aiguës sont rares à l'époque ou l'on accouche et l'on sait d'ailleurs que le chloroforme fut longtemps employé dans le traitement de ces affections. Ce traitement a été préconisé par Drescher, Lencke, Richter (Milit : med. Bericht, preuss. vereins Zeitung 1855): par Breithaupt, de Coblentz. (Zur Anwendung des chloroforms in entzundlichen Brustkrankeiten); par Hutawa (Chloroform gegen Lungenentzundung); par Wachern, Baumgarten, Helbing, Schmidt, Varrentrappe, de Francfort, etc., etc. Brown l'a employé dans la bronchite. Grenhalgh, Chaudier, Brown, Lariche, Clemens, s'en sont servi aussi dans l'asthme spamodique. De ces faits l'on peut conclure que les affections aiguës des voies respiratoires ne sont pas une contre-indication de l'anesthésie. Etant donnée l'action du chloroforme sur la circulation pulmonaire, action qui d'après les travaux de Newman, Arloing et autres, se traduit par un resserrement des vaisseaux capillaires du poumon, il n'est pas surprenant que l'on ait vu réussir l'emploi de cet agent comme antiphlogistique dans les affections pulmonaires. Il en est de même pour les affections chroniques.

Tuberculose. — En 1849, Snow a employé le chloroforme

dans les cas de phthisie; la même année, Channing disait : «Je soigne en ce moment une personne atteinte de phthisie confirmée chez qui l'on a imprudemment employé le chloroforme à doses excessives; mais il n'est résulté de cette administration aucun trouble apparent autre que des nausées et des vomissements. » Spencer Wells, en 1851, constatait au contraire un soulagement, une diminution de la toux et de la dyspnée (on the benefit derived from the inhalation of chloroform in a case of pulmonary consumption, Lancet 22 avril 1851) Fleming à la Société chirurgicale d'Irlande, 8 mars 1851, a rapporté l'observation d'une tuberculose qui ne fut nullement aggravée par l'anesthésie chloroformique (medical Times and Gazette, 1851). Helm a employé aussi le chloroforme associé à l'huile de lin comme sédatif de la respiration et de la circulation, dans la phthisie pulmonaire, l'emphysème, les affections de cœur et les névroses. (Œsterreich, Zeitschrift fur prakt : Heilkunde, n°, 31, 1855). Bahrdt, Robert, Wohlfarth, Ernst, ont aussi conseillé le chloroforme dans la pneumonie et la tuberculose (Archiv. der Heilkunde, p. 430, 1874.) Enfin Weir, M'Cook a utilisé le chloroforme pour combattre les hémoptysies (chloroform in the treatment of hémoptysis ; Lancet, janv. 1876, p. 88). Fort de cette expérience M. Lucas Championnière a donné pendant quatre heures le chloroforme à une femme atteinte de lésions tuberculeuses déjà anciennes et respirant fort mal, le résultat fut si satisfaisant que la femme réclama du chloroforme après la délivrance, et que M. Championnière crut devoir déférer à son désir pendant plus d'une heure après l'accouchement. Dans un autre cas où l'on avait diagnostiqué des cavernes considérables, et où la température était à 39°; l'anesthésie pratiquée pendant deux heures donna des résultats non moins favorables. Ces observations prouvent évidemment le peu de fondement de l'opinion de Wakley, qui défendait l'emploi de l'anesthésie dans les cas où il prévoyait de la tendance à la congestion pulmonaire ou des menaces de dyspnée. L'état congestif des poumons ne semble donc pas nécessiter une réserve aussi grande que celle qui est conseillée par MM. Verneuil et Richet.

C. *Maladies des centres nerveux, névroses.* — Nous avons déjà vu ce qu'il fallait penser de la folie et de l'éclampsie puerpérale. Il nous reste à voir les objections tirées de l'hémorrhagie, du ramollissement cérébral (Hervieux) et de diverses névroses. L'hémorrhagie cérébrale est un fait si rare en obstétrique que nous n'avons pu trouver d'indications à ce sujet ; nous ferons seulement observer que d'après les travaux de Bernard, le chloroforme a sur le cerveau une action antiphlogistique notable, ce qui contredit l'opinion de Home Popham (Contra indication of chloroform by prœvious cerebral disease, Lancet, 1848, 2, p. 164). De même pour l'hystérie, invoquée par Clemens, de Franckfort, par Blot et Churchill. Cette objection a été réfutée par Snow et Kidd (no caus of alarm) ; Ossieux et Pignolet se sont même servi du chloroforme dans le traitement de cette nevrose, et Bainbridge l'a utilisé contre la catalepsie. On a voulu enfin faire jouer un certain rôle à l'épilepsie. Nous voyons dans Yvonneau que Fix, aide-major au 34ᵉ de ligne affirme que chez un véritable epileptique on peut toujours à volonté produire un accès au moyen du chloroforme. Mais pour Moreau, « si les inhalations prolongées peuvent provoquer un accès, l'éthérisation incomplète n'en reste pas moins sans influence. » Bien plus, Murray (Med. Times and Gaz., 1865), Sutherland, Brown-

Séquard ont employé avec plus ou moins de succès le chloroforme contre cette névrose. Nous ferions peut-être une exception en faveur de l'épilepsie à forme syncopale de Baillarger, si nous en connaissions des exemples chez des femmes en couches (Bull. Acad. méd., t. XIV).

Enfin pour Charcot, les nevroses ne constituent pas de contre-indications absolues. Le delirium tremens a été aussi considéré comme une contre-indication par Gosselin (alcoolisme ancien et confirmée) par Verneuil (deliruim tremens), et par Kidd ; mais nous savons que Parmentier, Warwick, Hooper, Blaschko (Allgemein med. centr. Zeit., 1854, n° 71), Mac Clellan (New Yorek med. Record, 1867, p. 219), ont reconnu l'utilité du chloroforme dans cette affection. Peut-être cependant comme Graily Hewitt et Gervis (1860) en présence d'un alcoolisme ancien pourrait-on craindre la dégénérescence graisseuse du cœur ; mais il ne faut pas oublier la rareté en France de l'alcoolisme chez les femmes en couches.

D. *Maladies des reins*, mal de Breght, urémie. — Cette contre-indication, signalée par quelques auteurs (Hermann Kohler), ne paraît reposer sur aucune observation ; au contraire dans ce cas la menace d'éclampsie semblerait devoir exiger la sédation du système nerveux.

3° *Etats passagers.*—A. Pléthore excessive. (Martin, 1861. H. Kohler.) Nous ne voyons pas quelle influence le chloroforme peut avoir dans ce cas, étant donné qu'il décongestionne au contraire le cerveau.

B. *Anémie.* Chloro-anémie avec tendance aux lipothymies (Pinard), hémorrhagies sérieuses. — C'est là au contraire une contre-indication parfois absolue, car dans ce cas l'on ne peut souvent distinguer les phénomènes de l'hémorrhagie de ceux de l'anesthésie (Balocchi), et alors une hémorrhagie interne pourrait se produire sans que rien ne mît sur la trace de cet accident. Les hémorrhagies sérieuses qui surviennent pendant la grossesse ont été aussi indiquées par Sansom, Kohler, Romiti (Copiosa e perigliosa emorragia), comme devant s'opposer à l'administration du chloroforme ; de même pour tous les états avec tendance à la syncope (Trousseau, Kidd), et pour le diabète (où cette tendance à la syncope serait fréquente d'après Kidd). Mais dans ces cas la question est délicate, car si d'un côté le chloroforme augmente la tendance syncopale ; de l'autre il diminue le shock nerveux et la douleur « cette saignée nerveuse », et permet ainsi un plus facile rétablissement. Nous croyons cependant que lorsqu'il y a de l'hypothermie à la suite d'hémorrhagies par insertion vicieuse du placenta par exemple, il vaut mieux ne pas pratiquer l'anesthésie et terminer l'accouchement le plus rapidement possible. Si néanmoins une opération était nécessaire dans ces conditions, il faudrait avoir soin de donner des stimulants ; on pourrait même employer l'éther qui, selon quelques auteurs, aurait une action plus stimulante que le chloroforme.

C. L'épuisement de la moelle épinière (Clemens), produit par l'anémie, par la débilité suite de maladies chroniques, par des fatigues musculaires excessives, par un travail long et pénible (prostration et épuisement typhoïde de Blot), loin d'être une contre-indication à l'anesthésie, nous semble devoir exiger l'emploi de cette méthode qui empêchera l'augmentation de cet épuisement par la douleur.

D. La réplétion de l'estomac sera une contre-indication momentanée de l'anesthésie. (Ancelon.)

E. *L'idiosyncrasie*. La susceptibilité particulière d'une femme pour le chloroforme, si elle était connue par des tentatives antérieures d'anesthésie, devrait écarter tout nouvel essai.

F. Hervieux a prétendu aussi que la grossesse gémellaire, l'hydropisie de l'amnios et toutes les causes qui auraient pour effet de distendre l'abdomen, de refouler le diaphragme et par son intermédiaire le cœur et les poumons, devaient être considérées comme des contre-indications de l'anesthésie. Ces cas sont rares, et ne nous semblent exiger qu'un redoublement de précautions, leur influence nuisible n'étant pas suffisamment démontrée.

F. L'apparition de tout phénomène inquiétant (pâleur de la face, pouls faible, intermittent, nul, troubles de la respiration, etc.) devra mettre fin à l'anesthésie lorsque l'on pensera que ces accidents sont dus au chloroforme. D'ailleurs, dit Budin, l'accoucheur doit se réserver d'apprécier les indications dans chaque cas particulier, et il ne doit pas hésiter à en refuser l'emploi, dès qu'il y voit le moindre inconvénient.

En résumé, les contre-indications que nous admettons sont l'absence de douleur, la présence de symptômes inquiétants, ou quelque trouble excessif de l'organisme (As operations are injurious, so we ought not to perform them, when the constitution is much disordered. Abernethy). La présence d'affections organiques du cœur, sauf peut être la dégénérescence graisseuse de cet organe, et la constatation de lésions pulmonaires ou de nevroses, ne devront que nous conseiller de surveiller davantage la patiente et de redoubler de précaution dans l'administration de l'anesthésie.

CHAPITRE X.

ADMINISTRATION DU CHLOROFORME.

« Le chloroforme, a dit Sédillot, est un art qui exige une attention de tous les moments, et beaucoup d'habileté et d'expérience. » Simpson avait déjà constaté cette nécessité de l'instruction chloroformique (The practice is not to be expected to come upon medical men by intuition for like all other practice, some care and experience is necessary in order fully to acquire and apply it). Lucas-Championnière a fait la même observation : « Je n'ai pas dès le principe, dit-il, obtenu de résultats complets, manquant de guide et embarrassé par une tendance malheureuse à l'anesthésie chirurgicale. » Ayant nous-même rencontré ces difficultés, nous nous efforcerons d'indiquer la marche à suivre pour atteindre le but indiqué : empêcher de sentir la souffrance, sans déterminer la perte complète de la conscience (inter utrumque tene, medio tutissimus ibis).

Préliminaires de l'anesthésie.—1° « La première condition, dit Despiau, absolument essentielle est le consentement de la femme. Lorsqu'elle se refuse à être anesthésiée, alors que l'on juge qu'il y a indication, on doit chercher à la convaincre le plus possible. Si l'on n'y réussit pas, attendre dans l'espoir que la longueur du travail et l'intensité des douleurs la feront revenir de sa première détermination et lui feront souhaiter les bienfaits de l'anesthésie. Si en effet on voulait administrer le chloroforme de force, la malade résisterait et l'on ne pourrait avec de petites doses qu'augmenter son état de surexcitation ; il faudrait alors employer des doses massives et user de la force brutale, deux choses dont on doit absolument se garder en obstétrique. Des accidents possibles dans ces conditions feraient peser une terrible responsabilité sur l'imprudent qui agirait ainsi. » C'est dans cette crainte que Lizzars conseillait de ne jamais insister auprès des patientes pour qu'elles se soumettent à l'anesthésie ; il faut, dit-il, les laisser libres de se décider par elles mêmes ;

2° S'assurer de la pureté du chloroforme ;

3° Veiller à ce qu'aucun lien, col, etc., ne puisse mettre obstacle à la respiration de la femme ;

4° Ausculter le cœur, la faiblesse ou le trouble des contractions cardiaques devant éveiller l'attention (Murphy).

5° Veiller à la déplétion de la vessie et du rectum. Cathétérisme de la vessie, précaution qu'il faudrait renouveler pendant l'anesthésie, si la chloroformisation était de longue durée ;

6° S'informer si la femme en couches a l'estomac vide, ou si elle a mangé peu de temps avant.

7° Faire prendre à la femme la position horizontale, pour ne pas gêner la fonction de la respiration. — (Voir, pour les dangers du chloroforme chez les sujets non couchés : Stansky (Bull. Acad. médec., 1849), Mercier (ibid. t. XIII), Bouisson (p. 70), Duncan, Dods (the Lancet, 1880 p. 920), et Saunby (ibid. p., 810) ;

8° Veiller à ce qu'il puisse entrer de l'air pur dans la chambre jusqu'à ce que l'enfant soit né, c'est-à-dire jusqu'à la fin de l'anesthésie. Behrend conseille d'éviter les chambres étroites, ce qui n'est pas toujours possible ;

9° Faire garder le silence à l'entourage et se débarrasser des personnes inutiles ;

10° Si l'on prévoit que l'anesthésie sera longue on peut suivant le conseil de Pretty, donner au préalable un léger excitant à la femme ;

11° Se munir d'un pince pour la langue.

Lorsqu'on sera décidé à intervenir, quelle que soit la période de l'accouchement, il faudra se rappeler le conseil de M. Guyon : (Chirurgie clinique) « le chloroforme doit, être donné avec calme, patience et confiance » (prudenter ac fortiter : Danyau).

1° On versera une vingtaine de gouttes sur une compresse ou sur un mouchoir et on les fera respirer à la femme, en tenant d'abord la compresse assez éloignée de la bouche et du nez, puis en la rapprochant peu à peu. On pourra au début, pour tranquiliser la femme, lui faire tenir elle-même la compresse, bien que Blot ne le conseille pas. Pendant ce temps on surveillera avec soin la respiration et l'on conseillera à la patiente de respirer d'un façon calme et régulière. Si les inspirations étaient rapides, profondes ou saccadées, on éloignerait la compresse ;

2° Les inhalations seront faites au début d'une contraction, ou même quelques secondes avant la douleur, comme l'indique Piachaud ; on cessera dans l'intervalle des contractions ;

3° On aura toujours soin que la compresse ne soit pas trop près des orifices respiratoires, afin que l'air atmosphérique puisse toujours pénétrer librement et diluer suffisamment les vapeurs du chloroforme.

4° Dès que la compresse ne laissera plus échapper de vapeur de chloroforme, on versera de nouveau quelques gouttes de chloroforme, mais jamais plus d'une vingtaine de gouttes à la fois, afin que jamais la femme ne puisse, par quelques inspirations rapides absorber brusquement une trop grande quantité de chloroforme.

5° Lorsqu'au bout d'un certain laps de temps (10, 20 minutes), on aura obtenu un degré d'engourdissement satisfaisant, on pourra laisser passer une ou plusieurs contractions sans donner de chloroforme. Mais il faut avoir soin de ne jamais laisser sortir la femme de cet état d'engourdissement.

6° Lorsque le degré de l'anesthésie obstétricale sera atteint (ce que l'on reconnaîtra en pinçant la femme), c'est-à-dire lorsque la sensibilité sera réduite au minimum sans que la connaissance ait disparu, il suffira de quelques gouttes de chloroforme données de temps en temps pour entretenir aussi longtemps qu'on le voudra la femme dans cet état d'indoloréité.

7° Pendant toute la durée de l'anesthésie, il faudra tenir soi-même la compresse ou la faire tenir par une tierce personne qui l'éloignera ou la rapprochera de la femme suivant la volonté de l'accoucheur.

8° En même temps, l'on surveillera, 1° le facies, 2° la respiration, 3° le pouls. Si la face devient pâle, si le pouls faiblit ou devient trop lent, si surtout la respiration devient rare, embarassée ou stertoreuse, il faut cesser immédiatement l'anesthésie, donner de l'air frais à la malade et recourir aux moyens décrits dans le paragraphe suivant pour éviter les accidents.

9° De même s'il survenait une période d'excitation trop vive, ou quelque autre phénomène anormal tel que disparition des contractions.

10° Si l'anesthésie est de longue durée, on peut donner un léger stimulant à la femme.

11° Au moment des douleurs expulsives, des douleurs

conquassantes, si l'anesthésie devient insuffisante on peut, au moment du passage de la tête, aller jusqu'à l'anesthésie chirurgicale. (Comité du chloroforme, 1864.)

12° On cessera l'anesthésie aussitôt la naissance de l'enfant.

13° On laissera la femme se réveiller naturellement; on ne la tirera pas brusquement de son sommeil et on la surveillera attentivement tant qu'elle n'en sera pas sortie. Il faut se tenir en garde contre les accidents qui peuvent survenir à la suite de l'accouchement, syncopes, hémorrhagies, qui dans l'état d'assoupissement de la femme pourraient passer presque inaperçus (Voy. Des effets secondaires et attardés de l'anesthésie et plus particulièrement de la chloroformisation, par Sirus Pirondi, de Marseille); les effets du chloroforme se dissiperaient en une demi-heure d'après Snow, ils se feraient sentir pendant quatre heures d'après de Laréginie.

14° Rigden (1874), après l'anesthésie, conseille la diète, mélange de lait et eau de chaux, ou lait et soda water.

Nota. — Pendant toute l'anesthésie il faudra surtout se guider sur les symptômes (Syme, 1855). Le grand secret de l'anesthésie obstétricale consiste à s'arrêter juste avant la perte de la connaissance; to stop the inhalation short of suspending consciousness, disait Kiernauder en 1878. Vingt ans auparavant, Rigsby conseillait déjà de s'arrêter entre la perte de la sensibilité et la perte de la conscience. Dans les cas de contractions anormales, l'on doit suspendre l'anesthésie dès que les douleurs seront amoindries ou supprimées et que les contractions utérines seront ramenées à la régularité de leur type normal (Courty). Dans beaucoup de cas, il faudra se contenter évidemment de la diminution de la douleur, sa suppression complète exigeant souvent un degré d'anesthésie trop profond, mais l'on pourra s'arrêter dès que la douleur devenue presque nulle sera en même temps devenue très supportable. Nous ne conseillerons guère, comme Courty de faire compter la femme à haute voix, pour la forcer à respirer régulièrement et en même temps se rendre compte de l'état des centres nerveux. En un mot, bien que la nocuité de l'anesthésie obstétricale ne soit point prouvée, l'on ne saurait prendre trop de précautions. Le chloroforme bien administré est dépourvu de danger, disait en 1869 Burnham à la réunion à Middlesex (Massachussets) de la North district medical Society. Cette opinion devenue celle de presque tous les accoucheurs, ne doit pas cependant faire naître une sécucuté trop grande. Il faut se tenir prêt à toute éventualité, il ne faut pas oublier le « si vis pacem para bellum » et si l'on ne veut pas avoir d'accident, il faut tout préparer pour y remédier.

CHAPITRE II.

DE LA CONDUITE A TENIR DANS LES ACCIDENTS CHLOROFORMIQUES.

En présence de syncope cardiaque ou respiratoire, accident possible dans les accouchements avec anesthésie, il faut pouvoir garder son sangfroid, et pour cela connaître toutes les ressources que nous possédons, contre ces accidents. Ces ressources, ces procédés ont été groupés par Robert en quatre classes.

1° *Procédés destinés à réveiller la sensibilité en excitant la peau ou le tégument interne.* — a. *Peau.* — Eau froide en aspersion sur la figure et la poitrine (Pirogoff). Frapper les mêmes parties avec un linge trempé dans l'eau froide (Robert Fowler, Bardeleben), frictions énergiques sur la région cardiaque, excitation de la sensibilité par des flagellations sur la région spinale (Maisonneuve). Eau froide et application du marteau de Mayor (Demme, de Berne), saignée et eau froide sur la tête (Locatello).

b. *Tégument interne.* — Glace dans le rectum (Baillie, Medical Times and Gazette, 1869; Indian medical Gazette, 1er sept. 1869; Gaz. hôpit., 1878, Lo sperimentale et revista de medic. chirurg. et thérap., 1869, etc.) et (Kostjurin in Petersburg. Med. Wochenschrift, 1878, n° 52). — Lavements irritants, lavements de tabac, etc. — Inhalation d'acide acétique concentré (Esterle), d'ammoniaque (Beluso, congrès, scientifique de Venise. Longet, Lach, Buffini, Agazzi, Morganti, Porta, Mac-Clintock). — Nitrite d'amyle, Bader (Lancet, 8 mai 1875), Burrall (New-York médical Journ., 11 juin 1876). Lemon Lane (1877, medical Pres and circular). (British médical journal, 18 août 1877). Baruch (New-York medic. record, 1880, p. 141). Titillation du pharynx. — Cautérisation du pharynx avec pinceau et ammoniaque (J. Guérin). Weber préfère au procédé de J. Guérin

(1) De plus dans l'administration de l'anesthésie on fera bien de s'inspirer des règles générales de la chloroformisation signalées par Bouisson, par Baudens (des règles à suivre dans l'emploi du chloroforme. Académie des sciences, 19 juillet, 1853. In Moniteur des hôpitaux, 1853). par Robert (Leçons faites à l'Hôtel-Dieu, Paris, 1859,) par Lallemand et Perrin, etc.

le procédé de Wutzen, de Bonn : injection violente d'eau froide par le nez. — Introduction des doigs dans le larynx, soulèvement de l'épiglotte. (Escalier, Stanelli.) — Introduction de liquide stimulant dans l'estomac au moyen de la sonde œsophagienne. — Eau chaude et eau-de-vie (John Lizzars), vin (Namias).

2° *Moyens s'adressant à la circulation.* — Position horizontale. — Compression de l'aorte abdominale. — Procédé de l'inversion de Nélaton (Piorry, Bouisson, Denonvilliers, Green, Brown, Holme, de Chicago, Mac Cormak et Marion Sims au congrès annuel du British medical association, Gaz. hebdom. de med. et de chirurg. pratiq., 1874, p. 594). Forte saignée (Gruby, Corneliani, Locatello). Injection dans les veines d'une solution de bicarbonate et de chlorhydrate de soude (Lizzars, what are the best means of ressuscitation from an overdose of chloroforme. Medic. Times and Gaz., 1854, 2 p. 1060). Injection d'ammoniaque dans les veines (Edward Heilb. Melbourne, 1870).

3° *Moyens tendant à rétablir la respiration naturelle.* — Traction de la langue hors de la bouche (Bickersteht.) Soulèvement de l'épiglotte (Escalier). Insufflation de bouche à bouche (Ricord, 1850, Gull). Insufflation d'air atmosphérique (Plouviez, de Lille, Acad. méd., 17 janv. 1848). Insufflation avec les tubes laryngiens de Chaussier, Depaul, Tarnier, Marcet, etc. (Bickersteht, de Liverpool.) Insufflation d'oxygène (Blanchet, Gaz. hôpit., 30 déc. 1847. Duroy. Annihilation par l'oxygène des effets du chloroforme, 7 mai 1850. Société medico-pratique.) Ozanam. (Note sur l'oxygène employé comme autidote de l'éther et du chloroforme. Académ. des Sciences, 9 juillet 1860.) Abraham de New-York. (Oxygen as an antidote of the deleterous effects of anesthetic agents ; Association med. journal, 16 sept. 1853.) Jackson, Ed. Robin, etc. Trachéotomie. Langenbeck, Deutsche Klinik, 1859, nº 4. Brôadbent, Lancet, 1860, Atherton, Canada, Lancet, 1880, p. 301. Respiration artificielle, procédé de Marshall Hall, conseillé la première fois par Lach 1847, adopté par Pacini, Howard, Brondgeest, Snow (means, to be employed to prevent a fatal. effect from an overdose, 1849. Westminster, med. Society, Lancet, p. 403, etc.). Kidd, dans ce cas. conseille de commencer par presser sur la poitrine pour faire expirer le chloroforme (Medic. Times and Gaz., 11 avril 1835).

4° *Moyens destinés à réveiller l'action du système nerveux et musculaire.* — Electricité. L'emploi de l'électricité fut indiqué en 1848 par Abeille d'Ajaccio, par Lecocq (De l'emploi de l'électricité comme moyen de conjurer des accidents graves, Bulletin gén. de thérap., t. 61), par Home (Suggestion to use electro-galvanism in the syncope following the administration of chloroform. Lancet, 1848, p. 240), et enfin par Wartemann. En 1851, 20 octobre, à l'Académie des sciences, Abeille envoie un mémoire sur l'emploi de l'électricité pour combattre les accidents de l'inhalation trop prolongée de l'éther et du chloroforme. En 1855, Duchenne, de Boulogne, publie ses recherches sur le diaphragme. En 1857, Ziemsen, son travail « die Electricitat in der Medecin ». En 1860, Kidd recommande la faradisation dans l'apnée produite par la paralysie des muscles respiratoires. Cette question fut aussi étudiée par Jobert de Lamballe (De l'influence de l'électricité dans les accidents chloroformiques, Gaz. des hôpitaux, 1853, p. 103, et comptes rendus de l'Académie des sciences, t. XXVII), et par Legros et Onimus (de l'emploi des courants électriques continus contre la syncope et les accidents causés par le chloroforme. Acad. des sciences, 9 mars 1868; Société de chirurgie, 17 mars 1868, Gaz. des hôpitaux, 1868, p. 207; Wiener medizinische Wochenschrift, 1868), Thomas Green (British med. journal, 25 mai 1872, etc.).

L'emploi de l'électricité peut se faire de diverses façons. Steiner, assistant de la clinique de Billroth à Vienne, indique le procédé suivant (Archiv fur klin. chirurg., Band XII, Heft 3, § 741). Piquer la pointe du cœur à 3 centimètres en dehors du bord sternal d'après Luschka et pour cela enfoncer l'aiguille perpendiculairement et à 3 centimètres de profondeur, (à 4 et même 4 centimètres 1/2, si les téguments sont épais, muscles ou graisse), l'on aura au préalable exploré la région cardiaque, et constaté l'absence de tout cas pathologique. Eviter d'ailleurs toute manœuvre inutile, tout ébranlement de l'aiguille; l'aiguille enfoncée dans le cœur constituera le pôle positif, le pôle négatif sera placé sur le septième espace intercostal gauche. L'on fait alors passer un courant très faible jusqu'à ce que le rhythme cardiaque soit revenu. A ce moment on remplace l'électro-puncture par la respiration artificielle, mais si au bout de 15 minutes l'on n'a pas eu de résultat, l'irritabilité du muscle cardiaque est à jamais perdue. Ce n'est pas un moyen certain de résurrection, parce que sous l'influence du chloroforme cette perte de l'excitabilité du muscle cardiaque se fait avec une promptitude extrême. Hueter, qui l'a employé chez un enfant de 4 ans, a vu reparaître quelques battements du cœur, mais la mort ne fut que retardée. Lobb et Kidd conseillent d'enfoncer l'aiguille dans le ventricule droit. (Kidd, query concerning electricity in a accident from chloroform, 1863. Dublin medical Press, et Gaz. hebdom. de méd. et chir. pratique.)

Un procédé moins difficile à exécuter et qui ne cause aucuue lésion du cœur consiste dans la faradisation du diaphragme ou mieux du nerf phrénique, conseillée par Hérapath, de Boston, Abeille, d'Ajaccio, Rigaud (Abeille médicale, 3 novembre 185). Cette méthode a été parfois couronnée de succès. Exemple: le cas de Freidberg (Archiv für patholog. anat. N. S. Bd XVI, p. 527, et Gaz. hebdom., 1860), et les deux cas d'Ulrich (de Vienne) (ueber Lebensrettung bei Asphyxie nach Chloroform und Œthereinathmungen. Wien, 1858). Ce procédé consiste dans l'application de l'un des pôles sur le trajet du nerf phrénique au cou, et l'autre sur la périphérie de la base de la poitrine, au niveau des attaches du diaphragme. Notons que Lallemand, à la Société d'émulation de Paris, a prétendu que l'électricité était plutôt nuisible, en ce qu'elle faisait disparaître rapidement l'excitabilité de l'animal.

Tels sont les procédés que l'on peut employer pour rappeler la vie qui s'éteint sous l'influence du chloroforme. (On peut, sur ce sujet, voir le rapport de la Société médicale de Paris. Recherches expérimentales sur les moyens à employer contre les accidents déterminés par les inhalations de chloroforme. Union médicale, 1855, t. IX, p. 23, et Campbell. Conduite à tenir dans un accident chloroformique. Union médicale, 1874, p. 365.)

Dans cet arsenal, quelles armes faut-il choisir de préférence? En un mot quelle est la conduite à tenir en présence d'un accident chloroformique?

1° Ouvrir la bouche et tirer la langue au dehors avec une pince.

2° Donner au corps une position telle, que la tête soit plus basse que les pieds (tête en bas), pour favoriser le retour du sang au cerveau.

3° Pratiquer la respiration artificielle en débutant par

la compression de la poitrine pour produire d'abord l'expiration.

4° Faire renouveler l'air de la chambre, ouvrir les fenêtres.

5° Employer des moyens accessoires, flagellation avec compresse trempée dans l'eau froide, frictions énergiques, électricité si l'on possède une machine prête à fonctionner, etc.

6° Campbell conseillle, dès la première alarme, de faire, au moyen de pressions artificiellement appliquées à l'intérieur des organes génitaux chez la femme trop profondément endormie, un appel à l'effort qui, s'il se réveillait, viendrait mettre fin aux effets pernicieux.

7° Inutile de dire que s'il existait quelque indication spéciale, il faudrait y remédier aussitôt, spasmes de la glotte, etc. »

Mais dans l'application de tous ces moyens, l'on devra se rappeler le précepte de M. le professeur Guyon : « La rapidité, la simultanéité dans l'application de ces moyens ne doit exclure ni le calme, ni la méthode toujours nécessaires dans une situation grave ».

Avant de terminer, signalons les recherches de Schiff, qui voudrait voir rejeter le chloroforme et employer l'éther, sous prétexte qu'avec l'éther la respiration artificielle réussirait toujours, ce qui n'aurait pas lieu avec le chloroforme. Fabrè et Greenhalgt ont cru aussi à l'antagonisme de l'éther et du chloroforme. Enfin Davide Lupo (La clinica di Napoli) a conseillé de faire préventivement des inhalations d'ammoniaque pour neutraliser les effets délétères possibles du chloroforme.

CHAPITRE XII.

ABSORPTION DU CHLOROFORME PAR DES PROCÉDÉS AUTRES QUE LES INHALATIONS.

Il nous resterait maintenant à étudier les procédés d'absorption du chloroforme autres que les inhalations, mais ces procédés n'étant guère employés en obstétrique et mêmeen chirurgie, nous ne ferons que les signaler afin qu'on puisse les utiliser au besoin.

1° Vapeurs de chloroforme en lavement ; méthode préconisée par Pirogoff, Dupuy, Vicente Y Hedo, Heider, Adelman, etc.

2° Chloroforme en applications externes, en nature ou dans des liniments ; conseillé par Friedländer et Clemens.

3° En injections hypodermiques. E. Besnier (Bull. génér. de thérapeut., 30 novembre 1877 ; Gaz. hôpit., 1878, p. 107.) Dujardin-Beaumetz, Sociét. méd. des hôp., 12 juillet 1878). Roberts Bartholow, Collins, Cerenville, Lemaître (Paris, 1879), Bellabene (Roccoglitore medico, 1879), etc.

CONCLUSIONS.

Nous résumerons ici les conclusions que nous avons données à la fin de chaque chapitre.

A. Physiologie générale.

1° Rien ne prouve que la douleur de l'accouchement soit physiologique, utile, indispensable; au contraire sa suppression présente comme en chirurgie de nombreux avantages et pas d'inconvénients.

2° Les individus soumis à l'éthérisation ne ressentent pas la douleur comme dans l'état ordinaire, ils ne perdent pas simplement le souvenir de cette douleur.

3° L'anesthésie suit une marche progressive et successive.

4° Il est avant l'anesthésie complète, chirurgicale, des degrés intermédiaires.

5° La sensibilité peut ainsi disparaître alors que la connaissance persiste encore.

6° Cet état peut être obtenu dans tous ou du moins dans presque tous les cas. C'est l'anesthésie obstétricale.

B. Physiologie spéciale.

Mère. — Utérus.

1° L'action du chloroforme sur les contractions normales varie suivant la dose employée, la rapidité de l'absorption, la période de l'accouchement, l'idiosyncrasie, etc.

2° Au début de l'anesthésie, on observe ou bien une légère période d'excitation, ou bien, ce qui est plus fréquent, une diminution, un trouble des contractions pouvant aller jusqu'à l'absence complète de contraction. Ce trouble dure seulement quelques minutes (5-20).

3° Pendant l'anesthésie à doses légères, anesthésie obstétricale, le chloroforme a peu ou pas d'action sur les contractions utérines qu'il tend pourtant plutôt à diminuer.

4° Pendant l'anesthésie complète, chirurgicale, le chloroforme diminue l'énergie, la fréquence et la durée des contractions, la diminution portant presque exclusivement sur la période d'acmé.

5° Poussée jusqu'au coma, l'anesthésie fait disparaître les contractions.

6° Lorsque, pour une cause quelconque, les contractions ont disparu, la cessation de l'anesthésie provoque aussitôt leur retour.

7° Il est des cas rares où de faibles doses produisent l'affaiblissement ou la disparition des contractions.

8° Dans le cas de contractions anomales, le chloroforme tend à régulariser ces contractions, et à les ramener à leur type ordinaire.

9° Le chloroforme tend aussi à dilater le col utérin et à en faire disparaître la sensibilité excessive et la contracture.

10° Il n'est pas une cause d'inertie utérine, et par suite de rétention placentaire; rien ne prouve que les hémorrhagies puerpérales soient plus fréquentes après son emploi.

Périnée.

1° Le chloroforme relâche les muscles du périnée.

2° Il n'est pas une cause de rupture de cette partie.

Muscles abdominaux.

1° L'anesthésie obstétricale a peu d'action sur les contractions des muscles abdominaux.

2° L'anesthésie complète tend à les empêcher.

3° On a exagéré l'importance de ces contractions, l'accouchement pouvant avoir lieu après leur suppression (accouchements post mortem ; accouchements avec prolapsus utérin).

Durée du travail et suites de l'accouchement.

1° Le chloroforme a peu d'action sur cette durée, car s'il tend à diminuer la puissance, il tend à diminuer parallèlement la résistance.

2° Il n'augmente pas la fréquence des cas de forceps.

3° Son influence sur les suites de l'accouchement est plutôt favorable.

4° Il n'a pas d'action manifeste sur la lactation.

Respiration.

1° Légère augmentation des respirations au début de l'anesthésie, puis tendance faible et prolongée à leur diminution.

2° Les modifications chimiques de l'air inspiré et expiré sont peu connues.

3° Il peut, parfois, survenir un arrêt brusque de la respiration : syncope respiratoire.

Circulation.

1° Au début de l'anesthésie, les contractions cardiaques augmentent de rapidité, puis reviennent à leur chiffre naturel.

2° Lorsque l'on dépasse le degré obstétrical de l'anesthésie, ou lorsque l'on emploie le chloroforme longtemps, il y a diminution graduelle, et affaiblissement des contractions cardiaques.

3° Lorsque, par suite d'une vive excitation, le pouls est très élevé, le premier effet de l'anesthésie est de le régulariser ; le pouls diminue alors rapidement jusqu'à un chiffre presque normal :

4° Dans les cas rares, le pouls devient irrégulier et diminue brusquement de fréquence. Ce fait, qui s'observe lorsque l'on donne le chloroforme à doses massives, indique qu'il faut cesser l'anesthésie.

5° La méthode d'anesthésie, employée en obstétrique, semble mettre à l'abri des syncopes primitive, secondaire et tertiaire ou, du moins, les rendre excessivement rares.

6° Le chloroforme peut modifier la couleur du sang.

7° Les modifications chimiques et morphologiques du sang exigent de nouvelles études.

Température.

1° Le chloroforme n'exerce pas d'action notable sur la température des femmes en couches.

Fœtus.

1° Le chloroforme traverse le placenta et pénètre dans la circulation du fœtus.

2° Il semble avoir peu d'influence sur le fœtus in utero.

3° Il n'augmente pas la mortalité des nouveau-nés.

4° La mort apparente, l'asphyxie du fœtus, ne sont pas plus fréquentes.

5° Rien ne prouve l'influence de l'anesthésie sur la production de l'ictère neo-natorum.

6° L'immunité du fœtus contre le chloroforme, est partagée par l'enfant.

C. Objections.

1° L'on ne saurait admettre les objections religieuses ou morales.

2° Les rêves érotiques sont des faits rares, paraissant tenir à la moralité de la patiente.

3° Loin de produire la manie puerpérale, le chloroforme semble être un préservatif et un curatif de cet accident.

4° De même pour l'éclampsie.

5° L'idiosyncrasie, pour le chloroforme, est encore peu connue.

6° Le chloroforme semble empêcher la production de la plupart des accidents qu'on lui reproche.

7° Il peut cependant, surtout lorsqu'il est impur, être la cause de quelques accidents, mais il est facile d'y remédier.

8° La mort subite peut s'observer pendant l'anesthésie obstétricale, mais rien ne prouve qu'elle soit due au chloroforme; il est probable, au contraire, que c'est le fait d'une simple coïncidence.

9° Les causes de l'immunité des femmes en couches sont multiples; elles tiennent soit au mode d'administration du chloroforme, soit aux conditions particulières dans lesquelles se trouve la femme,

D. Technique.

Pureté.

1° La pureté du chloroforme est une condition capitale de son emploi; des cas de morts par syncope respiratoire pourraient peut-être être le résultat de son impureté.

2° Chez la plupart des individus, le chloroforme impur ne provoque pas d'accidents appréciables; mais dans ces conditions:

3° L'anesthésie obstétricale, est difficile et souvent impossible à obtenir; on ne détermine que l'anesthésie complète, chirurgicale et encore seulement avec des doses massives.

4° L'on peut voir survenir des accidents divers, nausées, vomissements, toux, céphalalgie, refroidissement, frissons, etc.

5° Enfin, chez certains individus prédisposés, surtout chez les femmes en couches, le chloroforme impur peut provoquer des accidents redoutables, des syncopes respiratoires. Chez ces individus, le chloroforme pur ne déterminerait que des accidents insignifiants.

Mélanges.

1° Rien ne prouve l'utilité des mélanges.

2° L'anesthésie mixte exige de nouvelles études. On ne démontre pas sa supériorité sur l'anesthésie ordinaire ou par inhalation.

Appareils.

Rien ne prouve leur utilité.

Aides.

Ils sont inutiles dans l'anesthésie obstétricale.

Début.

On doit commencer à administrer le chloroforme dès que la douleur est vive, sans se préoccuper autrement de la période de l'accouchement.

Durée.

Peut être prolongée indéfiniment.

Doses.

1° Elles doivent toujours être faibles.

2° La quantité en un temps donné, et la quantité totale de chloroforme à employer, varient suivant chaque cas.

3° Les vapeurs de chloroforme doivent être très diluées dans l'air atmosphérique, 3 à 5 0/0 en moyenne.

Indications.

Il est des cas où il faut conseiller l'anesthésie, mais la principale indication devra être la douleur.

Contre-indications.

Elles sont rares ; la présence des maladies du cœur et du poumon ne semble pas devoir être considérée comme une contre-indication ; il existe cependant quelques cas où il est prudent de s'abstenir.

Modus faciendi.

Il est nécessaire, dans l'administration du chloroforme, de suivre une méthode. (Voy. p. 286).

Accidents.

Chaque accident devra avoir un traitement approprié. Tout devra être prêt dans la possibilité d'une pareille complication.

Donc :

L'anesthésie obstétricale, c'est-à-dire la suppression plus ou moins complète de la douleur avec conservation de l'intelligence et de la motilité pourra être (sauf contre-indication) employée dans tous les accouchements.

VI. BIBLIOGRAPHIE

Ayant souvent reconnu, à nos dépens, les inconvénients qui résultent d'indications bibliographiques fausses ou incomplètes, nous nous sommes efforcé de publier une bibliographie complète et exacte de l'anesthésie obstétricale par le chloroforme. Parfois, cependant, il nous a été impossible de vérifier une indication, faute de pouvoir nous procurer l'ouvrage en question à la Bibliothèque de la Faculté de médecine. Bien qu'ayant contrôlé soigneusement cette indication, nous la ferons précéder de **. Dans quelques-uns de ces cas, nous avons pu faire venir de l'étranger l'ouvrage qui ne se trouvait pas à la Faculté. Nous indiquerons ce fait par *, afin de faire éviter des recherches à ceux qui pourraient croire comme nous que, vu son importance, l'ouvrage doit se trouver dans cette bibliothèque. Nous profiterons aussi de cette occasion pour remercier messieurs les bibliothécaires de l'empressement bienveillant avec lequel ils nous ont donné tous les renseignements que nécessitait l'absence de catalogue.

Nota.— Les quelques numéros qui se trouvent parfois à la suite d'une indication bibliographique sont les numéros d'ordre que portent ces ouvrages dans la bibliothèque de la faculté.

I. — De l'éthérisation en obstétrique (1).

AMUSSAT. — Effets de l'inhalation de l'éther sur des fœtus contenus dans l'utérus. (Comptes rendus de l'Académie des sciences, t. XXIV, p. 384, 1847.)

BONNET ET FERRAND. — Des moyens d'obtenir constamment l'insensibilité par les inspirations d'éther sulfurique et des quantités de ce liquide qui peuvent être employées. (Gaz. médic. de Paris p. 202, 13 mars 1847.)

BROUZET (de Nîmes). — Inhalations des vapeurs sulfuriques. (Gaz. méd. de Montpellier, n° 1, 15 avril 1847; analysé dans Schmidt's Jahrbuch., 1847, H. 10.)

BOUVIER. — De l'éther dans les accouchements. (Bul. de l'Académie de méd., t. XII, p. 453; et Revue médico-chirurg. de Malgaigne, mai 1847)

CAMPBELL. — Notes sur l'inhalation de l'éther dans la pratique des accouchements. (Notes de Duncan, traduites par Campbell; Union médic., n° 29 et 30, 11 mars 1847, t. I, p. 120.)

CARDAN. — Effets produits sur une femme enceinte par l'inhalation de l'éther. (Comptes rendus de l'Acad. des sciences, 1847, n° 10.)

CHAILLY-HONORÉ. — Sur l'inhalation des vapeurs d'éther dans la pratique des accouchements. (Bul. de l'Académ. de méd., séance du 9 mars 1847.)

Idem. — Ether in difficult parturition. (Lancet, 22 mai 1847.)

Walter CHANNING. — Two cases of the inhalation of ether in instrumental labour. (Boston medic. and surgical Journal, 1847.)

Idem. — A treatise on etherization in childbirth, illustrated by 581 cases. (Boston, 1849, 400 p , n° 36718; analysé dans Americ. Journ. of medic. science, t. XVII, p. 99, 1849.)

(1) Il nous semble impossible de séparer la bibliographie de l'éther, de celle du chloroforme : nous publierons donc cette bibliographie pour les années 1847, 1848, 1849. Quant aux travaux publiés plus tard sur l'éther et le chloroforme, on les trouvera dans la bibliographie du chloroforme. Notons aussi la confusion apportée par quelques auteurs à la suite de l'emploi des termes éthérisme et éthérisation au lieu de chloroformisation

DUBOIS. — De l'application des inhalations de l'éther aux accouchements. (Bul. de l'Académ. de méd., t. XII, p. 400 ; Archiv. génér. de méd., 1847, t. I, p. 426; Gaz. médic. de Paris, 1847. Traduit : Applicazione dell'inalazione dell'etere all'obstetricia, *in* Annal universali di medicina, t. CXXII, p. 420.)

DUPUY (J.-M.). —De l'éthérisation. (Thèse de Paris, 28 juillet 1847.)

FOURNIER-DESCHAMPS. — Ether dans un cas d'application de forceps. (Gaz. des hôpit., 29 janvier 1847.)

GARDNER (John). — Ether in midwifery ; case of turning. (Lancet, 1847, t. II, p. 55.)

GOWER. — On the inhalation of ether in midwifery practice, (Lancet, 184, t. I, 11 mars, p. 282.)

* GRENSER. — Ueber Aethereinathmungen wahrend der Geburt (Leipzig, 1847, broch., 68 pages).

HALLA (de Prague). — Ueber Aethereinathmungen ; eine ubersichtliche Zusammenstellung des bisher daruber bekannt gewordeneis als Einleitung zu dem nachstfolgenden Aufsatze. (Vierteljahrschrift für die praktische Heilkunde zu Prag, 4e année, vol. III, 1848, p. 145; — indiqué à tort dans le Prag. med. Zeitschrift, B. I, S. 166, n° 90658 de la bibliothèque.)

** HAMMER. — Die Anwendung des Schwefeläthers in allgemeinen und insbesondere in der Geburtshulfe. (Mannheim, 1847.)

* *Idem.* — Eine Geburt ohne Schmerzen mitshulfe des Schwefeläther (Mannheimer Abendzeitung, 19 fév. 1847.)

HEARNE. — Ether inhalation in surgical operations and midwifery. (Lancet, 14 avril 1847, p, 77.)

** HEIDENREICH.......... — (Baïrisch Correspondenzblatt, 1847, n° 29.)

** HERING. — Die Schwefelätherfrage nach eignen Erfahrungen und nach den neusten Forschungen beleuchtet (Leipzig, 1847.)

HOFFMANN. — Gluckige Anwendung des Schwefeläthers in einem ausserst schwierigen Geburstfalle. (Journal f. Chirurg. und Augenheilkunde, de Walther und Ammon, B. IX, N. S., 1850, p. 276. — n° 90803 de la bibliothèque.)

* HUPFAUF. — Anwendung der Aether in der Geburtshulfe. (Bairisch Correspondenzblatt, n° 27, 2 juillet 1847.)

KLENKE. — Bericht ueber die Anwendung der Narkose durch

Aether und Chloroform in der Medicin, bis Ende 1847. (Canstatt's Jahrbericht, 1847, vol. IV, p. 152.)

KILIAN. — Wirkungen des Schwefeläther auf der Uterus. (Rheinische Monatsschrift, ** 1, 4, 1848. et Neue Zeitschrift für Gebürtskunde, t. XXVI, 1849, p. 1, — nº 90789 de la bibliothèque.)

KRIEGER. — Die Anwendung des Aethers in der Geburtshulfe, (Verhandlungen der Gesellschaft für Geburtshulfe in Berlin, 3e année, 1848, 90809 de la bibliothèque.)

LACH. — De l'éther sulfurique, de son action physiologique et de son application à la chirurgie, aux accouchements, à la médecine, avec un aperçu historique sur la découverte de Jackson. (Thèse de Paris, 5 août 1847.)

LANSDOWN. — Ether in midwifery. (Lancet, 24 avril 1847, p. 447.)

Idem. — On the use of ether in natural labour. (Lancet, p. 584. 1847.)

Idem. — Priority in employment of ether in midwifery. (Lancet, 1848, I, p. 460.)

LEGER-GUERSANT. — Discussion à la Société de médecine pratique de Paris. (Gaz. des hôpit., 1847, p. 116.)

** LERSCH. — Aether bei Geburten. (Rheinische Monatsschrist, 1847, p. 240.)

LONGET. — Expériences relatives aux effets de l'inhalation de l'éther sulfurique sur le système nerveux des animaux. (Archiv, général. de médec., 4e série, t. XIII, p. 374.)

MACKENZIE. — Etherization progress. (Société obstétric. d'Edimbourg, 15 juin 1847.)

MANSON (P.-R.). — Administration of ether in midwifery practice; reply to A. B. C. (Lancet, 1847, p. 291.)

**MONTGOMERY (de Dublin). — Ueber die Anwendung des Schwefeläthers in der Geburtshulfe. (Gottingen, 1847.)

** NOLTEN (Wilhem). — De usu ætheris vaporum obstetricio adjectis observationibus de chloroformi effectu. (Bonnæ, 1847, dissertat, inaugur.)

** ORLOWSKY. — De inhalationum ætheris sulfurici usu in arte obstetricia. (Dorpat, 1848, thèse inaugurale.)

** PAJOT. — Des effets de l'inhalation des vapeurs d'éther. (Broch. in-12, chez Mascagna.)

Pirogoff. — Recherches pratiques et physiologiques sur l'éthérisation. (Saint-Pétersbourg, 1847; analysé dans Schmidt's Jahrbuch. Voy. Pirogoff's Æthesirungs Methode durch das Rectum, par Wengler (de Dresde), Journ. d. Chirurg. und Augenheilkunde, t. XXXVIII, p. 133, 1848.)

Radford (Thomas). — A few remarks on the inhalation of ether during labour. (Lancet, 40 avril 1847.)

** Ritter. — Zur Wurdigung des Werthes der Ætherisation in der operativen Geburtshulfe. (Rhein. monattssch., H. I, II, 1847; et Heidelberger med. Annalen, B. XIII. Ce volume ne se trouve pas dans ceux de la bibliothèque.)

** Rosenfeld. — Die Schwefeläther dampfe und ihre Wirksamkeit. (Pesth, 1847.)

** Rosshirt. — ..... (Neue med. chirurg. Zeitung von Dittrich, 1847, n° 25.)

Roux (Jules). — De l'éthérisme dans les accouchements. (Gaz. médicale, p. 782 et 803, n° 40 et 41, oct. 1847; et Revue médicale franç. et étrang. de Cayol, p. 219, oct. 1847, et London medic. Gazette, oct. 1847.)

Sachs, — Beitrage zur Anwendung der Aether und insbesondere des Chloroformdampfe in der Geburtshulfe. (Verhandl. d. Gesellsch. f. Geburtskunde zu Berlin, 1848, p. 249.)

**Schmidt.--Protokol der Gesellsch. für Geburtskunde, 13 av. 1847.

Seifert. — Aether bei Thieren. (Zeitschrift d. K. K. Gesellschaft d. Aerzte zu Wien. (Mars 1847, p. 387, n° 90682,)

Siebold (Eduard von). — Vorlaufige Nachrift ueber die Anwendung der Einathmungen des Schwefeläthers in der geburtshulflichen Praxis. (Neue Zeitschrift fur Geburtskunde, 1847, t. XXII, p. 317, et Gaz. médic. de Paris, 1847.)

Idem. — Ueber die Anwendung des Schwefelätherdampfe in der Geburtshulfe. (Göttingen, 1847; ausdem IIIe B. der Abhandlungen der Königl. Gesellschaft des Wissenschaften zu Göttingen; analysé dans Schmidt's Jahrbuch., t. LV, p, 367, et traduct. : On the employment of ethereal inhalation in midwifery, London medical Gazette, 11 juin 1847, p. 1052.)

Idem. — Weitere Mittheilungen uber die Anwendung des Schwefeläther in der geburtshulflichen Praxis. (Neue Zeitschrift für Geburtskunde, B. XXIV, p. I, 1848.)

SIMPSON (James). — Case of turning under the influence of sulfuric ether and proposed substitution of-for craniotomy in cases of detention of the child's head at the brim of the pelvis. (Edinburg obstetric, society, 20 janv. 1847; dans London medical Gazette, vol. XXXIX, p. 460, 29 janv. 1847; et provincial medical and surgical Journal, 1847, p. 84.

Idem. — On the inhalation of sulfuric ether in the practice of midwifery. (Edinburgh obstetric. Society, 10 fév. 1847; Edinb. monthly Journal of medic. sc., fév. 1847, p. 639; n° 90507.)

Idem. — Notes on the employment of the inhalation of sulfuric ether in the practice of midwifery. (Edinb. monthly journ. of med. science, mars 1847, p. 728; *id.* brochure de 11 pages.)

Idem. — Uterine contraction in parturition not suspended by ether vapour. (London medic. Gazette, 12 mars 1847, p. 460.)

Idem. — On the employment of ether in the practice of midwifery. (London med. Gazette, 19 mars, 1847, p. 523.)

Ces travaux ont été traduits et résumés dans :

** Ueber die Anwendung der Schwefeläthereinathmung in der Geburtshulfe. (Traduct. de Steinthal.)

Notes sur l'inhalation de l'éther dans la pratique des accouchements, par J. Simpson, communiquées par Duncan et traduites par Campbell. (Union médic., 4 mars 1847, p. 120; et Archiv. génér. de médic., t. XIII, p. 536.)

Ethérisation dans les accouchements. (Journal des connaissances médicales, 1847, etc.)

Idem. — Etherization in labour. (Edinb. obstetric. Society, 15 juin 1847.)

SKEY. — Cæsarean operation performed at Saint-Bartholomew's hospital. (London medic. Gazette, janvier 1847, p. 212.)

SMITH-PROTHEROE. On the employment of ether by inhalation in obstetric practice with cases and clinical observations. (Lancet, 1er mai 1847.)

Idem. — De l'application des inhalations éthérées aux accouchements et principalement aux opérations obstétricales. (Archiv. génér. de médec., t. XIV, p. 375.)

Idem. — Additionnal cases of administration of ether in midwiery practice. (Lancet, sept. 1847, II, p. 121.)

SMITH-TYLER. — A lecture on the utility and safety of the inhalation of ether in obstetric practice. (Lancet, 27 mars, p. 321, n 13.)

Stoltz. — De l'éthérisation appliquée à la pratique des accouchements. (Gaz. médic. de Strasbourg, 27 mars 1847, p. 105.)

Idem. — De l'influence de l'éther dans les cas de version. (Union médic., 3 avril 1847, p. 105.)

Villeneuve (de Marseille). — De l'éthérisation dans les accouchements. (Broch. de 32 pages; analysé dans la Revue medico-chirurg. de Malgaigne, 1847, p. 177.)

Weber. — Deux cas d'éther dans les accouchements. (Gazette med. de Strasbourg, 1847, nº 7.)

Ziehl. — Anwendung der Einathmung des Schwefelätherdunste bei einer zangenentbindung. (Medic. Correspondenzblatt baïrischer Aerzte, 6 mars 1847, nº 10; analysé dans Schmidt's Jahrbuch 1847, t. LIV, p. 141.)

Anonymes.

A. B. C. — Remarks on Dr P. Smith's additional cases of midwifery in which ether was exhibited. (Lancet, 7 août 1847, p. 165.)

Spectator. — On the misuse of ether and forceps in the practice of midwifery. (Lancet, 15 mars 1847, p. 521.)

II. — Bibliographie de la Chloroformisation (1).

Antoine (L.). — Quelques considérations sur l'emploi des moyens anesthésiques dans la pratique des accouchements. (Thèse de Strasbourg, 12 mars 1863, nº 673.)

Aran. — De l'anesthésie provoquée et des agents anesthésiques considérés au point de vue de leur application à la chirurgie et aux diverses branches de l'art de guérir. (Archiv. genér. de médec, 1850, t. XXIV. p. 314.)

(1) Dans la bibliographie de la chloroformisation nous n'avons réuni que ce qui a trait aux accouchements naturels. Quelques indications semblent contraires à cette règle, mais elles portent sur des ouvrages renfermant quelque fait concernant notre question.

ARNOTT. — Great rigidity within the os uteri, chloroform administered with advantages after the rupture of the membrane. (Lancet, 4 mars 1848, p 254.)

ASHWELL (Samuel). — Observations on the use of chloroform in natural labour. (Lancet, 11 mars (t. I p. 291.)

ATTHILL. — On chloroform in midwifery. (Société obstétricale de Dublin, 4 mars 1854. Dublin quarterly Journal of medic. Science, 1854, t. XVII, p. 462.)

AUBRÉE. — De l'emploi des anesthésiques dans les accouchements et en particulier du chloroforme dans l'éclampsie. (Thèse de Paris, 2 février 1861.)

AUBRIL (de Montgeron). — Le chloroforme dans l'accouchement, deux modes d'anesthésie. (Journal de médec. et de chirurg. pratiq., 1877, p. 387.)

AUDLAND (John). — Chloroform in midwifery. (Association medic. Journal, 5 août, 1853.)

AUPAL. — De la anestesia en los partos. (Union medic. de Aragon, Zaragoza, 1880, p. 225.)

AVELING. — Chloroform in midwifery. (Medical Times and Gazette, 6 mai 1854, p. 469.)

Idem. — Responsability in administering chloroform. (Médic. Times and Gazette, août 1857, p. 126.)

Idem. Chloroform in midwifery, lettre à Rob. Lee. (Medic. Times aud Gazette, 25 déc. 1858, p. 671.)

** BAENA Y NEVET ROMAN. — De l'emploi des anesthésiques dans les accouchements. (El Siglo medico, 700, juin 1867. Madrid.)

BAILLY. — De l'anesthésie d ns les accouchements naturels et d'un nouvel appareil (appareil de Legroux) pour administrer le chloroforme aux femmes en couches. (Bull. génér. de thérapeut., 1878, t. XCIV, p. 8.)

Idem. — De l'anesthésie obstétricale, réponse à M. Pajot. (Bull génér. de thérapeut., 28 fév. 1878, p. 153.)

** BAINBRIGGE. — Remarks on chloroform in alleviating human suffering, adressed particularly to the female sex, showing that there is no scriptural authority to interdict its administration for the mitigation of physical pain under any circumstances. (London, 1848, broch. 43 pages ; analysé dans London medic. Gaz., p. 462, 1848.)

**Balocchi. — Manuale completo di ostetricia. (3e edizione, 1859.)

Banner. — On the abuse of chloroform. — Liverpool medical and pathological Society. (London medical Gazette, p. 563, 1849, t. XLIII.)

Barker. — An effort to shorten the duration and diminish the pain of the first stage of labour, with record of one hundred and forty seven cases. (New-York, 1861, broch. 11 pages.)

Idem. — On the use of anæsthetics in midwifery. (Transactions of New-York Academy; Américan medic. Times, nov. 1861, N. S., t. III, p. 22; American Journal of medic. scienc., 1861 p. 17; Medical Times aud Gazette, 21 déc. 1861, p. 644.)

Barnes (Robert). — Observations on Dr Simpson's anæsthetic statistics. (Lancet, 1847, II, p. 677.)

Idem. — Further observations on the employment of chloroform in parturition. (Lancet, 1848, I, p. 422.)

Idem. — On the importance of faith in physiology as a guide to the rational aud safe conduct of labour, Hunterian school of medicine. (London medic. Gazette, 23 nov. 1849, p. 889.)

Idem. — Anæsthesia in natural parturition with an analysis of twenty seven cases where chloroform was administered by Dr Sachs, etc. (Lancet, 1850, II, p. 39 et 84., 20 juillet; Voy. Schmidt's Jahrbuch, t. LXIX, p. 66.)

Idem. — Two cases of sudden death during labour. (Transact. of the London obstetr. Society, séance du 7 fév. 1866; Med: Press and Circular, 1866, I, p. 275.)

Idem. — Leçons sur les opérations obstétricales. (Traduct. de Cordier, Paris, 1873.)

Barnes-Fancourt. — Anesthésie obstétricale. (Journal de Thérapeutiq. de Gubler, 1878, p. 897.)

Barr (Miller). — General use of anæsthetic in labour, Transact. of the obstetric. Society of Philedelphia, in Philadelphia medic. and surgical Reporter. — anæsthesia in labour, et American Journal of obstetric. t. XIII, 1880, p. 390, n° 90628.)

Barwell. — Chloroform in obstetrics. (Americ. medic. monthly. Lancet, 1854, t. I, p. 394.)

Beatty (Edw. Tho). — Contributions to midwifery; observations on the use of chloroform in conjunction with ergot of Rye in parturition. (Dublin quarterly Journal of medic. sc, 1850, t. X. p. I; Medical Times, N. S., t. I, 1850, p. 211; Union médicale, 31 août 1850, p. 427; Gaz. des hôpit., 1851, n° 127, p. 510.)

Idem. — On the employment of chloroform in midwifery. (Dublin medic. Press, avril 1852; London Journal of medec., oct. 1852, t. IV, p. 951; Gaz. médic. de Paris, 23 oct. 1852, p. 673; analysé dans Schmidt's Jahrbuch., t. LXXV. p. 322.)

Idem. — On use of chloroform. (Dublin quarterly Journal of medic. scienc., t. XXXV, 1863, p. 180.)

Idem. — Contribution to medicine and midwifery. (Analysé dans Dublin quart. Journ. of m. sc., t. XLII, nov. 1866. p, 399.)

BEECROFT (Samuel). — Objections to the use of chloroform. (Associat. medic. Journal, p. 524, 17 juin 1853.)

Idem. — Chloroform in midwifery. (Même journal, 5 août 1853.)

BENNET (Henry). — On the use of chloroform in dysmenorrhea, uterine pain and midwifery. (Lancet, 19 fevrier 1848, p. 204.)

Idem. — On the administration of chloroform in midwifery and as a sedative of uterine pain. (London Journal of medecine, mars 1850, t. II, p. 265; et trad.: De l'emploi du chloroforme dans la pratique obstétricale et en particulier dans le traitement des douleurs utérines, Union médic., 20 juin 1850, p. 303.)

BERGÈS. — Du chloroforme dans les accouchements. (Thèse de Paris, 1869.)

BERNARD (Cl.). — Leçons sur les anesthésiques et sur l'asphyxie. (Paris, 1875.)

*BERTHELOT. — Discussion à la Société médic. de Montréal. (Union médic. du Canada, 1876; et Journal de médec. et de chirurg. prat., 1877, p. 352.)

BIBARD (Ch.-A.-S.). — De la méthode anesthésique appliquée à l'art des accouchements. (Thèse de Paris, 1851, n° 34.)

BINDON. — (John Vereker). — Chloroform in midwifery practice. (Dublin médic. Press, 19 janv. 1848, p. 35, n° 90493.)

BLOT (François-Jacques). — De l'emploi du chloroforme dans les opérations chirurgicales et obstétricales. (Thèse de Paris, 1855, n° 115.)

BLOT. (Hippolyte). — De l'anesthésie appliquée à l'art des accouchements. (Thèse d'agrégation en accouchement, Paris, 1857; analysée dans Gaz. médic. de Paris, 1858 ; n° 6 ; et Medic. Zeitung. des Preussische aerztle Vereins, p. 115, 5 juin 1858.)

Idem. — Emploi du chloroforme dans les accouchements. (Société de chirurgie, 23 oct. 1867.)

Idem. — De l'anesthésie appliquée à l'art des accouchements. (Archives de tocologie, mars 1875.)

Idem. — De l'emploi du chloroforme dans les accouchements naturels. (Société de chirurgie, 4 octobre 1876 ; Union médic., 1876,)

Bloxam. — Chloroform in midwifery, first reply to Simpson. (Association medic. Journal, 26 avril, 1853, p. 761.)

Idem. — Second reply. (Même journal, 11 nov. 1853, p. 999.)

Bossion. — Emploi du chloroforme dans un accouchement terminé par le forceps. (Union médic., 30 déc. 1847.)

Bouisson. Traité de la méthode anesthésique appliquée à la chirurgie et aux différentes branches de l'art de guérir. (Paris, 1850, n° 32829.)

Boutequoy. --De l'anesthésie obstétricale dans un cas de dystocie par rigidité du col. (Journ. de thérapeut. de Gubler, n° 5, 10 mars 1881.)

Bowman. — On the use of chloroform in midwifery. (Lancet, 4 mars 1848, p. 254.)

Braun. — Erfahrungen über Chloroforminhalationen bei geburtshulflichen Operationen. (Zeitschrift d. K. K. Gesellschaft der Aerzte zu Wien, juni 1851, p. 446 ; analysé dans Schmidt's Jahrbuch., t. 72, p. 61.)

** *Idem.* — Lehrbuch der Geburtshulfe. (Wien, 1857, p. 505.)

Breit. — Ueber die Wendung des Kindes auf den Kopf nebst Mittheilungen über die Anwendung der Chloroform, etc. (Roser's und Wunderlich's Archiv. fur physiologische Heilkunde, B. VII, p. 6-8, 1848, n° 90643.)

Brown (Isaac). — On the use of chloroform in the practice of midwifery. (Lancet, 1847, II, p. 605, 14 déc. ; American Journ. of med. scienc. t. XV.)

Idem. — On the use of chloroform in midwifery. (Westminster medic. Society, 22 avril 1848 ; Lancet, 1848, I, p. 98,)

Idem. — On anesthetic midwifery, Harveian Society. (Medic. Times and Gazette, 1867 ; t. I, p. 511 ; trad. : Mélanges anesthésiques, Gaz. hebdom. de médec. et de chirurg. prat., 3 mai 1867, par Henocque.)

** BUCKNER (J. H.). — On chloroform as anæsthetic. (The Clinic, mai 1877, Cincinatti.)

** BUDD. — Two cases of midwifery with use of chloroform. (Provincial medical and surgical Journal, 1848.)

BUDIN. — De l'emploi des anesthésiques en obstétrique. (Progrès médical, nos 18, 19, 2-9 mars 1874, p. 249-267.)

BURCHARD. — Ueber Anæsthesie bei Geburten durch Chloroformdampfe. (Casper's Wochenschrift für gesammte Heilkunde, 1849, n° 39 ; analysé dans Canstatt's Bericht, 1849, IV, p. 410.)

BURCHELL. — Use of chloroform in a case of difficult parturition. (Lancet, 1848, I, p. 96.)

BURWELL (G. N.). — Statement of fifteen cases of midwifery in wich chloroform was administered (Buffalo med. Journal, nov. 1848, Americ. Journal of med. scienc., 1849, t, XVII, p. 261.)

** BYRD. — On the employment of chloroform, opium morphia in childbirth. (Philadelphia med and surgic. Reporter, juillet 1873, p. 27.)

CAMERARIO — .... (L'Imparziale de Florence, 1863, p. 462.)

CAMPBELL (Ch.-James). — Mémoire sur l'anesthésie obstétricale. (Journal de thérapeut. de Gubler, 23 fév. 1874; Revue de Hayem, 1874, p. 641, et brochure.)

Idem. — Etude sur la tolérance anesthésique obstétricale. (Brochure de 55 p., Paris, 1874; analysée dans la Gaz. hebdom. de méd. et de chirurg. prat., 31 juillet 1874, p. 489, par Labadie-Lagrave ; et Bull. génér. de thérapeut., par Labbée, mars, avril 1874.)

Idem. — On obstetrical effort during chloroformic anæsthesia. (The Practitionner, n° 71, p. 351.)

Idem. — De la narcose utérine directe. (Journal de thérapeut. de Gubler, 10 et 25 août 1877 ; broch. de 29 p., présentée à l'Académie de médecine le 30 août 1874.)

Idem. — Considérations nouvelles sur l'anesthésie obstétricale. (Paris, 1877 ; Congrès des sciences médic. de Genève, sept. 1877 ; analysé dans le Bull. de thérapeut., 1877, B, 224 p.)

** CAPDEVILLA. — Du chloroforme dans les accouchements. (Cronica de los hospitales, 1853, n° 9, p. 296.)

CARMICHAEL (W. Scott). — Remarks on the alleged mortality in childbirth in Edinburg and on the use of chloroform in midwifery. (London medic. Gaz. 1850, t. XLV, p. 80.)

CARAFI. — Des accidents du chloroforme chez les femmes en travail. (Arch. de tocolog., avril, 1882, p. 193.)

CATTING. — To extent to which ether should be used in midwifery. (Boston medic. and surgic. Journal, 9 déc. 1858; Americ. Journal of medic. scienc., janv. 1859.

CAZEAUX. — Traité d'accouchements, 1853-1867.)

CHAILLY-HONORÉ. — De l'atténuation de la douleur dans les contractions pathologiques pendant une grande partie de l'accouchement. (Union médic., 1850, p. 89.)

Idem. — Des cas où les inhalations d'éther et de chloroforme peuvent être employées dans l'art des accouchements et de ceux qui s'opposent à leur usage. (Bull. génér. de thérapeut., 1853, t. LXIV, p. 212 et 351.)

** *Idem.* — Des considérations puissantes qui doivent empêcher d'user de l'éther ou du chloroforme dans le travail naturel de l'accouchement et des cas pathologiques très restreints pour lesquels il faut réserver ces agents précieux. (Paris, 1853, broch. 32 p., voy. Canstatt's Bericht, 1853, V, p. 346.)

Idem. — Traité pratique de l'art des accouchements. (Paris, 1867.)

CHANNING (Walter). — A treatise on etherisation in childbirth, illustrated by 581 cases. (1849; analysé dans American Journ. of med. scienc., 1849, vol. XVII.)

Idem. — Cases of etherization in childbirth. (Boston Society for medic. improvement; 1re communic., 22 janvier 1849, Americ. Journal of med., avril 1849, p. 343; 2e communic., 23 avril 1849, même journal, juillet 1849, t. XXVIII, p. 41.)

* CHAPMAN (John). — Cloroform and other anæsthetic; their history and use during childbirth. (London, 1859, in-8; extr. de Westminster Review, janv. 1859; analysé dans Canstatt's Bericht, 1859.)

CHARLIER (J.-B). — De l'emploi des anesthésiques durant l'accouchement. (Thèse d'agrég., Bruxelles, 1879; trad. par Martinez Espinosa: Del l'empleo de los anestesicos durante il parto, Madrid, 1881.

CHEDEVERGNE. — De l'emploi du chloroforme comme moyen de

rendre la version possible dans les cas de rétraction utérine, etc. (Bull. génér. de thérapeut., avril 1863, p. 294.)

CHRESTIEN DU SOUCHAY. — De l'emploi des anesthésiques dans les accouchements. (Thèse de Paris, 1852, n° 298.)

** CHIARI. — Erfolge des Anwendung des Chloroforms bei chirurg. Operationen um. die Wehen bei zu befurchten den Abortus zum Schweigen zu bringen. (Zeitschrift d. K. K. Gesellsch. der Aerzte zu Wien, janvier 1848.)

CHRISTISON. — Lettre à M. Dumas sur l'emploi du chloroforme. (Annales de chimie et de physique, mars 1848.)

CHURCHILL FLEETWOOD. — On the theory and practice of midwifery. (1850, Londres et Dublin. Broch., 496 p.)

** CLARK. — On chloroform in midwifery. (Philadelphia medic. Examiner, mars 1878.)

CLEMENS. — Heftige Syncope und Metrorrhagie nach ausserlicher Anwendung des Chloroforms auf die uterin Gegen. (Monatsschrift für Geburtskunde, B. VII, p. 39, 1856 ; trad. : alarming syncope after the application of chloroform to the uterine region, Med. Times and Gaz., 20 sept. 1856, p. 296.)

COATES (Martin). — Observations on chloroform and its administration. (Lancet, 1853, 28 mai ; American Journal of medic. sc., juillet 1853.)

COHEN. — Welche pathologische Momente gestalten die Chloroformnarcose. Deutsche Klinik, n° 41, 1854, t. VI, p. 456.

COHNSTEIN. — Lehrbuck der Geburtshulfe. (Berlin, 1871.)

CONWAY (T. Edward). — Chloroform in labour. (Association medic. Journ., 3 juin 1853, p. 493.)

COURTY. — De l'emploi des moyens anesthésiques en chirurgie. (Thèsé d'agrégation, Montpellier, 1849.)

Idem. — De la chloroformisation en Angleterre. (Lettre à Bouisson, Gaz. hebd., 1863, 9 oct., p. 669.)

Idem. — Le l'emploi des anesthésiques pendant l'accouchement naturel. (Gaz hebdom. de méd. et chir. pratiques, 25 oct., 1878, p. 679; Montpellier médical, oct. 1878 ; trad. : Chloroform in natural labour, Medic. Times and Gaz., 29 nov. 1878, p. 609.)

CRAIG (John). — On the treatment of difficult or protracted labour ; Remarks on the supposed advantage of chloroform. (London med. Gaz. 1848, t. XLI, p. 31, 7 janv.)

Idem. — On the dangers to be apprehended from the use of chloroform in midwifery. (London medic. Gaz., 1848, t. XLII, p. 494, 22 sept.)

CREDÉ. — Klinische Vortrage. (Berlin, 1853-54, p. 856; analysé dans Canstatt's Jahrbericht, 1854.)

CROSS. — Chloroform in labor as a cause of uterine disease. (Arkansas med. monthly; little Rock, 1880, p. 305.)

CUMMING. — On some alleged consequences of the inhalation of chloroform. (Edinburg monthly Journal, may 1859, tome III, p. 767.)

DAMMAN. — Die Anwendung des Chloroforms bei einem Kaiserschnitte. (Medic. Zeitung der preuss. Ærztle Vereins, 12 nov. 1856, n° 46.)

DANYAU.—De l'anesthésie dans les accouchements simples. (Bull. de la Société de chir., 1853-1854, t. IV, p. 560, séance du 24 mai 1854 ; Gaz. des hôpit., 1854. p. 287.)

D'ARGENT. — Contribution à l'étude clinique de l'analgésie obstétricale. (Thèse de Paris, 4 août 1880, p. 352.)

DASTRE. — Etude critique des travaux récents sur les anesthésiques. (Revue des sciences médicales de Hayem, t. XVII. p. 283, 1881.)

DEANE. — Chloroform inmidwifery.(Association med. Journal, 5 août 1850, p. 690.)

Idem.— Chloroform in midwifery. (Même journal, 16 sept. 1853, p. 821.)

DEBOUT. — Résultats des inhalations de chloroforme tentées à la Maternité dans les cas d'accouchements simples. (Bull. gén. de thér. 1854, t. XLVI, p. 534.)

DECHAMBRE. — Sur la discussion à la Société de chirurgie de l'emploi du chloroforme dans les accouchements. (Gaz. hebdom., 23 juin 1854, n° 38, p. 613.)

DELANNEGRIE (V.-L.). — De l'emploi du chloroforme dans les accouchements. (Thèse de Paris, 1870.)

DENHAM (John).— A report upon the use of chloroform in 56 cases of labour occuring in Dublin Lying in hospital. (Dublin quart. Journ. of med. sc., 1849, t. VIII, p. 107, août; Americ. Journ. of med. sc., t. XVIII, p. 515, oct. 1849; trad. : De l'emploi du chloroforme dans la pratique obstétricale, Union médicale, 11 déc. 1849,

p. 187 ; et Bericht ueber den Gebrauch des chloroform in 56 Geburtsfallen welche in der Dubliner Gebaranstalt vorkommen, trad. par Von Busch dans Neue Zeitschrift für Geburtskunde, B. XXX, p. 185, 1851.)

DENIS (P.-L.-E.). — De l'emploi du chloroforme dans les accouchements. (Thèse de Paris, 1855, n° 174.)

DEPAUL. — Version pratiquée pendant le sommeil anesthésique. (Abeille médicale, n° 2, p. 13, 1857.)

Idem. — Article Accouchement du Dictionnaire encyclopédique des sciences médicales, Paris, 1866, t. I.)

Idem. — De l'opportunité de l'anesthésie pendant l'accouchement physiologique. (Journ. de méd. et de chirurgie pratiques, t. XXXIX, p. 14, 1868.)

Idem. — Leçons de clinique obstétricale, 1872-1876. (36e leçon, p. 741.)

Idem. — Réponses à Gubler. (Acad. de méd., 30 juin 1874, Bull. de l'Acad. de méd.. t. III, p. 583.)

DESMARTIS (Téléphe) (de Bordeaux). — Aperçu sur l'emploi des anesthésiques dans les accouchements. (Abeille médicale, n° 14, p. 105-117, 1858.)

DESPAULT-ADER ET BARET. — Du chloroforme dans les accouchements et les douleurs musculaires. (Union médicale, 5 fév., 1856, p. 66.)

DESPIAU. — Etude clinique du chloroforme dans les accouchements naturels. (Thèse de Paris, 8 août 1879.)

DIDAY. — Chloroforme pendant le travail de l'accouchement. (Gaz. hedom. de méd. et de chir., 1854, p. 310.)

DOHRN. — Uebergang von Stoffen aus dem mutterlichen in das fœtale Blut. (Canstatt's Bericht, 1876, t. II, p. 578 ; analyse des travaux de Fehling, Zweifel et Benicke.)

Idem. — Même recueil, 1877, analyse des travaux de Zweifel, Porak, Ahlfeld.

Idem. — Même recueil, 1878, p. 588, analyse des travaux de Porak, Ranke, etc.

DORANGE. — Essai sur l'anesthésie dans les accouchements naturels. (Thèse de Paris, juin 1875.)

DUBREUILH. — Emploi des anesthésiques dans la pratique ordinaire des accouchements ; discussion à la Société de médecine de

Bordeaux. (Union médicale de la Gironde; France médicale, 1867, 10 août, p. 498.)

Dufay. - De l'emploi des anesthésiques dans la pratique obstétricale. (Union médicale, 1850, n° 33, 16 mars, p. 124.)

Dumaresq-Ross. — On the use of chloroform in a case of lingering labour. (Lancet, 1860, t. I, p. 192.)

Dumontpallier. — Anesthésie obstétricale, Société médicale des hôpitaux de Paris, 1re communication, 8 mars 1878. (Union médic., n° 50. 30 avril 1878, p. 645; Gaz. des hôpit. 12 mars 1878; Progrès médical, n° 13 et 14.)

Idem. — 2e communication, 26 avril 1878. (Union médicale, 11 et 13 juin, p. 889 et 902.)

Idem. — 3e communication, 14 juin 1878. (Union médicale, 16, 18, 20 juillet 1878, p. 73-86-96; Bul. gén. de thérap., 24 mai, 1878, p. 521, Schmidt's Jahrbuch., 1878.)

Duncan (Mathews.) — On the use of chloroform in midwifery forceps opération, Edinb. medic. chirurg. Society, 4 février 1857. (Edinburg med. Journ., mars 1857, t. II. p. 796.)

Idem. — A second death during labour from chloroform in Scotland. (Medical Times and Gazette, p. 534, 25 nov. 1858.)

Dunn (Robert). — On the inhalation of chloroform, its anæsthetic effects and practical cases. (Lancet, p. 480, 1851; London medical Gazette, 1851.)

Edis (Arthur). — Chloroform in obstetric practice. (British med. Journ., 16 nov. 1872, t. II, p. 519.)

** Elkington. — .... (British Record of obstetric med. and surgery, 1859, t. II.)

** Elliot. — .... (New-York med. Journ., 1852.)

Ellis (Robert). — On anæsthesia by mixed vapours. (Lancet, 10 fév. 1866, p, 144.)

Idem. — Compound anæsthetics in midwifery. (Lancet, 30 juin 1866, p. 708.)

Idem. — On anæsthesia by mixed vapours. (London obstetric. Society, et Lancet, 1866, 2-11 août, p. 151.)

Idem. — On the safe abolition of pain in labour and surgical operations by anæsthesia with mixed vapours. (London, 1866, in-12, p. 80; analysé dans Canstatt's Bericht, 1866.)

Idem. — On chloroform and ether in mixture. (Medic. Times and Gaz., 1867, t. I, p. 246.)

EMMMET. — Painfull labours rapidly terminated by the use of chloroform, the simplicity of its application, its use in choræa. (Lancet, 4 mars 1848, p. 256.)

Idem. — Strictures on the remarks of Dr Barnes to the employment of chloroform in midwifery practice ; employment of ether and chloroform in conjunction. (Lancet, 17 juin 1843, t. I. p. 665.)

ESTERLE. — Rapporto clinico sull' andamento sanitorio dell' I. R. instituto delle partorienti e degli esposti alle laste presso Trente, nell'anno scolastico 1856-57. (Annali universali di medicina, 1858, t. CLXIII, p. 546.)

Idem. — Rendiconto clinico dell' instituto di maternita alle laste di Trento, per il bienno scolastico 1857-58 et 1858-59. (Annali universali di medicina, 1861, t. CLXXV, p. 450.)

** FAGET. — .... (New-Orleans medical and surgical Journ., janvier 1877 ; et Journal de médecine et de chirurgie pratiques, p. 352.)

FAIRBROTHER. — Chloroform in midwifery. (Lancet, 8 janv. 1848, t. I, p. 40.)

FALK. — Bericht über die Leistungen in der Pharmakodynamik und Toxicologie ; Leistungen in der Geburtshulfe zur Chloroformfrage. (Canstatt's Jahrbericht, t. V, p. 131, 1854.)

FAURE. — Considérations pratiques sur l'anesthésie obstétricale. (Thèse de Paris, 1866 ; analysé dans la Gazette des hôpitaux, avril 1867, et Gazette hebdomad. de médec. et de chirurg., 1868, p. 29, par Henocque.)

FAYE. — Beitrage zur geburtshulflichen Patholog ; rascher Tod nach einer fast normalen Entbindung und nach Anwendung der Chloroforms. (Norsk Magaz. f. Lœgevidenskaben, t. XIII, p. 665, 1859 ; analysé dans Schmidt's Jahrbuch., t. CVI, p. 193, 1860 ; et British and foreign med. chirurg. Review, p. 277, t. XXVI, 1860 ; trad. : Death rapidly following after a nearly normal labour and employment of chloroform. (Edinb. medic. Journ., 1868.)

FEHLING. — Uber Placentarstoffwechsel. (Verhandlungen der gynäkologischen Section der Naturforscher Versammlung zu Hamburg, 5e séance, Archiv. f. Gynäkologie, 1876, t. X, p. 385 no 90642.)

Fochier. — L'anesthésie pendant l'accouchement. (Lyon médical, t. XVIII, 1875, p. 536.)

Idem. — Progrès de l'anesthésie obstétricale. (Lyon médical, 14 avril 1878, p. 539.)

** Fort (W. K.). — Remarks on the anæsthetic action of chloroform in parturition. (New-Orleans Journal of medec., april 1869.)

Fredet (Gilbert-Edmond). — De l'emploi du chloroforme dans les accouchements simples, dans les opérations obstétricales et dans l'éclampsie des femmes en couches. (Thèse de Paris, 1867, nº 185; analysé dans la Gaz. hebdom. medec. et chirurg., 1868, p. 29, par Hénocque; et Bull. génér. de thérapeut., 1868, p. 878.)

Friedlander. — Die locale Anæsthesirung zur Linderung der Wehen. (Deutsche Klinik, nº 30, 1874, t. XXVI, p. 238.)

Gaffié. — De l'anesthésie dans l'accouchement naturel simple. (Thèse de Paris, 1861, nº 87.)

Galabin. — A case of placenta prævia, narrow escape from asphyxia under chloroform and ether; intra-uterine respiration of fœtus. (Lancet, 1877, t. I, p. 568.)

Geneste. — Essai sur l'anesthésie considérée surtout au point de vue de l'obstétrique. (Thèse de Paris, 1861.)

Genty (Félix-Onuphre). — Du chloroforme et de son emploi dans les opérations chirurgicales et obstétricales. (Thèse de Paris, mars 1866.)

Godefroy. — De l'emploi du chloroforme comme anesthésique. (Thèse de Paris, avril 1853.)

Gore (H.-S.). — On a method of dissolving strychnia and remarks on the employement of anæsthesia in parturition. (Lancet, 1850, t. II, p. 488.)

Gower. — On professional prejudice against the use of anæsthetic agents, comparison of the effects of ether and of chloroform; value of anæsthetic agents in parturition. (Lancet, 13 mars 1848, p. 521.)

Grasset-Lagarde. — De l'anesthésie appliquée à l'art des accouchements. (Thèse de Paris, 1853, nº 38.)

Gream. — Note on chloroform. (Medical Times, vol. XVII, p. 184, 14 déc. 1847.)

Idem. — Remarks on the employment of anæsthetic agents in

midwifery. (London, 1848, broch. 37 p. ; analysé dans London medic. Gaz., t. XLII, 1848, p. 421 ; Edinburg monthly Journal of med. sc., juillet 1848, p. 43.)

Idem. — Observations on anæsthesia in midwifery. (In reply to a letter of Dr Moffat, Lancet, 1848, I, 26 février.)

Idem. — The misapplication of anæsthesia in childbirth exemplified by facts. (London, 1849, broch., 72 pages ; London Journal of medic., 1850.)

GUBLER. — Commentaires thérapeutiques du Codex medicamentarius. (2e édit., Paris, 1874, p. 869.)

GUEDE (Alfred). — De l'emploi thérapeutique du chloroforme Thèse de Paris, déc. 1854.)

GUELMI (Antonio). — Dell' anæsthesia specialemente nel parto. (Pavia, 1861 ; Annali universali di medicina, t. CLXVI, p. 313, juin ; trad. : anæsthesia in midwifery, American Journ. of med. sc., t. XLIII, janv. 1862, p. 272, et London medic. Review, sept. 1861.)

GUGLIELMI. — De l'anesthésie obstétricale. (Thèse de Montpellier, 1867, t. CCLVI, n° 48 de la bibliothèque.)

GUIBERT. — Action combinée de la morphine et du chloroforme. (Comptes rendus de l'Académ. des sciences, 18 mars 1872.)

HALL DAVIS. — Contributions from obstetric practice. (Lancet, oct. 1848, t. II, p. 423.)

HALLAM. — Use of chloroform in midwifery. (Medical Times, 15 avril 1848.)

HAMILTON (Robert). — Des agents anesthésiques sous le rapport de leur application à la médecine opératoire et aux accouchements. (Thèse de Paris, 1851, n° 11.)

* HAMPE. — Anwendung des Chloroforms in der Geburtshulfe. (Thèse de Wurzburg, 1854, in-8, 28 p.)

HANCORN. — Parturient suffering and duration of labour abredged. (Lancet, 4 mars 1848, p. 256.)

HARNIER (Adolf). — Ueber die Anwendung des Chloroforms in der Geburtshulfe. (Neue Zeitschrift für Geburtskunde, B. XXI, 1851, p. 36 ; et Schmidt's Jahrbuch, t. LXXIII, p. 71.)

**HARTMANN (H.). — Beitrag zur Litteratur Ueber die Wirkung des Chloroforms. (Giessen, 1860.)

Idem. — Die Anwendung des Chloroforms in der Geburtshulfe.

(Wurtemberg med. Correspond. Blatt, 1866, n° 5; analysé dans la Revue de thérapeut. médico-chirurg., 1868.)

** HARVEY. — On the action of morphia, or opium and chloroform in labor. (Philadelphia médic. and surgic. Reporter, 19 juillet 1873.)

HEALY. — Chloroform advantageously employed in a lingering labour. (Lancet, 17 juin 1848, p. 666.)

HEARNE. — Reports of operation performed under the influence of chloroform ; its employment also in parturition. (Lancet, p. 233, 26 août 1848.)

Idem. — Ether and chloroform in surgical operations and midwifery. (Medical Times, 17 juin 1848, p. 109.)

** HECKER UND BUHL. — Klinik des Geburtskunde. (Liepzig, 1861, p. 156.)

* HEIDER. — Ueber die Anwendung des Chloroforms in der Geburtshulfe. (Wurtemberg med. Correspond.-Blatt, XXXVI, 1866; Bull. génér. de thérapeut., 1868, t. LXXIV, p. 330.)

HELFFT. — Ueber die Anwendung des Chloroforms in der Geburtshulfe, hauptsachlich in Betreff seines Einfluss auf die muskelthatigkeit bei der Geburt, nebst Versuchen an Thieren. (Neue Zeitschrift für Geburtskunde, B. IV, p. 191, 1850.)

Idem. — Statistische Bericht ueber die Wirksamkeit des Chloroforms bei Entbindungen. (Monatsschrift für Geburtskunde, B. IV, p. 191, 1854.)

HÉRARD. — Emploi du chloroforme dans la pratique des accouchements. (Société médicale du IX° arrondiss., Paris, 1866 ; Union médic.. 1866.)

HERGOTT. — Règles pratiques de l'administration du chloroforme. (Bull. gén. de thérapeut., 1862.)

Idem. — Sur l'emploi du chloroforme en obstétrique. (Journal de médec. et de chirurg. prat., t. XL, 1869, p. 121, art. 7729.)

HERVIEUX. — Anesthésie obstétricale. (Union médicale, 27 août 1878, p. 297, 329, 341 ; Bull. génér. de thérapeut., 1878, t. XCV, p. 33 ; Wiener med. Blatt, n° 35 et 39, 1878, etc.)

HEYERDAHL. — Om Chloroform og dens Brug ved Fodeslshjœlpen. (Norsk-Magazin, 1859, p. 64; trad. : On the use of chloroform in midwifery, Medic. Times and Gaz., 1859, t. I, p. 244, et Dublin. Q. J. of m. se., 1859, t. XXVIII, p. 244.)

HICKS (Richard). — Cases of difficult parturition in which chloroform was administered. (Lancet, 8 janv. 1848, p. 42.)

HILDEBRAND. — Einfluss der Narkose auf die Geburt. (Anal. des trav. de Kurowicz et Campbell, Canstatt's Bericht, 1874 t. II, p. 778.)

HILDRETH (Charles-C.). — Chloroform and ergot on obstetric practice. (American Journal of medic. sciences, S. II, t. XLI, p. 361, avril 1866 ; analysé dans Schmidt's Jahrbuch : Ueber Chloroform und Secale in der Geburtshulflichen Praxis, 1867, t. CXXXIII, p. 85 ; et Canstatt's Bericht, 1866.)

** HOHL. — Lehrbuch der Geburtshulfe (1855).

Idem. — Die Chloroformnarkose in der Geburtshulfe. (Deutsche Klinik, 1861, n° 31, p. 304, n° 90823.)

HOOPER. — Chloroform in midwifery, letter to Williamson. (Medical Times and Gazette, 1858.)

HOUZELOT (de Meaux). — De l'emploi du chloroforme dans l'accouchement naturel simple. (Mém. de la Société de chirurgie, t. IV, 1854, n° 91019 ; et broch. de 1 fr. 25, chez Baillière.)

Idem. — Lettre sur l'anesthésie obstétricale, 1854. (Gaz. hebdom. de méd. et chir. pr., 24 mars, p. 405 ; Gaz. des hôpit., 26 avril 1854.)

Idem. — Lettre sur l'anesthésie obstétricale, juin 1878. (Union médicale, 1878.)

HOWEY. — Chloroform in midwifery. (Lancet, 1848, p. 429, 15 avril.)

HOWITZ. — Beitrag zür Lehre von der Placentarretention. (Bibliothek for Læger, 1866, p. 1 ; analysé dans Schmidt's Jahrbuch., B. CXXIII, p. 49, 1866.)

** HUBERT. — Cours d'accouchement. (Louvain, 1869.)

HUCHARD (Henri). — Anesthésie obstétricale ; tolérance anesthésique obstétricale. (Union médic., 3 déc. 1874, n° 145, t. XVIII, p. 833.)

HUET-DESPRÉS. — Emploi du chloroforme dans la pratique des accouchements. (Union médic., 1867, p. 13, mardi 2 avril.)

HUETER. — Beobachtungen ueber die Wirkungen des Chloroform bei geburtshulflichen Operationen. (Neue Zeitschrift für Geburtskunde, B. XXVII, 1850, p. 321.)

JAMES. — Responsability in administering chloroform. (Med. Times and Gaz., 19 sept. 1857, p. 253.)

JAMES DAVID (New-Zealand). — On the use of chloroform in stammering of the uterus during labour. (Obstetrical Journal of Great-Britain and Ireland, p. 524, t. V, nov. 1877, nº 56.)

JEAUCOURT. — Mémoire sur l'emploi vulgarisé du chloroforme dans les accouchements. (Académie des sciences, 22 oct. 1860, Gaz. des hôp., p. 512, 1860.)

** JEFFERSON (du Texas). — Anæsthesia (Thèse du Medical College of Philadelphia, mars 1856.)

JOHNS (R.). — Practical observations on the injurious effects of chloroform-inhalations during labour. (Dublin quart. Journ. of med. sc., 1er mai 1863, t. XXXV, p. 353.)

JOULIN. — Traité d'accouchements. (Paris, 1866.)

KAUFMANN. — Die neuere in London gebrauchliche Art der Anwendung des Chloroforms wahrend der Geburt. (Hannover, 1853, in-8°.)

KESTEVEN (W. B.). — On the use of chloroform in midwifery. (London medic. Gaz., 1848, t. XLII, p. 550.)

KIDD. — On ether and chloroform as anæsthetics, being the result of about 11,000 administrations of these agents personnally studied in the hospitals of London, Paris, etc., during the last ten years. (2e édit., Londres, 1858; analysé dans med. Times and Gaz., 30 oct. 1858, p. 453.)

Idem. — A Manual of anæsthetic, theorical and practical. (Londres, 1859; 249. p.)

Idem. — Is chloroform safe in midwifery? (Med. Times and Gaz., 14 avril 1860, p. 386.)

Idem. — On the value of anæsthetic aid in midwifery. (Transactions of the obstetr. Soc.. London, 1860, t. II, p. 340; et med. Times and Gaz., 22 déc. 1860, p. 623.)

Idem. — Chloroform in ovariotomy and parturition. (Med. Times and Gaz., 1863, 1er janv., p. 77.)

Idem. — Further observations on the use of anæsthetics in midwifery. (Transact. of London obstetric. Society, 1863, t. V, p. 125. et Med. Times and Gaz., 21 juillet 1863, t. II, p. 21.)

Idem. — Why chloroform is safe in females? (Med. Times and Gaz., 20 oct. 1863, p. 397.)

Idem. — On chloroform in midwifery practice. (Dublin quarterly Journ. of med. scienc., mai 1864, t. XXVII, p. 319.)

Idem. — Mémoire sur le chloroforme en obstétrique au congrès médical international. (Analysé dans Gaz. des hôpit., n° 103, 3 sept. 1867, p. 408.)

Idem. — On chloralhydrate and chloroform in general obstetric practice, especially in labour cases. (Obstetr. London Soc., 4 janv. 1871, Med. Times and Gaz., 4 fév. 1871, t. I, p. 142).

KIERNANDER. — Chloroform in parturition. (Lancet, 31 août 1878, p. 317).

** KILIAN. — Auwendung des Formylchlorid (Chloroform) in der geburtshulflichen klin. Institute zu Bonn, u. namentlich auch bei einer Niederkunft gerade wahrend der entscheidenden Zeit. (Coln. Zeitung, 1847, p. 347, et Nordd. chirurg. ver. Zeitschrift, 1848, t. II, p. 2).

KING. (A. P.). — Chloroform in obstetric practice. (Boston med. and surgical Journal; London med. Gaz., 1850, t. XLVI, p. 404).

KLENCKE — Voy. Bibliographie de l'éthérisation.

KNIGHT. — Use and effects of chloroform in labour. (Western med. and chirurg. Journal, sept. 1855, et American Journ. of med. sc., janv. 1856, t. XXXI, p. 279).

KOHLER (Hermann). — Die neueren Arbeiten über die Anæsthetika, Chloroform. Aether und die als Ersatzmittel des Chloroforms empfohlenen Alkohol derivate. (Schmidt's Jahrbuch., t. CXLII, p. 209, 1869, et t. CXLV, p. 305, 1871).

KONITZ. — Mittheilungen aus der geburtshulflichen Praxis. (Wochensblatt der Zeitschrift d. K. K. Gesellschaft der Ærzte zu Wien, B. I, n° 33, p. 521, 13 août 1855, n° 90683).

KRIEGER. — Ueber die Anwendung des chloroform in der Geburtshulfe. (Verhandlungen der Gesellschaft für Geburtsk. zu Berlin, Heft 8, p. 139, 1855; analysé dans Schmidt's Jahrbuch, 1856, t. LXXXIX.)

KUBASSOW. — Zur Frage über den Einfluss der Arzneimittel durch die Mutter auf die Frucht. (Thèse de Saint-Pétersbourg, 22 nov. 1879; analysé dans Norsk Magazin, 1881, p. 719).

KUROWICZ. — Eine Vorträge über die Wirkung von chloroform auf die Beschaffenheit der Geburtswehen und den Geburtsverlauf

St-Petersburger, med. Zeitschrift., N. S., B. IV, H. 5, 1874, n° 90661, et Canstatt's Bericht, 1874.)

LABORDE (J.-V.). — Des indications de l'emploi des anesthésiques chez la femme en travail. (Trib. méd., Paris, 1875).

LABORIE. — Rapport à la Société de chirurgie sur le mémoire de M. Houzelot. (Mém. de la Soc. de chirurg., 1854, t. IV, p. 202).

LANSDOWN. — On the use ef ether and chloroform in surgery and midwifery. (Lancet, 1er janvier 1848, t. I, p. 10).

Idem. — Amputation of anklejoint, etc.; on the employment of ether and chloroform in surgery and midwifery. (Lancet, 16 sept. 1848, t. II, p. 309).

**LEAVITT. — Anæsthetics in midwifery. (Homœop. J. obstetr., New-York, 1881, p. 68).

LÉE (Robert). — An account of seventeen cases of parturition in which chloroform was inhaled with pernicious effects. (Dublin med. Press, 1854.; med. Times and Gaz., 9 sept. 1854, p. 257, et Americ Journ. of m. s., janv. 1855, p. 557).

Idem. — History of a case in which death was quickly produced by the inhalation of two drachm of chloroform in the first stage of natural labour in Scotland. (Med. Times and Gaz., 20 nov. 1858, p. 534).

LEBERT. — Des accouchements sans douleur ou de l'anodynie obstétricale par le chloroforme et spécialement par le bromure d'éthyle. (Concours méd., Paris, 1881, p. 218.)

LEGROUX. — De l'emploi du chloroforme dans les accouchements naturels. (Gaz. hebdom. de méd. et chir. prat., n° 11, p. 161, 1878; et Schmidt's Jahrbuch, 1878).

LÉVY. — Ueber die Anwendung des Chloroforms in der Konigl. Entbindungsanstalt zu Kopenhagen. (Biblioteck für Læger, B. CII, p. 41, 1859; analysé dans Schmidt's Jahrbuch, B. CII, p. 41, 1859.)

LIAUTAUD. — De l'anesthésie dans les accouchements. (Thèse de Paris, 1862, n° 23).

** LIÉGARD père. — De l'emploi du chloroforme dans les accouchements. (Annales de la Société médicale de Bruges, avril à juin 1855).

Idem. — Emploi du chloroforme pour faciliter certaines manœuvres obstétricales. (Abeille médicale, n° 26, 15 sept. 1856; Gaz. des hôpit., n° 103, 2 sept. 1856).

LIÉGARD (Léon) fils. — L'usage du chloroforme dans les accouchements prédispose-t-il aux hémorrhagies. (Gaz. des hôpit., n°24, p. 94, 1859).

LUCAS CHAMPIONNIÈRE. — Anesthésie obstétricale. (Société médic. des Hôpit., 22 mars 1878. Union médicale, n° 39-40, p. 497 et 509, 2 avril 1878 ; Gaz. des hôpit.. 7 avril 1878 ; medical Times and Gaz., 20 avril 1878, p. 434, etc ; Progrès médic., 1878.)

Idem. — De l'anesthésie obstétricale ou anesthésie incomplète. (Journal de méd. et de chir. prat., t. XLIV, p. 160, 1878, art. 10775.)

Idem. — Anesthésie par le chloroform. (Société de chirurgie, 14 déc. 1881. Gaz. des hôp., 24 déc, 1881, p. 1182, n° 148.)

Idem. — Contribution à l'étude de l'anesthésie par le chloroforme. (Revue de chirurgie, n° 5, 10 mai 1882.)

LUCK. — Nutzen des Chloroforms für die Wendung. (Medic. Zeitung des Preuss Ærzte vereins, 20 mai 1857, extr. des medicinal Berichten des Bezirks, Köln.)

LUSK. — On the necessity of caution in the employment of chloroform during labour. (Americ. Journal of obstetric., 1877, p. 539 ; annales de Gynäkolog., 1877, II, p. 221 ; Lancet, 27 juillet 1878 ; et Schmidt's Jahrbuck, 1878.)

MAC-CLINTOCK. — Case of chloroformisation in midwifery practice (Transaction of the queen's college of physiciens in Ireland, 1855 ; Dublin quarterly Journal, p. 192, t. XX, 1855.)

MALAN. — Employment of chloroform in midwifery. (Lancet, 1848, I, 29 avril, p. 482.)

MANN (Robert-Manners). — Chloroform in midwifery. (Association medical Journal, 22 sept. 1854.)

MARCÉ. — Traité de la folie des femmes enceintes, etc. Paris, 1858, p. 177, n° 33,788.)

MARKHEIM (Felix). — Nouvelle observation de l'effort pendant le le sommeil chloroformique. (Gaz. obstétricale de Paris, 1874, p. 258.)

** MARSDEN (J. H.). — Anœsthesia in labor. (Homœop. Journ. obstétr. New-York, 1880, p. 434.)

** MARTIN (Ed.). — Ueber die Kunstliche Anästhesie bei Geburten durch Chloroformdampfe (Iéna, 1848, in 8.)

Idem. — Ueber Chloroform inhalationen in der Geburstshulfe. (Verhandlungen der Hufelandischen Gesellschaft in Berlin. (22 fév.

1861; allgemeine med. central Zeitung, n° 20, 1861, p. 159, n° 90828.)

MAUNOURY (de Chartres). — De l'efficacité du chloroforme dans l'opération de la version pelvienne. (Gaz. med. de Paris, n° 41, p. 645, 1855.)

MAYER. — Ueber die Anwendung des Chloroform in der Geburtshulfe. (Ærztle Intelligenz-Blatt, n° 22, 1856, München.)

MAZERAT (Aug.). — De l'emploi de l'éther et du chloroforme dans les accouchements. (Thèse de Paris, 1851.)

** MAYS. — Anæsthesia in labour. (Pacific. med. and surg Journ. San-Francisco, 1880, I, p. 49, et West. Lancet, 1880, p. 289.)

MEIGS. — On the use of chloroform in midwifery. (Philadelphiamedic. Examiner, mars 1848, p. 152; London med. Gazette, 1848, t. XLII, p. 85 ; Americ. Journal of med. sc., avril et mai 1849, p. 205 et 269, vol. V, N. S.)

Idem. — Reply to Simpson. (Lancet, 1848, I, p. 613.)

Idem. — Obstetrics, the science and art. (Philadelphia, 1849, p. 316; et 4e édit., 1863; analysé dans Americ Journal of med. sc., avril 1863, p. 421, t. XLV.)

MELICHER. — Einem Vortrag in der K. K. Gesellschaft der Ærzte zu Wien, ueber den Einfluss des Chloroform auf die Leibesfrucht schwangeren Personen. (Deutsche Klinik, n° 26, 1851, n° 90823.)

MENNESSON (Félix). — Des anesthésiques en général et du chloroforme en particulier au point de vue de l'obstétrique. (Gaz. obstétric. de Paris, 1374, p. 163.)

MERRIMAN. — Arguments against the indiscriminate use of chloroform in midwifery. (Broch., Londres, juillet 1848; analysé dans London med. Gaz., 1848, t. XLII, p. 421.)

Idem. — Case of ressembling rupture of uterus. (British. Record of obstetric medic. and surgery, 1849.)

Idem. — Chloroform in midwifery. (Medical Times and Gaz., 22 avril 1854. I, p, 413, American Journ. of med. sc., july, 1854, p. 265, t. XXVIII.)

MESLIER. — Sur l'anesthésie obstétricale, lettre à Gubler. (Journal de thérapeut. de Gubler, 1878, p. 775.)

MICHEL (Joseph). — Essai sur la douleur et les anesthésiques en obstétrique. (Thèse de Paris, 1855, n° 127.)

MILLET (rien). — Sur l'efficacité des inhalations anesthésiques pot soudre les contractions spasmodiques de la matrice qui mettent obstacle à l'exécution des opérations obstétricales. (Bull. gén. de thér., nov, 1854, t. XLVII, p. 422.)

MITCHELL. — First case of chloroform in irish obstetric practice. (Surgic. Society of Ireland, 4 déc. 1847, Medic., Times, 11 déc. 1847, p. 152; et Dublin med. Press, 15 déc. 1847, p. 371.)

Idem. — Injurious effects of chloroform in obstetric practice. (Dublin med. Press, 1848; London médic. Gaz., janv. 1848, t. XLI, p. 38)

MIZERSKI. — De chloroformi usu inter partum. (Dissertat. inaugur., Berlin, 1861.)

MOFFAT (James). — Observations on anæsthesia in midwifery. (Lancet, 1848, t. I, p. 97.)

MOLL (A.). — De chloroformi inhalationibus in arte obstetricia adhibendis. (Dissert. inaug., Berlin, 1861.)

MONTGOMERY (W. F,). — Objections to the indiscriminate administration of anæsthetic agents in midwifery. (Dublin quarterly Journal of m. sc., 1849, t. VII, N. S., p. 321; London medic. Gazette, sept. 1849; London Journal of médec., 1850; trad : Einwurfe gegen den nichtgehorig unterschiedenen Gebrauch anæsthetischer Miltel in der Geburtshulfe. (Neue Zeitschrift für ·Geburtskunde, t. XXX, 1850.)

MOORE. — Employment of chloroform in a difficult labour. (Lancet, 1848, p. 122, 29 janv.)

MORDRET. — Communication à l'Académie de médecine de Paris (18 janv. 1848.) sur l'emploi du chloroforme dans les cas de forceps. (Comptes rendus de l'Académie de médecine, 1848.)

MORTIMER. — A popular essay on anæsthetic agents for procuring painless operations, particulary on the action and effets of chloroform in surgery and midwifery, but more specially in dental surgery. (Londres, 1847.)

MURPHY (Edward). — Administration of chloroform in cases of difficult parturition delivery completed without pain. (Lancet, 18 déc. 1847, t. II, p. 653; Monthly Retrospect of the medic. science, 1848, p. 35.)

Idem. — Chloroform in the practice of midwifery. (Discours à la Société harvéienne, février 1848, Londres, broch., 28 p.; analysé dans Lancet, 8 avril 1848, p. 390; London medical Gaz., 1848, t. XLI, p. 551; North Journal of medec., 1849, et Medical Times; Chloroform in midwifery, t. XVIII, p. 129, 24 juin 1848.)

Idem. — On the use of chloroform in midwifery. (Westminster med. Soc., Lancet, 1849, II, p. 508; et London Journal of medic., 1849, t. I, p. 1084.)

Idem. — On the use of anæsthetic agents in obstetric practice. (Analysé dans Schmidt's Jahrbuch., t. LXVI, p. 55.)

Idem. — Further observations on chloroform in the practice of midwifery. (Monthly Journal of medic. sc., vol. III, nov,, déc. 1849, p. 1167-1237.)

Idem. — Chloroform in the practice of midwifery. (Association medic. Journal, 1853, 2 sept., p. 781 et 1024.)

Idem. — Chloroform, its properties and safety in childbirth. (Londres, 1855, broch. 72 p.; Dublin quartely Journ. of med. sc., vol. XIX, 1855, p. 383.)

Idem. — On the use of chloroform in Childbirth. (The Lancet, 1856, I, p. 129 ; Med. Times and Gaz., 2 fév. 1856; Association medic. Jour., 2 fév. 1856, p. 86.

NAEGELÉ UND LUDWIG GRENSER. — Lehrbuch der Geburtshulfe. (Achte Auflage, 1871.)

NARANJO (Anton. Jose de Jesus). — De l'action physiologique du chloroforme et de son application aux accouchements. (Thèse de Paris, 1869, n° 242.)

NEVINS. — On the present state of our knowledge with respect to the use and effects of chloroform. (London medic. Gaz., 1848, t. XLI, p. 381.)

NOLTEN (Wilhem). — Voy. bibliograph. de l'éther.

NORMAND-DUFIE. — Essai sur l'anesthésie provoquée, appliquée aux opérations chirurgicales et aux accouchements. (Thèse de Montpellier, 6 déc. 1858. t. CCXXIV, n° 89.)

NUNNELEY (Thomas). — On anæsthesia and anæsthetic. (Transaction of the provincial medical and surgical Association, t. XVI, p. 166.)

ODIER. — Emploi du chloroforme dans l'accouchement physiologique. (Correspond.-Blatt. f. schweizer Ærzte, 1877, n° 13, p. 393; Bull. de la Suisse romande, 1877.)

OLSHAUSEN. — Anwendung des Chloroform in Geburtshulfe.

(Analyse de quelques travaux dans Canstatt's Jahrbericht de 1871.)

Pacull (H. F.). — De l'emploi de l'éther et du chloroforme dans les accouchements. (Thèse de Paris, 1851, n° 204.)

Pajot. — Article Anesthésie obstétricale du Dict. encyclopédique des sciences médicales (1866, t. IV.)

Idem. — Du chloroforme dans les accouchements naturels considéré aux points de vue scientifique et pratique. (Annales de gynécologie, 1875, p. 5.)

Idem. — Discussion du mémoire de Campbell. (Revue de thérapeut. medic. chirurgic., n° 5, p, 134, 1er mars, 1875.)

Idem. — De l'anesthésie obstétricale, réponses à M. Bailly. (Bull. génér. de thérapeutique; 1re rép., p. 107, 15 février 1878; 2 rép., p. 211, 15 mars.)

Idem. — Un dernier mot sur l'anesthésie homœopatique; demi-anesthésie moyenne. (Annales de gynécologie, 1878, I, p. 315.)

Idem. — De l'anesthésie homœopatique. (Broch., 1878, chez Lauwereyns.)

Idem. — Mémoires d'obstétrique (1882).

Idem.— Anal : anæstesia in ostetricia, Annal. univers. de med., mars 1882, p. 225.

Idem. — Discussion sur le chloroforme. (Annales de gynécologie, avril 1882, p. 292.)

** Paoli (Vincenzo. — Osservaz. clinica d'ostetric. operativ. (Genova, 1871, p. 219.)

Parck. — Abuse of chloroform in midwifery, lettre à R. Lee. (Medic Times and Gaz., p. 583, 2 déc. 1854.)

Parson (Joshua). — Rigidity of the os uteri overcome, chloroform employed before rupture of the membrane. (Lancet, p. 254, 4 mars 1848.)

Peironnet. — De l'emploi du chloroforme dans les accouchements. (Thèse de Paris, 1851, n° 73, t. II.)

Penard. — Guide pratique de l'accoucheur et de la sage-femme. (Paris, 1865.)

Perrin et Lallemand. — Traité d'anesthésie chirurgicale. (Paris, 1863, n 30682.)

Pettigrew (F. Webb).— On chloroform and instrumental labour. (Medic. Times and Gaz., 1860, p. 25; et Lancet, 1860.)

Philipps (Richard). — On the application of chloroform in practice of midwifery. (The London medic. Gaz., t. XLI, p. 634, 14 avril 1848.)

PIACHAUD. — Rapport sur l'anesthésie obstétricale au congrès international des sciences médicales à Genève, sept. 1877. (Annales de gynécologie, 1877, II, p. 313, a été publié en brochure: Emploi des anesthésiques pendant l'accouchement, Genève, 1878, et analysé dans Wiener med. Press, 1877, n° 49.)

** PIGEOLET. — Du rhumatisme de l'utérus, (Bruxelles, 1868.)

PINARD. — De l'action comparée du chloroforme, du chloral, de l'opium et de la morphine chez la femme en travail. (Thèse d'agrégat., Paris, 1878; analysé dans Gaz. hedom. de méd. et de chir. prat., 1879, p. 13, par Lutaud, etc.)

POMEROY. — New-Tork medical Times, 1863.

POPHAM (Home). — Violence of parturient pains assuaged, absence of after pain. (Lancet, p. 254, 4 mars 1848.)

PORAK. — De l'absorption de quelques médicaments par le placenta et de leur élimination par l'urine des enfants nouveau-nés. (Journal de Gubler, 1879, p. 9, et broch. de 98 p.; trad.: Ueber den Durchtritt von Arzneistoffen durch die Placenta und ihre Ausscheidung durch den Urin den Neugebornen.)

PORRIS ET SPITTA. — Delivery of twins under the administration of secale cornutum and chloroform. (London med. Gaz., 1848, t. XLI, p. 305.)

PRETTY (John Rowlinson). — Aids during labour including the administration of chloroform. (Londres, 1856, in-8.)

Idem. — On the mode of using chloroform [in midwifery with the description of a new inhaler. (Lancet, 3 décemb. 1856, II, p. 646.)

Idem. — Chloroform in normal labour. (Medic. Times and Gazette, 20 sept. 1856, p. 297.)

Idem. — Simple method of preventive accidents from chloroform. (London medic. Times and Gaz., 3 janv. 1857, p. 21.)

Idem. — Hulfreicher Beistand bei den Geburtswehen und Vorchriften ueber die Anwendung der Chloroforms bei der Niederkunft. (Deutsch bearbeitet von H. Hartmann, Weimar, 1857, in-8.)

PUECH. — De la chloroformisation des femmes en travail et de son influence sur le fœtus. (Gaz. obstétric. de Paris, 1875, p. 199.)

** Putnam. — Chloroform in midwifery. (Boston medic. and surg, Journ., 2 fév. 1848.)

Ramsbotham (Francis H.). — Principles and practice of obstetric. medic. and surgery. (1851, Londres, in-8, 726 p.)

Idem. — Chloroform in midwifery. (Association medic. Journal, 12 août 1853, p. 714.)

Rankin. — On the employment of chloroform in medical practice. (Lancet, 12 août 1848, II, p. 181.)

Rawitz. — Das Chloroform bei geburtshulflichen Operationen. (Med. Zeitung herausgegeben von dem Vereine für Heilkunde in Preussen, n° 44, 29 nov. 1856.)

** Reed. — The use of anesthetic in labour. (Detroit Lancet, 1880, p. 243.)

Reese-Meredith. — Note of hospital practice at Bellevue. (Americ. Journ. of med. sc., janv. 1850, p. 101 ; London medic. Gaz., 10 janv. 1851 ; Edinb. med. Journ., fév. 1831, p. 194.)

Revillout. — Ivresse éthérée dans les accouchements. (Union méd., 1872, 22 juin, p. 569 et *seq.*)

** Reyes. — La semi-anestesia en el parto natural o fisiologico. (Cron. med. quir. de la Habana, 1878, p. 443.)

Rigsby. — On chloroform. (Medical Times, p. 151, 11 décembre 1847.

Idem. — On the use of chloroform in midwifery. (Med. Times and Gazette, 2 mars 1850, vol. XXI, p. 453 ; et Gazette médicale. 1851.)

Idem. — Chloroform in natural labour. (Med. Times and Gaz., 18 sept. 1858, p. 306.)

Richet. — Recherches expérimentales et cliniques sur la sensibilité. (Paris, 1877.)

Ritter. — Zur Anwendung anästhetischer Mittel in der Geburtshulfe. (Zeitschrift für Wundärzte und Geburtshelfer, Heft III, 1866, t. XXX, p. 186, et H. I, t. XX, p. 27, Stuttgard ; analysé dans Canstatt's Bericht, 1866.)

Robinson. — Abortion following the administration of chloroform. (Peninsular Journ. of med., déc. 1855 ; Edinb. med. Journ., vol. III, p. 268 ; Americ. Journ. of med. sc., avril 1856 ; trad. : Avortement après des inhalations de chloroforme, Annales médicales de la Flandre occidentale ; Gaz. des hôp., 1858, p. 111.)

Romiti (Guglielmo). — Dell' anestesia in ostetricia. (Firenze, Lo Sperimentale, 1874, t. XXXIII, p. 389-519, n° 90,877.)

* Sabarth. — Das Chloroform ; eine Zusammenstellung der bisher über dasselbe gemachten wichtigen Erfahrungen und Beobachtungen vorzüglich in physiologischer und medizinischer Beziehung. (Wurzburg, 1866, 276 p. ; analysé dans Dublin quarterly. Journ. of med. sc., t. XLIII, 1867, p. 163.)

** Saboia. — Traité théorique et pratique de la science et de l'art des accouchements. (Paris, 1873.)

Sachs (C.-L.). — Beitrage zur Anwendung der Æther und insbesondere des Chloroformdampfe in der Geburtshulfe. (Verhandlung d. Gesellschaft f. Geburtskunde. Berlin, B. III, 1848, p. 261.)

Saint-Cyr. — Traité d'obstétrique vétérinaire. (Paris, 1875.)

Sales-Girons. — Influence des anesthésiques sur les contractions utérines. (Rev. méd. franç. et étrang., 1853.)

Idem. — Au chapitre des anesthésiques dans la pratique des accouchements sur la dernière édition du Traité de M. Cazeaux. (31 mai 1853.)

** Salvolini. — Dell' inalazione del chloroformio nel parto. (Gaz. med. Ital., Statti Sardi, 1852.)

Sankey. — Chloroform in midwifery. (Association med. Journal; 1re lettre, 9 oct. 1853 ; 2e lettre, 11 nov. 1853, p. 1002.)

Sansom. — On the administration of chloroform. (Med. Times and Gaz., p. 325, 26 sept. 1863.)

* *Idem.* — Chloroform, its action and administration. (Londres, 1865.)

Idem. — On the pain of parturition and anæsthetics in obstetric practice. (Transact. London obstetr. Society, 1868, t. X, p. 121 ; et medic. Times and Gaz., 25 juill. 1868, p. 107 ; analysé : Anwendung der anæsthetika inder Geburtshulfe, Schmidt's Jahrbuch, t. CXLVI, p. 251 ; Canstatt's Jahrbericht, 1869 ; et Gaz. des hôp., n° 88, p. 349, 28 juillet 1868.)

Scanzoni. — Beitrage zur Geburtshulfe, B. II, chapitre : Ueber die Anwendung der Anæsthetica in der Geburtshulflichen Praxis, p. 62, 1855; analysé dans Medical Times and Gaz., p. 271, 13 septembre 1856, On chloroform in labour ; et Union médicale, 5 juill. 1856, p. 528.)

SCHOEVERS. — Over het gebruik der Chloroform in de Verloskunde. (Amsterdam, 1871.)

SCHOLLER (de Dublin). — Note à l'article de Rawitz dans Med. Zeitung herausgegeben von dem Vereine für Heilkunde in Preussen, 1856.

SCHROEDER. — Lehrbuch des Geburtshulfe. (Bonn, 1870; a été traduit en français.)

SEYER. — De l'emploi des agents anesthésiques dans les accouchements. (Thèse de Paris, 1851, n° 157.)

SHARPE. — Letter from Dr Sharpe. (Medic. Times and Gaz., 20 nov. 1858, p. 533.)

SHEPPARD (Edgard). — Chloroform in labour. (Association med. Journ., 1er juill. 1853.)

SICHEL. — Ueber den Werth der Anæsthesie in der Geburtshulfe, p. 573, Schmidt's Jahrbuch, 1861.)

Idem. — Anwendung des chloroforms auf die Wehenthatigkeit. (Même revue, 1865.)

SIEBOLD. — Anwendung der Æther und Chloroforminhalationen) (Canstatt's Jarbericht, 1848, IV, p. 336; 1849, IV, p. 410; 1850, IV, p. 333; 1851, IV, p. 371; 1852, Zur chloroform Frage; 1853, Anæsthesirung der Gebärenden, IV, p 345; 1864, *id.*; 1855, zur Chloroform Frage, p. 400; 1856, Chloroform, IV, p. 460; 1857, 1858, 1859, etc. — On trouvera dans ces articles de Siebold le résumé d'un certain nombre de travaux.)

Idem. — Eine Stimme Ueber die Anwendung des Chloroforms in der Geburtshulfe aus England. (Neue Zeitschrift f. Geburtskunde, B. XXVIII, 1850, p. 145 à 172; et analysé dans Schmidt's Jahrbuch., t. LXVIII, p. 73.)

Idem. — Voy. bibliographie de l'éther.

** SILVESTRI (Grandesso). — Gazetta medic. Italia provinc., Venete, 1874, p. 42.)

SIMONIN (de Nancy). — Du rôle de l'utérus au moment d'une opération césarienne pendant l'éthérisme produit à l'aide du chloroforme. (Gaz. des hôpit. civ. et milit., 1852, 17 avril, n° 46.)

** *Idem.* — Résumé des faits relatifs à l'action de l'éther et du chloroforme sur les fonctions et sur la contractilité de l'utérus, etc. Mémoires de l'Académie de Stanislas, 1864, p. 62.)

* *Idem.* — De l'emploi de l'éther sulfurique et du chloroforme à la clinique chirurgicale de Nancy. (1849-1879, p. 305 et 1121.)

SIMPSON. — A new anæsthetic agent more efficient than sulfuric ether. (Lancet, 20 nov., 1847, II, p. 549; et Medical Times, 20 novembre 1847; trad. : Scoperta di un nuovo mezzo anestetico piu attivo dell' etere solforico. (Annali univers. di medicina, 1847.)

Idem. — Public account of a new anæsthetic agent as substitute for sulfuric ether in surgery and midwifery. (Edimbourg, 1847, in-8°.)

Idem. — Historical researches regarding the superinduction of insensibility to pain in surgical operation and announcement of a new anæsthetic agent. (Edinb. monthly Journal of med. science, décembre 1847, p. 451.)

Idem. — Anæsthetic and other therapeutical effects of the inhalation of chloroform. (Edinburg monthly Journal of med. sc., déc. 1847, p. 415.)

Idem. — Answers to the religious objections advanced against the employment of anæsthetic agent in midwifery and surgery. (Edinb., déc. 1847, in-8°.)

Idem. — Cases of employment of chloroform in midwifery with remarks. (Lancet, 1847, II, p. 623.)

Idem. — On the superinduction of anæsthesia in natural and morbid parturition. (Edinb. monthly Journal of medic. sc., janvier 1848, 526.)

Idem.—Some remarks on the mode of administering chloroform. (Edinb. obstetric Society, 2e meeting ; Edinb. monthly Journal of medic. sc., p. 763, avril 1848 ; Americ. Journ. of med. sc., t. XVI, p. 233, 1848.)

Idem. — Same subject (Religious answers) continued in a letter to Dr Protheroe Smith of London. (8 juillet 1848, Edimbourg.)

Idem. — Discussion on the employment of chloroform in midwifery and surgery. (Medico-chirurg. Society of Edinburgh ; Medical Times, 26 août 1848, p. 274.)

Idem. — Report on the early history and progress of anæsthetic midwifery. (Edinb. monthly Journ of. m. sc., oct. 1848, t. XX, p. 209; analysé dans London med. Gazette, 1848 p. 203.)

Idem. — Chloroform in obstetric practice. (Dublin medic. Press, janv. 1849 ; Union med., 13 mars 1849, n° 124.)

Idem. — Answer to the objection to anæsthesia in midwifery, adduced by professor Meigs of Philadelphia. (Dublin obstetric Society, fevr. 1849.)

Idem. — Reply to minor objections to anœsthesia in midwifery (Proceedings of Edinburgh obstetric. Society, 14 fév. 1849.)

Idem. — De l'éthérisation dans la pratique des accouchements. (Journal des connaiss. médico-chirurgic., fév. 1849, n° 90191; résume les travaux de Simpson.)

Idem. — Anæsthesia, the employment of chloroform and ether in surgery, midwifery, etc. (Philadelphia, 1846, broch. in-8.)

Idem. — Is anæthesia a preventive of mania puerperal. (Edinb. obstetr. Society, 14 janv. 1852; Revue médicale 1853, t. IV, p. 569; Gaz. des hôpitaux, 1854.)

Idem. — The propriety and morality of using anæsthetics in instrumental and natural parturition. (Association med. Journal, 8 juillet 1853, p. 583.)

Idem. — The obstetric-memoirs and contributions. (2 vol., 1856; vol. II, p. 633, n° 36719.)

Idem. — New methode of administering chloroform. (Edinb. obstetr. Society; Edinburg medic. Journal, dec. 1861; Americ Journal of med. sc., 14 nov. 1862.)

Idem. — Chloroform in midwifery, meeting of the obstetrical section of the british medic. Association. (Medic. Press and Circular, t. IV, 1867, p. 206.)

SINCLAIR (E. B.). — Some observations on the administration of the vapour of chloroform in obstetric pratice. (T. XXXVIII, Dublin quart. Journ. of med. sc., août 1864, p. 64; Journal des sciences médicales et naturelles de Bruxelles, 1865.)

SKAE (David). — Chloroform in labour. (Medic. Times and Gaz., 1856, p. 147.)

** SKENE. — Tolerance of chloroform in labour. (Transact of the New-York obstetric. Society, 3 mars 1874; Americ. Journ. of obstetrics and disease of women and children, août 1874, p. 278.)

SKINNER. — Is chloroform safe in midwifery. (Med. Times and Gaz., mai 1860, I, p. 506.)

Idem. — Anæsthesia in midwifery. (Transact. of London obstetric. Society, 1863, t. IV, p. 116.)

SMITH (Protheroe). — On the use of chloroform in midwifery

practice. (Lancet, 1847, t. II, p. 572, 27 nov; Americ. Journ. of med. sc., t. XV, p. 254.)

** *Idem.* — Scriptural antority for the mitigation of the pains of labour by chloroform and other anæsthetic agents. (London, 1848, broch. in-8.)

Idem. — On the relative value of ether and chloroform vapour in the practice of midwifery. (London med. Gaz., p. 75, 14 janv. 1848.)

SNOW. — On narcotism by inhalation of vapour. (Lond. med. Gaz., 1848, t. I et II.)

Idem. — Chloroform in midwifery, discours à Westminster medic. Society. (Edinb. monthly Journ. of med. sc., 1849. t. IX, p. 628; London med. Gaz., 1849, t. XLIII, p. 208; Lancet, 1849, p. 16 et 99.)

Idem. — On the use of chloroform in surgical operations and midwifery. (London Journ. of medicin, t. I, 1849, p. 50, juin, et 976, octobre.)

Idem. — Ueber die Anwendung des chloroforms wahrend die Geburt (dans Kaufmann.)

Idem. — On the administration of chloroform during parturition. (Association med. Journ. n° juillet 1853; Americ. Journ. of m. sc., octobre 1853, t. XXVI, p. 525.)

Idem. — On chloroform and other anæsthetics, their action and administration. (Broch. 444 p., 1858.)

SOUBEIRAN. — Du chloroforme d'après les nouvelles expériences du prof. Simpson. (Journal de pharmacie 1847, et Revue méd. franc. et étrang. de Cayol, déc. 1847, p. 441.)

SPENGLER. — Krampfe bei Schwangeren. (Monatsschrift für Geburtskunde, t. VI, p. 427, 1855.)

SPIEGELBERG. — Ueber die Anwendung des Chloroforms in der Geburtshulfe. (Deutsche Klinik, n° 12, 15, 1856; Annuaire génér. des sciences médic. de Cavasse, p. 91, 1857.)

Idem. — Ueber die Chloroform-Anæsthesie wahrend die Geburt. Verhandlung des Sections für gynäkologie zu Bonn. (Monatsschrift für Geburtsk., B. XI, p. 29, 1858; Gaz. hebdom. de méd. et de chirurg. prat., 1857, p. 852.)

Idem. — Analyse dans le Canstatt's Bericht des travaux relatifs à l'anesthésie obstétricale (1861, 1862, 1863, 1864) : Zur Empfehlung desselben für die Geburtshulfliche Praxis (IV, p. 388; 1865, 1866, II, 521; 1867, II, 577, etc.).

Idem. — Lehrbuch der Geburtshulfe. (Jähr 1878, p. 192.)

Stallard. — Practical observations on the administration and effects of chloroform, specially in its application in cases of natural labour. (London, 1848; analysé dans London med. Gaz., t. XLII, p. 421, 1848.)

Stimson (Edwin B.). — Cases and remarks upon the use of chloroform in natural labour. (New-York Journal of medec., sept. 1848; Americ. Journal of med. science, janv. 1849, t. XVII, p. 260.)

** Storer. — .... (Boston medic. and surgic. Journal, 1863, t. LXIX, p. 249.)

Tarnier. — Clinique à l'hopital de la Maternité. (Journal de médec. et de chirurg. prat., 1877, p. 352; et Gaz. obstétr. de Paris, p. 264, 1877; et Schmidt's Jahrbuch, 1878.)

Taylor. — Cases illustrating the effect produced by Chloroform in labour. (New-York. Acad. of med., 28 oct. 1880, dans New-York med. Record, 27 nov. 1880, p. 607.)

Thomas. — Chloroform in protracted labour. (Lancet, 1860, I, p. 338.)

Tissier (Charles). — Quelques considérations sur la résistance du col de l'utérus à la dilatation pendant le travail de l'accouchement. (Thèse de Paris, 1860.)

** Todd. — On the use of anæsthetics in labour. (Amérique, in-8, 1875.)

Townley. — Parturition without pain. (Lancet, 24 mai, 1862, p. 538, et brochure.)

Tripier. — Observations d'accouchement naturel, indications du chloroforme, du chloral, de l'électricité. (Gaz. obstétric. de Paris, 1875.)

Trousseau et Pidoux. — Traité de thérapeutique. (Chap.: Application des inhalations anesthésiques à l'art des accouchements, p. 414, dernière édition.)

Tyler Smith. — Experimental and practical observation on the use of chloroform in midwifery, influence exerted by it on motor powers concerned in parturition. (London Journal of medic., déc. 1849, vol. I, p. 1107, n° 12.)

TYLER (Alexandre). — Chloroform appearing to suspend uterine action. (Medic. Times, 25 déc. 1847, p. 196.)

Idem. — Successful forceps case under the influence of chloroform. (Med. Times, 1er janv. 1848, p. 224.)

** VARGES. — Ueber die Anwendung des Chloroforms bei einem Wendungs Falle *et* Chloroforminhalation (1° Um die Wendung auf die Fusse auszufuhren; 2° Bei Steissgeburt; 3° Bei Application der Geburtszange; 4° Zur Hebung der Tobsucht einer Wochnerin; 5° Zur Massigung der Wehen; 6° Bei der Entbindung einer 34. J. Alten Mehrgebarenden, *in* Nord. chirurg. Ver Zeitung, II, 2, 1848.)

VELPEAU. — De l'Éthérisation, séance annuelle de l'Académie des sciences. (Union médic., 9 mars, et surtout 12 mars 1850, p. 127.)

VERRIER. — De l'anesthésie en obstétrique. (Soc. de médec. prat., 1864, Gaz. des hôpit.. 20 déc. 1864; Bul. génér. de thérapeut., 1865, t. LXVIII, p. 46, et brochure, chez Delahaye.)

Idem. — De l'emploi du chloroforme dans les accouchements naturels. (Gazette obstétr., Paris, 20 août 1872.)

Idem. — Des anesthésiques en général et du chloroforme en particulier au point de vue de l'obstétrique. (Gaz. obst., Paris, 1874, p. 163.)

Idem. — L'anesthésie obstétricale devant la Faculté de Paris. (Gaz. obstétr. de Paris, 1875, p. 97.)

VIGER. — De l'anesthésie dans les accouchements considérée au point de vue de ses accidents. (Thèse de Paris, 1855, n° 154.)

VOGLER. — Ueber die Anwendung des Chloroforms in der Geburtshulfe. (Neue Zeitschrift f. Geburtsk., B. XXXII, p. 145, 1852, Heft. II.)

Idem. — Verhandlungen der gynäkologischen Section des 49 Versammlung deutscher Naturforcher in Hamburg. (1879; Archiv. für Gynäk., B. XXIV.)

VOOGD. — Over het Gebruik van Chloroform in de Verloskunde. (Leiden, 1878, 59 p.)

WALLER (Charles). — On the employment of ether and chloroform in cases of midwifery. (Med. Times, nov. 1849, t. XX, p. 374; Lond. Jour. of medic. 1849, p. 77.)

WARWICK. — Lingering labour accelerated. (Lancet, 4 mars 1848, p. 256.)

** WARWICK. —Anæsthesia in labour, (South Practit., Nashville, 1880, p. 385.)

WEBSTER. — Insanity from the use of chloroform during parturition. (Westminster med. Society, 15 déc. 1849; Journal of psycholog. med., t. X, 1850; analysé dans Geisteskrankheit in folge von chloroform. Schmidt's Jahrbuch., t. LXXVI.)

WICHMANN. — Nutzen des Chloroforms bei Placenta incarcerata. (Aus dem medic. Bericht des Reg. Bezirks, Koln, 1857; Med. Zeitung von dem Vereine für Heilkunde in Preussen, n° 10, p. 42, 11 mars 1857.)

WILLIAMSON (William). — Chloroform in midwifery, lettre à Rigsby. (Med. Times and Gaz., 9 oct. 1858, p. 379.) — 2e lettre, (Même journ., 13 nov. 1858, p. 508.) — 3e lettre. (Même journ., 4 déc. 1851, p. 587.)

** WILLIEME. — Compte rendu du congrès médic. internation. de Bruxelles. — (Bruxelles, 1876.)

**WILSON (de Baltimore). — ..... New-York medical Record, juin 1877.

WILTON. — On the use of chloroform in instrumental labour. (Lancet, 4 mars 1848, p. 256.)

WINCKEL (de Rostock). — Von der Einwirkung des Chloroforms auf die Wehenthatigkeit, (Monatsschrift f., Geburtsk. B. XXV, p. 241, 1865.)

WOLFF. — A case of death by chlorof. during labour, (Buffalo med. and surg. Journ., 1855; Gaz. hebdom. de méd. et chirurg. prat., p. 563, 27 juillet 1855; Moniteur des hôpit., 1855; American Journ. of medic. sc., 1855.)

YVONNEAU. — De l'emploi du chloroforme et de ses différentes applications. (Paris, 1853, in-8° ; a été traduit en allemand en 1854 par Hugo Hartmann.)

ZAMORA. — La semi anestesia en el parto natural o fisiologico (Corresp. med. Madrid, 1879, XIV).

ZWEIFEL. — Einfluss der Chloroformnarcose Kreissender auf dem Fotus, vorlaufige Mittheilung. (Berliner klinische Wochenschrift, 25 mai 1874, n° 21, p. 244, n° 90654.)

Idem. — Ueber den Einfluss der Chloroformnarcose kreissender auf den Fœtus (Verhandlungen der gynäkologischen Section der naturforcher Versammlung zu Hamburg, 5e séance ; Archiv. f. Gynækolog., 1876, t. X, n° 90,642)

Idem. — Die Ubergang von Chloroform und Salicylsaure in die Placenta. (Archiv. fur Gynækolog, t. XII, 1877.)

Van de Zande. — Evolution spontanée du fœtus, indication de l'emploi du chloroforme. (Annales de la Société médic. d'émulation de la Flandre occident., août 1848; Bull. de Thérapeut., 1848, t. XXXV, p. 279.)

Anonymes

1847. — Chloroform, a substitute for ether in surgery and midwifery, letter by a hospital surgeon. (Medic. Times, t. XVII, 4 déc. 1847, p. 145.)

1848. — On the use of chloroform in midwifery. (London medic. Gaz., 22 sept. 1849, p. 550.)

1849. — Report of the committee of obstetric of the Americ, medic. Associat. (Transact., vol. I. p. 288, et Philadelphia medic. Examiner, 1849, p. 356; Med Times, 2 déc. 1850.)

1849. — Des anesthésiques au point de vue obstétrical. (Bul. génér. de thérapeut., 1849, p. 19, t. XXXVI.)

1849. — Obstetric practice in Edinburgh ; the use of chloroform. (London medic. Gaz., 21 déc. 1859, p. 1079.)

1850. — On the employment of chloroform in parturition and its influence in relaxation of the perinœum, par Delta. (Lancet, t. II, p. 264, 31 août 1850.)

1853. — Chloroform in parturition, by a member of the association. (Associat. med. Journal, 24 juin 1853, p. 554.)

1855. — Account of a case of death from the inhalation of chloroform during labour. (Med. Times and Gaz., 1855, t. I, p. 361.)

1856. — Simple methode of preventing accident from chloroform by Purvus. (Medic. Times and Gaz., 27 déc. 1856, p. 652.)

1864. — Report of the committee appointed by the royal and chirurgical Society to inquire into the uses and physiological, therapeutical, and toxical effects of chloroform. (Transact. of the royal medic. and chirurg. Societ., 5 juillet 1864.)

1867. — De l'emploi du chloroforme dans la pratique obstétricale. (Anal. Thèse Fredet ; Bul. génér. de thérapeut., t. LXXV, p. 235.)

1869. — Des cas anesthésiques au point de vue obstétrical. (Bul. de thérapeut., t. XXXVI, p. 19.)

1876. — Cas de mort. (Lyon médical, 9 avril 1876, et Medic. Times and Gaz., 1876.)

1879. — Emploi du chloroforme dans les accouchements. (Abeille médicale, Montréal, 1879, p. 25.)

TABLE DES MATIÈRES

Paris. — A. Parent, imp. de la Fac. de médec., rue M.-le-Prince, 31.
A. Davy, successeur.

CHAIGNOT. **Études sur l'exploration et la sensibilité de l'ovaire,** et en particulier de la douleur ovarique chez la femme enceinte. 1879, in-8, 108 pages. 2 fr. 50

CHAILLY. **Traité pratique de l'art des accouchements.** *Cinquième édition,* revue et corrigée. Paris, 1867, 1 vol. in-8° de XXIV-1033 pages, avec 282 figures. 10 fr.
Ouvrage adopté par le Conseil de l'instruction publique pour les Facultés de médecine, les écoles préparatoires et les cours départementaux,

CHANTREUIL. **Des dispositions du cordon** (la procidence exceptée) qui peuvent troubler la marche régulière de la grossesse et de l'accouchement. 1875, in-8° de 176 pages, avec figures. 4 fr.

CHARPENTIER. **Traité pratique d'accouchements,** par le Dr Charpentier, professeur agrégé à la Faculté de médecine. Paris, 1883. 1 vol. gr. in-8° de 1000 pages, avec 500 figures intercalées dans le texte.

CHURCHILL (Fleetwood) et LE BLOND. **Traité pratique des maladies des femmes,** hors l'état de grossesse, pendant la grossesse et après l'accouchement. *Troisième édition,* contenant l'exposé des travaux français et étrangers les plus récents. Paris, 1881, 1 vol. grand in 8°, XVI-1227 pages, avec 291 figures.

DESCHAMPS. **Des divers modes de terminaison des grossesses extra-utérines** et de leur traitement, par le Dr Benjamin Deschamps. 1880, in-8° de 127 p. 2 fr. 50

DOLÉRIS. **La fièvre puerpérale et les organismes inférieurs,** pathologie et thérapeutique des accidents infectieux des suites de couches. 1880, in-8° avec 3 planches comprenant 25 figures. 6 fr.

GALLARD. **Leçons cliniques sur les maladies des femmes.** *Seconde édition,* revue et augmentée. Paris, 1880, 1 vol. in-8°, de 1000 pages, avec 158 figures. 14 fr.

MARTEL. **De l'accommodation en obstétrique,** par le Dr J. Martel, chef de clinique d'accouchement. 1878, in-8° de 150 pages. . . . . 3 fr. 50

MULLER. **De la grossesse utérine prolongée indéfiniment.** Paris, 1878, in-8°, 173 pages. 3 fr. 50

NAEGELÉ et GRENSER. **Traité pratique de l'art des accouchements.** Deuxième édition française par G. A. Aubenas, et introduction par J. A. Stoltz. Paris 1880 1 vol. grand in-8° de XXXII-816 pages avec 1 planche sur acier et 229 figures intercalées dans le texte. 12 fr.

PENARD. **Guide pratique de l'accoucheur et de la sage-femme,** par Lucien Penard, professeur d'accouchements à l'École de médecine de Rochefort. *Cinquième édition,* revue et augmentée. Paris, 1879, XII-670 pages, avec 166 figures. . 5 fr.

PINARD. **Les vices de conformation du bassin,** étudiés au point de vue de la forme et des diamètres antéro-postérieurs. Recherches nouvelles de pelvimétrie et de pelvigraphie. 1874, in-4°, 64 pages, avec 100 planch. représentant 100 bassins. 7 fr.

— **Des contre-indications de la version dans la présentation de l'épaule** et des moyens qui peuvent remplacer cette opération. 1875, in-8° de 140 pages. 3 fr.

SIEBOLD. **Lettres obstétricales,** par Ed. Gaspard Siebold, professeur à l'Université de Gœttingue, traduites de l'allemand par A. Morpain, avec une introduction et des notes par Stoltz, doyen de la Faculté de médecine de Nancy. Paris, 1867, 1 vol. in-18 jésus de 268 pages. 2 fr. 50

SIMPSON. **Clinique obstétricale et gynécologique,** traduit et annoté par le docteur G. Chantreuil. Paris, 1874. 1 vol. grand in-8° de 820 pages avec figures. 12 fr.

SIMON (Jules). **Des maladies puerpérales.** Paris, 1866, in-8° 184 pages. 3 fr.

TARNIER. **De la fièvre puerpérale** observée à l'hospice de la Maternité. Paris, 1858. in-8° de 216 pages. 3 fr. 50

Paris. — Typ. A. PARENT. — A. DAVY, Sucr, rue Monsieur-le-Prince, 31.

www.ingramcontent.com/pod-product-compliance
Ingram Content Group UK Ltd.
Pitfield, Milton Keynes, MK11 3LW, UK
UKHW031044260726
13965UKWH00006B/265

9 782012 797727